本书由浙大城市学院资助，
为浙大城市学院科研成果

红十字文库

池子华　徐华炳　主编

History and Cultural Dissemination of
the Red Cross Movement

红十字运动

历史发展与文化传播

池子华　著

ZHEJIANG UNIVERSITY PRESS
浙江大学出版社
·杭州·

图书在版编目（CIP）数据

红十字运动：历史发展与文化传播 / 池子华著. --
杭州：浙江大学出版社，2023.11
　（红十字文库/池子华，徐华炳主编）
　ISBN 978-7-308-24274-5

　Ⅰ. ①红… Ⅱ. ①池… Ⅲ. ①红十字会－中国－文集
Ⅳ. ①D632.1-53

中国国家版本馆CIP数据核字（2023）第190832号

红十字运动：历史发展与文化传播
HONGSHIZI YUNDONG: LISHI FAZHAN YU WENHUA CHUANBO

池子华　著

策划编辑	吴伟伟
责任编辑	陈　翩
责任校对	赵　珏
封面设计	项梦怡
出版发行	浙江大学出版社
	（杭州市天目山路148号　　邮政编码　310007）
	（网址：http://www.zjupress.com）
排　　版	杭州林智广告有限公司
印　　刷	杭州宏雅印刷有限公司
开　　本	710mm×1000mm　1/16
印　　张	21.25
字　　数	300千
版 印 次	2023年11月第1版　2023年11月第1次印刷
书　　号	ISBN 978-7-308-24274-5
定　　价	78.00元

浙江大学出版社市场运营中心联系方式：0571-88925591；http://zjdxcbs.tmall.com

总　序

　　红十字运动是造福人类的崇高事业，历史悠久，影响深远。长期以来，党和国家高度重视和支持我国红十字运动发展。2015年5月5日，在中国红十字会第十次全国会员代表大会上，习近平总书记强调：红十字是一种精神，更是一面旗帜；我国红十字事业是中国特色社会主义事业的重要组成部分，中国红十字会是党和政府在人道领域联系群众的桥梁和纽带；中国红十字会为党、为国家、为人民做了很多好事、善事。

　　自1911年中国红十字会杭州分会成立以来，浙江省红十字事业已经走过了百余年辉煌历程。特别是改革开放以来，全省各级红十字组织弘扬"人道、博爱、奉献"的红十字精神，围绕中心，服务大局，践行宗旨使命，锐意改革创新，为保护人民群众生命健康、维护社会和谐稳定和促进经济社会发展作出了重要贡献。

　　为更好地记录历史、总结经验，阐发规律、引领发展，编纂"红十字文库"的想法应运而生。经精心组织，"红十字文库"终于付梓成册，这是浙江省红十字会、浙大城市学院与学界广大专家学者精诚合作的硕果，是浙江省乃至全国红十字运动理论研究的又一项重要成果，是各地红十字工作者、会员、志愿者和社会各界人士热切期盼的理论指导与行动指南。该文库选题广泛、研究深入，聚焦问题、观照现实，涉及红十字运动理论与实践的各个方面，具有很强的理论性、指导性，凝聚着各位作者的心血和汗水，也饱含着社会各界人士的关心和期盼。

　　理论是实践的先导，思想是行动的指南。在这个需要理论且能产生理论的时代，"红十字文库"的出版恰逢其时，反映出浙江学界和业界对红十字理论研究和文化传播等工作的理论自觉和行动自觉，对创建中国"红十字学"，丰富中国特色红十字事业理论体系，推动中国特色红十字事业高质量发展等不无裨益。

"红十字文库"编委会

2023年11月2日

杂文随笔

理论探索

上下求索　砥砺前行

——纪念红十字运动研究中心成立15周年

时光荏苒，光阴飞逝，红十字运动研究中心（以下简称红研中心）转眼间走过了15年的风雨历程。作为全国第一家红十字运动研究机构，红研中心从小到大，由弱变强，取得了令人瞩目的业绩，并成就了全球首家红十字国际学院的辉煌，而红研中心也因此面临新的转折。本文尽可能全面总结，以为纪念。

一、红研中心的成立及发展历程

（一）设想的由来

任何研究机构的设立，都不是凭空而来，都需要一定的研究基础。红研中心的设立也是如此，其奠基于三本书的创造性研究。笔者在《国内高校红十字运动研究概况》一文中，对此有如下追溯：

> 研究中心成立之前，实际上我们已经取得了一些成果，其中最主要的是我组织的"百年红十字"课题的研究。我是学历史出身，最初的研究方向是近代政治史，出版过一些著作。与红十字结缘，纯属偶然。1991年，我考入南京大学历史系攻读博士学位研究生，研究重心转移到社会史领域，并以近代流民问题作为博士学位论文的选题。流民是弱势群体，兵灾匪祸，自然灾害，迫使他们背井离乡，居无定所，命运多舛，经常陷于无以为生的尴尬境地。在搜集整理流民资料

的过程中，"红十字"进入我的视野。作为社会救助团体，红十字会向流民伸出援手，给予他们生的希望。我觉得很新奇，对红十字会就有一种探究的冲动，萌发撰写一部《红十字与近代中国》的学术著作的"奇想"，加之1991年长江大洪水，红十字会员活跃的身影给人留下深刻而美好的记忆，更激发了我的研究兴趣。只是撰写《中国近代流民》学位论文，这一愿望埋在心底。1994年博士研究生毕业后回到安徽师范大学执教，两年后调河北大学。工作变动以及教学、科研任务沉重，研究红十字运动的计划一直无暇兼顾，直到1999年，才把这一研究计划提上日程。这年金秋，我贸然致函中国红十字会总会，建议强化会史的研究，并提出写作《红十字与近代中国》的构想，希望能够得到总会的支持。这样的信很容易石沉大海，所以不敢心存奢望。令我感动不已的是，这封原本无足轻重的小信，引起总会领导的高度重视，复函表示支持，并寄来《中国红十字会历史资料选编（1904—1949）》等书。我由此与红十字"结缘"。

2000年1月，总会孙柏秋副会长、安徽人民出版社汪鹏生社长与我首次相聚北京，共商红会史研究事宜，提出长远规划和近期目标。长远规划即编辑出版"中国红十字书系"系列丛书，其中也包括《红十字与近代中国》。鉴于2004年中国红十字会将迎来百年华诞，商定"近期目标"先行推出《百年红十字》一书，以再现中国红十字会百年风雨的曲折历程，作为"中国红十字书系"之铺垫。之后，我带领研究生，广泛搜求红会史料。经过三年多的苦战，书稿终于杀青。在此期间，2002年5月30日，我与孙副会长一道，拜访了卫生部原部长、中国红十字会会长钱信忠先生。钱老对书稿赞不绝口，欣然同意为本书作序，并出任名誉主编。

《百年红十字》原本打算在2004年中国红十字会百年华诞的时候作为"献礼"书出版的，但2003年1月我的台湾之行，改变了这一计划。访台期间，我拜会了台湾红十字会组织原负责人徐亨先生，他告知台湾红十字会组织委托张玉法院士组织实施"百年红十字"的研究计划。我想，我们的计划一定要抢在台湾之前出版。所以 2003 年 9 月，我们的 60 万言的《百年红十字》，由安徽人民出版社隆重推出，精装出版。这是第一部全面再现中国红十字会百年史事的学术著作，被学界誉为"为中国慈善界放一异彩"。钱老先生为"序"给予高度评价，强调"这是第一部系统研究中国红十字会百年史的力作，值得广大读者尤其是红十字工作者认真研读"。他并指出："1993 年 10 月 31 日，《中华人民共和国红十字会法》颁布实施，这是中国红十字运动史上新的里程碑。中国红十字事业蓬勃发展，前景广阔，作为一位老红十字会员，我感到由衷的高兴。'前事不忘，后事之师'，只有认真总结、吸取历史经验教训，才能推动中国红十字事业的可持续发展。希望红会同仁以《百年红十字》的出版为契机，强化对会史的研究，以史为鉴，与时俱进，开拓进取，不断创造新的辉煌！"

《百年红十字》出版时，我已调入苏州大学工作。《百年红十字》出版后，我便带着书拜会时任苏州市红十字会副会长的郝如一，受到热情接待，商谈合作事宜，一拍即合。我提议联手编一部能够全面反映中国红十字会自成立以来重大活动的"编年史"——《中国红十字历史编年（1904—2004）》，郝会长极表赞成，愿鼎力襄助。我的 40 万字的《红十字与近代中国》交付出版后，在苏州市红十字会臂助下，带领弟子们，潜心攻关，几乎全身心投入红十字运动研究。①

《百年红十字》《红十字与近代中国》《中国红十字历史编年（1904—2004）》三部书的出版，在开辟红十字运动研究新领域的同时，也奠定了成立专门学术机构的成果基础。红十字运动研究中心的成立，可谓水到渠成。

---

① 池子华：《国内高校红十字运动研究概况》，见池子华著《红十字运动：历史与发展研究》，合肥工业大学出版社 2013 年版。

（二）申请得到批准

鉴于成立专门研究机构的条件已经具备，经协商，由苏州市红十字会与苏州大学社会学院联手发起，合作共建。2005年10月1日，池子华向苏州大学社会学院党委、行政正式提交《关于成立"红十字运动研究中心"申请报告》。

院党委、行政：

自1999年以来，本人在中国红十字会总会支持下，率先对中国红十字运动进行研究，取得一定成绩，先后出版《百年红十字》（60万字，为第一部系统研究中国红十字运动百年历程的学术著作）、《红十字与近代中国》（近40万字，为第一部系统研究中国红十字会近代历史的学术论著并获江苏省第九届哲学社会科学优秀成果奖二等奖、苏州市第八次哲学社会科学优秀成果奖二等奖），在《江海学刊》《清史研究》《史林》《社会科学战线》等刊物发表相关论文数十篇，受到学术界广泛关注，并在红十字会系统产生重大影响。同时在苏州市红十字会鼎力资助下，与该会联手，完成《中国红十字历史编年（1904—2004）》（50万言，安徽人民出版社出版发行）课题，《江苏红十字运动历史研究（1904—2004）》也获得该会立项，5年内将陆续推出3卷本近百万言的学术论著。为保持本领域在国内的强势地位，聚集研究力量，构筑学术交流平台，拓宽与海内外对口合作渠道，为此申请，建议与苏州市红十字会联合发起成立"红十字运动研究中心"。这对弘扬人道主义精神，构建和谐社会，意义重大。我们相信，在院党委、行政领导下，在苏州市红十字会的支持下，该中心一定能够不断取得学术研究的新进展，使之成为国内乃至国际红十字运动研究的基地。请核准。是盼。

此致

敬礼

池子华

2005年10月1日

20天后的10月21日，申请报告得到苏州大学社会学院、苏州市红十字会的批准，即《关于苏州大学社会学院、苏州市红十字会成立红十字运动研究中心的决定》。该决定指出：

> 中国红十字会作为人道主义社会救助团体，100多年来始终发扬"人道、博爱、奉献"的红十字精神，在人道主义援助和促进经济社会发展等方面发挥了重要作用。为更好地开展健康和素质教育，更广泛地宣传和动员更多的力量支持和参与红十字事业，进一步弘扬红十字精神，促进我国红十字事业不断发展，决定成立红十字运动研究中心。

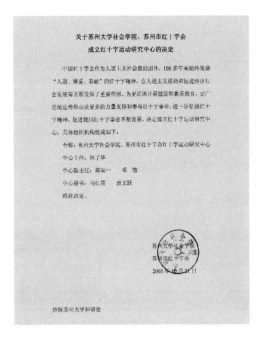

批复原件

成立全国首家红十字运动专门研究机构的设想，于是成为现实。

（三）隆重的成立大会

2005年12月7日下午2点，苏州大学校本部大礼堂中洋溢着温馨的博爱气息。由苏州市红十字会和苏州大学社会学院携手共建的国内第一个"红十字运动研究中心"正式成立。同时，社会学院红十字会、红十字青年志愿者服务队也正式诞生。

红十字运动研究中心成立大会

葛建一、郝如一揭牌

在成立大会上，副校长葛建一教授、苏州市红十字会副会长郝如一、社会学院党政领导班子以及苏州籍名医、抗日战争时期荣任中国红十字会总会秘书长的庞京周先生的亲属刘伟女士在主席台就座。

社会学院院长王卫平教授首先宣读了成立红十字会研究中心的决定，在全场热烈的掌声中，葛建一副校长和郝如一副会长共同为研究中心正式揭牌。红十字会研究中心主任由社会学院博士生导师池子华教授担任。

苏州大学校园内祝贺研究中心成立横幅

郝如一副会长宣读苏州市红十字会同意成立苏州大学社会学院红十字会的批复，向社会学院红十字会授旗以后作了讲话。他说，红十字运动在我国已有百年历史，在苏州开展也有81周年。在红十字救助帮扶的活动中，深感理论指导的缺乏，国内也一直没有正规的、高水平的研究机构。苏州大学社会学院与我们携手共建，填补了空白，给中国的红十字会运动添上了浓墨重彩的一笔！

苏州大学副校长葛建一教授在讲话中指出：《中华人民共和国红十字会法》颁布10多年来，苏州市红十字会围绕生命工程、救援工程和爱心工程，开展了丰富多彩的人道主义活动。今天，我们成立了全国第一个红十字运动研究中心，它必将有利于更广泛地宣传和动员更多的力量支持和参与红十字事业、弘扬红十字精神、促进我国红十字事业不断发展。我们对研究中心寄予厚望！

社会学院青年团员获悉江西九江地震受灾消息后，自发组织，踊跃向灾区捐款。在大会上，社会学院学生代表将凝聚了全院团员爱心的钱款交给郝如一副会长，通过苏州市红十字会向灾区人民转达社会学院学子深切的关爱之情。苏州市红十字会在社会学院设立了帮困助学基金以资助贫困学生完成学业，在大会上，与会领导向首批获得红十字帮困助学基金的十位学生发放了助学金。①

发放助学会　　　　　　　　　　　　　　授旗仪式

---

① 《苏州市红十字会与社会学院共建红十字运动研究中心》，《苏大简报》2005 年 12 月。

学界、业界携手合作，开创了红十字理论研究的"苏州模式"①。

（四）平台建设

红研中心要取得长远发展，必须搭建学术交流的平台。

2006年5月8日，世界红十字日当天，红研中心网站（http：//www.hszyj.net）上线，这是全国首家学术性公益性网站。网站由同程网络科技股份有限公司（简称同程旅游）提供技术支持和日常维护。网站除及时发布红十字会重要活动新闻外，还定期刊出《红十字运动研究》电子期刊，截至2020年12月已出版61期，发表各类文章千余篇。

2007年全国第一份公开出版的学术理论期刊《红十字运动研究》杂志正式创刊，每年出版一卷，截至2020年已出版14卷，以展示红十字运动研究的最新成果。2007年卷"发刊词"写道：

> 有人说，世界上有三大国际性组织，即联合国、奥委会和红十字会。对联合国、奥委会，可谓妇孺皆知，而对红十字会，知其详者，恐怕百无一二成。这与研究状况的滞后不无关系。有鉴于此，我们创办《红十字运动研究》（年刊），为有志于研究红十字运动的海内外学者、业余爱好者以及各级红会组织、红十字志愿者提供一个相互沟通、交流的平台，并希望通过这一载体推动中国及国际红十字运动研究的深入，为弘扬人道主义、构建和谐社会尽绵薄之力。
>
> 《红十字运动研究》立足苏州，面向海内外。常设栏目：
>
> 理论园地：重在探索红十字运动发展规律、红十字会如何参与社会保障事业以及红十字事业自身发展等重大理论问题。
>
> 历史研究：力求再现不同时期中国红十字运动和国际红十字运动的历史场景，为红十字事业的可持续发展提供有益借鉴。对各国红十字运动的历史以及比较研究，也为本栏目所欢迎。

---

① 池子华：《红十字会"理论研究能力"建设路在何方？》，《中国红十字报》2010年12月3日。

百家争鸣：不同观点，不同学术流派，相互切磋，百花齐放，百家争鸣，有助于学术研究的繁荣。

工作交流：为各级红十字组织交流工作经验提供平台，也使研究工作与现实需要真正对接起来。红十字运动与红十字运动研究相互促进，相得益彰。

观察思考：介绍国际及各国红十字会运动的最新动态，以广见闻。

图书评论：展示红十字运动研究的最新成果，使读者能够及时了解学术研究动态。对"过期"书刊，我们也将择要介绍。

文献资料：选登具有重要参考价值的文献资料，为研究提供便利条件。希望各级红十字会奉献珍藏史料，以期资源"共享"。

杂文随笔：凡与红十字运动有关的杂文、随笔，均表欢迎。

他山之石：虽非研究红十字运动的专论，但论域相近或对红十字运动研究有所启发的论文，亦表欢迎。

竭诚欢迎海内外专家学者、各级红会组织、红十字志愿者踊跃赐稿，我们会根据投稿情况，随时增设新栏目。[①]

"发刊词"表明《红十字运动研究》是一份开放性的刊物，既有理论探讨，又有经验分享，历史与现实结合，为学界和业界"跨界"交流架起一座桥梁。

2015年，红研中心微信公众号（Red Cross Society）开通。公众号主要向学界、业界传递红研中心取得的最新科研成果，有助于对学术动态的了解。

（五）基地建设

取得初步发展后，红研中心积极争取纵向研究基地建设。2009年4月，红研中心被江苏省红十字会冠名为"江苏红十字运动研究基地"，

---

① 郝如一、池子华主编：《红十字运动研究》2007年卷，安徽人民出版社2007年版。

2009年被江苏省教育厅批准为"江苏省人文社会科学重点研究基地培育点"，这为红研中心注入了新的活力。

与此同时，红研中心横向拓展，建立自己的研究基地，取得突破。

2009年6月25日，苏州大学红十字运动研究中心昆山研究基地在江苏昆山市红十字会正式挂牌成立。县级市红十字会组织与高校合作开展红十字运动理论研究，这在全国尚属首例。

昆山市副市长、市红十字会会长金乃冰希望昆山市红十字会借助昆山研究基地平台建设，认真参与红十字理论研究，用理论来指导红十字工作，创新工作理念，规范制度管理，探索工作经验；为红十字运动理论研究提供丰富的基层工作素材，成为合格的红十字运动理论研究与研究生教研基地；编辑出版昆山红十字运动书籍，加强与苏州大学红十字运动研究中心及国内其他研究机构的沟通与交流，促进昆山市红十字运动的长远发展。[①]经过两年建设，昆山基地取得良好业绩，为研究生工作站的设立创造了条件。

2011年9月5日，苏州大学社会学院昆山研究生工作站启动仪式在昆山市红十字会举行。昆山市红十字会常务副会长刘超英、苏州大学社会学院副院长周毅、苏州大学社会学院高峰教授、红十字运动研究中心主任池子华教授及驻站研究生出席了启动仪式。启动仪式上，双方共同探讨了当前红十字工作的热点问题，并就工作内容、研究课题进行了讨论。

研究生工作站的成立是为了借助各方的优势，充分发挥理论对实践的指导作用和实践对理论发展的推动作用，积极探索和深化产学研合作新途径。昆山市红十字会将作为社会工作专业硕士研究生工作站点，为学生提供挂职工作岗位，向其提供调研、评估、专业研讨等方面的基础资料。学校则在人才培养、咨询服务、信息交流等方面给予支持和协助。

---

① 《红十字运动研究中心昆山研究基地成立》，《苏大简报》2009 年 6 月 30 日。

红十字运动研究中心昆山研究基地　　　　苏州大学社会学院昆山研究生工作站揭牌

　　红研中心昆山研究基地成为首批苏州大学研究生工作站中的社会学社会工作学科的研究生工作站，这在全国红十字系统中具有首创意义。昆山研究生工作站的建立，对开启红十字会与学校合作，推进红十字运动理论研究，储备红十字理论人才，具有积极的现实意义。①

　　第二个研究基地为上海嘉定研究基地。

　　2013年1月24日，上海市嘉定区红十字会第四届理事会第五次会议在区政府综合大楼召开。中共嘉定区委副书记刘海涛，嘉定区副区长、区红十字会会长李原等出席。

嘉定区红十字会第四届理事会第五次会议

　　会上，嘉定区红十字会常务副会长张丽萍与红研中心主任池子华共同为红十字运动研究中心嘉定研究基地揭牌。嘉定研究基地的建立，有助

---

① 《发挥社会工作优势　构筑红十字理论平台》，中红在线，2011 年 9 月 27 日，https://www.redcrossol.com/html/2011-09/24869822.html。

于加强合作，互利共赢，也为苏州大学相关专业研究生实习，提供了新的平台。[①]

第三个研究基地为浙江嘉兴研究基地。

2013年7月24日，红十字运动研究中心嘉兴研究基地揭牌仪式在嘉兴市红十字会举行。红研中心主任池子华与嘉兴市政府副市长、市红十字会会长柴永强共同为基地揭牌。

红十字运动研究中心嘉兴研究基地

为繁荣红十字事业，推进红十字文化的大发展，经嘉兴市红十字会与苏州大学红十字运动研究中心多次磋商，密切合作，决定正式成立红十字运动研究中心嘉兴研究基地。今后双方将发挥各自的优势与特长，相互配合，通力协作，通过理论联系实践，大力开展红十字运动理论研究，力争取得一批富有嘉兴特色的红十字理论研究成果。揭牌仪式结束后，池子华还作了《中国红十字运动的历史、现状与未来发展》专题讲座。市政府副市长、市红十字会会长柴永强，常务副会长王国芬，专职副会长傅琦红，市红十字会副会长、市政府副秘书长王一伟等全程参加了本次活动。[②]

第四个研究基地为江苏盐都研究基地。

2014年12月12日，红研中心主任、博士生导师池子华教授与盐城市盐都区红十字会负责人在苏州大学签署协议，合作成立红十字运动研究中心

盐都研究基地。苏州大学社会学院院长王卫平教授与盐都区红十字会会长武进甲共同为该研究基地揭牌。

盐都区红十字会成立于1915年。至2014年10月底，全区拥有镇（区、街道）、村居和系统、行业红十字会340个，专业工作委员会22个，志愿服务基地16个，共有成人会员15932人，青少年会员45496人，志愿者5866人，在组织建设、备灾救灾、救护培训、帮困救助、志愿服务、生命工程、红十字博爱文化传播等方面成绩突出。

红十字运动研究中心盐都研究基地

通过成立盐都研究基地，设置在苏州大学社会学院的红十字运动研究中心将对该区红会工作给予协助和指导，区红会借助研究基地平台，认真参与理论研究，创新工作理念，规范制度管理，探索工作经验，为红十字运动理论研究提供丰富的基层工作素材。①

第五个研究基地为贵州分中心。

2015年9月25日，红研中心贵州分中心在贵阳挂牌成立，中心主任池子华与贵州省红十字会党组书记、常务副会长罗治雄，共同为贵州分中心揭牌，并举行合作共建签字仪式。

池子华在讲话中指出，红研中心虽然取得了不少成绩，形成全国公认的学术"品牌"，但红十字运动研究毕竟是一个新的学术领域，还有许多

---

① 《红十字运动研究中心盐都研究基地成立》，《盐都日报》2014年12月16日。

空白亟待填补，新情况、新问题层出不穷，也需要理论研究的及时跟进。因此，红研中心的同仁将继续奋进，不断取得新的成绩，力争把红研中心打造成理论研究的新高地。作为中国红十字基金会支持下的红十字文化研究基地，红研中心目前有上海嘉定、浙江嘉兴、江苏盐都3个研究基地（昆山研究基地三年期满后没有续约），如今贵州分中心挂牌成立，如虎添翼，为红十字运动研究注入了新鲜血液，激发了新的活力。相信在贵州分中心的有力配合和支持下，红研中心必将焕然一新，在红十字软实力建设方面发挥更大作用。

池子华强调，贵州是红十字运动的一片热土，蕴藏着丰富的红十字文化资源，尤其是作为中国红十字会救护总队部的大本营，贵州有着得天独厚的优势。希望贵州分中心，一是继续凸显特色，整理出版"救护总队档案资料丛书"，扩大图云关文化品牌的辐射力、影响力，为贵州省红十字事业国际化战略提供强有力的支撑，为"一带一路"建设贡献力量。二是结合贵州红十字运动的历史与实践，推出"贵州红十字运动研究丛书"，把历史研究与现实需要、未来发展对接起来，为贵州红十字事业提供理论指导和智力支持。三是积极动员相关方面的人力资源，筹备"人道需求与能力建设"国际学术研讨会。

苏州大学红十字运动研究中心贵州分中心

苏州大学红十字运动研究中心贵州分中心成立暨
《抗战救护队》《贵州红十字运动研究》
首发座谈会

罗治雄常务副会长对红十字运动研究中心的宝贵支持表示感谢。他表示，在贵州省红十字会和有关部门的呵护、支持下，在贵州分中心研究团队的精诚合作、共同努力下，一定会开创贵州红十字运动研究的新局面，为繁荣红十字文化、促进红十字事业发展做出自己独特的贡献。[①]

第六个研究基地为江苏常州研究基地。

2017年4月11日，红十字运动研究中心常州研究基地揭牌仪式在常州市委党校举行。红研中心主任池子华教授与常州市红十字会党组书记、常务副会长钱斌共同为基地揭牌。

常州红十字会1914年10月筹建，1921年2月正式成立。百年来，常州红十字会践行"人道、博爱、奉献"的红十字精神，在大力实施紧急救援、应急救护、人道救助三大工程，全力推动无偿献血和造血干细胞捐献、人体器官（组织）及遗体捐献，致力改善最易受损害群体生存境况等方面，做了大量实事善举，创造性地开展了红十字博爱送万家、大病救助、蓝天助学等品牌活动，并在成立旅游景区红十字会、设立红十字人道救助基金、开展红十字文化理论研究等方面走在了全国前列。常州研究基地的建立，有助于加强合作，发挥各自的优势，相互配合，通过理论联系实践，大力开展红十字理论研究，共同促进红十字事业健康持续发展。

红十字运动研究中心常州研究基地

① 《红十字运动研究中心贵州分中心揭牌》，红十字运动研究中心网站，2015年9月30日，http://www.hszyj.net/article.asp?articleid=4106。

揭牌仪式结束后，池子华在钱斌副会长陪同下，实地考察了盛宣怀故居。盛宣怀是中国红十字会首任会长，在中国红十字运动史上具有重要影响。依托盛宣怀故居，创建红十字文化传播基地，具有一定的可行性。对此，双方达成共识，希望能够争取中国红十字会总会、江苏省红十字会以及常州市委市政府的支持。①

第七个研究基地为安徽合肥研究基地。

2017年10月20日，红十字运动研究中心合肥研究基地揭牌仪式在合肥市政务中心举行。市政府副市长、市红十字会会长吴春梅，红研中心主任池子华，市红十字会专职副会长刘波出席揭牌仪式并讲话，仪式由市政府副秘书长谢军主持，来自全市各县（市）区红会专兼职副会长、工作人员及部分乡镇基层红会负责人参加了活动。

仪式上，市红会专职副会长刘波介绍了设立红十字运动研究中心合肥研究基地的情况，她指出，苏州大学红十字运动研究中心是全国首家以红十字运动为专门研究对象的学术研究机构，在历史研究、理论研究方面取得了丰硕的成果，已成为全国红十字运动的重要研究基地，是红十字运动研究的先锋，为助力中国红十字事业的发展做出了重要贡献，为推动地方红十字会的发展提供了资源和契机，也提供了成功的经验。合肥研究基地成为推动合肥市红十字运动理论研究发展，提升合肥市红十字文化品质和发展红十字事业的新动力和新引擎。池子华介绍了红十字运动研究中心和各个基地建立以来的情况，并对合肥研究基地寄予厚望。

---

① 《红十字运动研究中心常州研究基地揭牌》，苏州大学社会学院网站，2017 年 4 月 19 日，http://shxy.suda.edu.cn/c7/ab/c7980a182187/page.htm。

红十字运动研究中心合肥研究基地

　　合肥市政府副市长、市红十字会会长吴春梅发表讲话，对池子华教授为合肥研究基地的设立所付出的努力表示衷心的感谢，并对近年来市红十字会取得的成绩给予充分肯定，她指出，在市委、市政府的领导下，市红会秉承"人道、博爱、奉献"的红十字精神，开展了"博爱送万家""红十字天使计划""博爱在江淮""博爱庐州"等救助品牌活动，获得了社会各界广泛的赞誉。希望市红会要依托合肥研究基地这个平台，通过多样化的学习方式，提升能力与水平，传承和繁荣红十字文化，推动红十字事业在创新发展方面取得更多的丰硕成果。

　　最后，吴春梅副市长和池子华教授共同为红十字运动研究中心合肥研究基地揭牌。①

　　基地的设立，有助于红会把握红十字运动的发展规律和新时期发展方向，以理论研究促进工作实践，推动红十字事业的创新发展。同时也为红研中心的理论研究提供实践园地，为理论研究与现实需要的无缝对接提供了崭新的平台。

---

① 《红十字运动研究中心合肥研究基地揭牌》，红十字运动研究中心网站，2017 年 10 月 23 日，http://www.hszyj.net/article.asp?articleid=4917。

二、辛勤耕耘结出累累硕果

15年来，红研中心同仁辛勤耕耘，锐意进取，取得一系列科研成果，出版相关著作百余种，填补了许多空白，赢得学界、业界的一致好评。

（一）红十字书系

"红十字书系"是红研中心与安徽人民出版社合作推出的大型系列丛书，出版图书18种，即：

孙柏秋主编，池子华、杨国堂等合著：《百年红十字》（精装）

池子华著：《红十字与近代中国》

池子华、郝如一主编：《中国红十字历史编年（1904—2004）》

郝如一、池子华主编：《苏州红十字会志》

郝如一、池子华主编：《苏州红十字会志资料长编》（上下册）

池子华、严晓凤、郝如一主编：《〈申报〉上的红十字（1897—1949）》（4卷）

池子华著：《中国红十字运动史散论》

刘超英主编：《昆山红十字运动发展史》（精装）

池子华、郝如一主编，池子华、曹金国、薛丽蓉、吕志茹合著：《江苏红十字运动研究》第1卷《近代江苏红十字运动（1904—1949）》

池子华、郝如一主编，徐国普著：《江苏红十字运动研究》第2卷《辉煌十五年（1950—1965）》

池子华、郝如一主编，杨红星著：《江苏红十字运动研究》第3卷《挫折后的振起（1966—2004）》

郝如一、池子华主编：《红十字运动研究》2007年卷

郝如一、池子华主编：《红十字运动研究》2008年卷

郝如一、池子华主编：《红十字运动研究》2009年卷

郝如一、池子华主编：《红十字运动研究》2010年卷

郝如一、池子华主编：《红十字运动研究》2011 年卷

严晓凤、池子华、郝如一主编：《红十字运动研究》2012 年卷

严晓凤、池子华、郝如一主编：《苏州红十字会百年纪事（1911—2011）》

特别值得一提的是，"红十字书系"的出版，得到中国红十字会总会（联系深圳巾帼药业给予资助）、苏州市红十字会（年度项目纳入预算）以及江苏省红十字会、苏州大学社会学院中国史重点学科经费支持。

（二）红十字文化丛书

"红十字文化丛书"是红研中心与合肥工业大学出版社合作推出的大型丛书，由池子华总主编，已出版图书70余种，即：

池子华、郝如一主编：《中国红十字会百年往事》

严晓凤、池子华、郝如一主编：《红十字运动研究》2013 年卷

池子华、傅亮、张丽萍、汪丽萍主编：《〈大公报〉上的红十字》

池子华、张丽萍、汪丽萍主编：《中国红十字历史编年（2005—2009）》

池子华、张丽萍、汪丽萍主编：《中国红十字运动的区域研究》

池子华著：《红十字运动：历史与发展研究》

吴佩华著：《中国红十字外交，1949—2009》

郝如一著：《红十字文化传播：实务与理论》

张立明著：《红十字人道事业：改革与发展管见》

戴斌武著：《中国红十字会救护总队与抗战救护研究》

孙语圣著：《中国红十字会灾害救助机制研究》

方娅、池子华主编：《江西红十字运动百年回眸》

池子华、丁泽丽、傅亮主编：《〈新闻报〉上的红十字》

池子华、曹金国、薛丽蓉、阎智海合著：《红十字：近代战争灾难中的人道主义》

池子华、张丽萍、汪丽萍主编：《红十字运动研究》2014年卷

上海市嘉定区红十字会编：《嘉定红十字历史编年实录（1918—2013）》（上下卷）

池子华、郭进萍、邓通、李攀合著：《红十字：文化传播、危机管理与能力建设》

简海燕、池子华主编：《〈红十字会救伤第一法〉——孙中山唯一译著的整理与研究》

池子华、崔龙健主编：《中国红十字运动史料选编》第一辑

丁超英、池子华主编：《峥嵘岁月歌 奋进的20年——浦东新区红十字会大事记》

上海市浦东新区红十字会主编：《峥嵘岁月歌 奋进的20年——浦东新区红十字会工作实践与探索》

上海市浦东新区红十字会主编：《峥嵘岁月歌 奋进的20年——浦东新区红十字会优秀案例大盘点》

池子华、张丽萍、吴玉林主编：《红十字运动研究》2015年卷

高鹏程著：《近代红十字会与红卍字会比较研究》

池子华著：《红十运动：历史回顾与现实关怀》

罗治雄、戴斌武著：《贵州红十字运动研究（1916—2013）》

池子华、丁泽丽主编：《中国红十字运动史料选编》第二辑

代华著：《民族主义与人道主义——1923年日本关东大地震的中国响应》

池子华、郭进萍校订：《日本红十字运动史（1877—1916）》

袁灿兴著：《国际人道法在华传播与实践研究》

池子华、王国忠、吴玉林主编：《红十字运动研究》2016年卷

池子华、邓通主编：《中国红十字历史编年（2010—2014）》

池子华著：《红十字运动：历史审视与现实思考》

顾丽华、池子华主编：《〈弥足珍贵的红十字文化遗产——中国红十字会常熟分会民国廿一年纪念册〉整理与研究》

梁旻著：《人道的力量：中国红十字会救援江浙战争研究》

吴玉林主编：《盐都红十字事业》

王国忠、池子华主编：《红十字青少年理论与实践》

池子华、欧贺然主编：《中国红十字运动史料选编》第三辑

池子华、阎智海主编：《中国红十字运动史料选编》第四辑

池子华、丁泽丽主编：《中国红十字运动史料选编》第五辑

池子华、李欣栩主编：《中国红十字运动史料选编》第六辑

张孚传著：《微言浅语：红十字会工作笔谈》

池子华、王国忠、陈海高、傅琦红主编：《红十字运动研究》2017 年卷

池子华、崔龙健主编：《中国红十字运动史料选编》第七辑

吴康丽、池子华主编：《陆树藩：中国红十字运动的先驱》

李欣栩著：《民国时期中国红十字会制度建设》

崔龙健著：《抗战时期中国红十字会上海国际委员会研究》

袁灿兴著：《无锡华氏义庄：中国传统慈善事业的个案研究》

池子华、李欣栩主编：《中国红十字运动史料选编》第八辑

涂文涛著：《但闻人道絮语声——红十字人道工作笔记》

池子华、王国忠、陈海高、吴海松主编：《红十字运动研究》2018 年卷

池子华主编：《红十字运动研究评论集》

池子华著：《红十字运动：历史传承与当代发展》

池子华、刘思瀚主编：《中国红十字运动史料选编》第九辑

曾桂林、池子华主编：《中国红十字运动史料选编》第十辑

傅亮著：《近代江西红十字运动研究（1911—1949）》

池子华总主编：《中国红十字运动通史（1904—2014）》

池子华、王国忠、宋双印、陈海高主编：《红十字运动研究》2019 年卷

池子华著：《中国红十字运动史散论》（修订本）

宋悦明、池子华主编：《中国红十字运动史料选编》第十一辑

池子华、刘思瀚主编：《中国红十字运动史料选编》第十二辑

江华、张涛主编：《中国红十字运动史料选编（常州专辑）》第十三辑

池子华、王国忠主编：《中国红十字运动的"万国"视界》

宋双印、池子华主编：《延安时期红十字运动研究》

卞允斗编著：《仁者之爱》

池子华、邓通主编：《中国红十字历史编年（2015—2019）》

湖北省红十字会主编：《爱的灯火——湖北"最美红十字人"报告文学集》

池子华、王正春、宋双印、陈海高主编：《红十字运动研究》2020 年卷

池子华、刘思瀚主编：《中国红十字运动史料选编》第十四辑

池子华、郎元智主编：《中国红十字运动史料选编》第十五辑

江华、张涛主编：《中国红十字运动史料选编（常州专辑二）》第十六辑（上下册）

池子华著：《红十字运动：穿越历史与回归现实》

吕进福著：《新媒体环境下红十字舆论传播研究》

"红十字文化丛书"的出版，得到了中国红十字基金会的有力支持。

2013年11月10日上午，中国红十字基金会常务副理事长兼秘书长孙硕鹏、宣传部部长牛晓波、宣传部主管王硕一行3人，访问红十字运动研究中心，受到红研中心主任池子华教授的热情接待。双方围绕全国人大常委

会原副委员长、中国红十字会会长华建敏提出的"两论一动"（舆论、理论、行动）建设路径和"红十字文化与价值体系"论题举行座谈，并就红十字文化建设、理论研究基地培育、红十字系统干部培训与人才培养等方面的合作进行了探讨，达成初步意向。苏州市红十字会原专职副会长郝如一、红研中心部分研究人员出席座谈会。①

孙硕鹏一行访问红研中心

座谈会上，商定红研中心作为红十字文化研究基地，由中国红十字基金会支持建设，每年提供20万元的建设经费。经过6年两个周期的建设，中国红十字基金会已投入120万元。加上几个研究基地和苏州大学社会学院中国史重点学科支持，经费有保障。在红研中心团队成员的共同努力下，"红十字文化丛书"蔚为大观。

（三）中国红十字运动知识丛书

尽管红研中心出版了许多有分量的著作，取得了可观的研究成果，但这些成果专业性、学术性强，受众面窄，基本上局限于学界、业界，无法实现大众化目标。如何使学术成果走向大众，实现社会化普及，值得

---

① 《孙硕鹏一行访问红十字运动研究中心》，红十字运动研究中心网站，2013年11月11日，http://www.hszyj.net/article.asp?articleid=3188。

探索。

红十字文化的社会化普及，路径有不少，连环画、音像制品、通俗读物都是可选路径，深受大众喜爱。2018年，在中国红十字基金会、"六个核桃·读书慧"公益基金支持下，红研中心联手山东画报出版社推出的"中国红十字运动知识丛书"，就是传播方式上的一种新尝试。丛书第一辑一经面世，就受到读者欢迎。那么，这套丛书好在哪里？

一是目的明确，"告诉你一个真实的红十字会"。由于"郭美美事件"和别有用心的人歪曲历史、误导公众，红十字遭受前所未有的信任危机。追根溯源，对于真正的红十字会是什么，公众大多不甚了解，产生误解在所难免。要扭转这种局面，正本清源至为关键。该丛书以事实为依据，用流淌的文字呈现红十字运动波澜壮阔的历史场景，真实可信，感染力强。

二是以关键性人物和重大人道行动为中心，书写红十字运动的历史。丛书第一辑收入的5本书分别是：《无私奉献的精神——中国红十字会创建的故事》（池子华著）、《中国红十字会首任会长——盛宣怀的故事》（池子华著）、《中国的南丁格尔——张竹君的故事》（池子华著）、《救死扶伤的圣歌——林可胜与中国红十字会救护总队的故事》（池子华著）、《人道主义的赞歌——上海国际红十字会的故事》（崔龙健著）。这5本书都是以中国红十字运动史上具有决定性影响的"红人"和重大历史事件为脉络展开叙述的，纵横交错，鲜活饱满。

三是故事性强。讲好红十字故事，传播好红十字声音，就要讲好红十字运动历史，这是该丛书撰写的立足点。但要讲好故事并不容易，不仅要深挖资料，丰富素材，而且要转换写作方式，以"讲"代"论"，这对学者而言是一种考验。同时，许多重要问题也要通过故事讲出来。如《无私奉献的精神——中国红十字会创建的故事》，要回答读者所关心的一系列问题：中国红十字会为什么在1904年诞生？在此之前红十字如何走进中国并被国人接纳？中国红十字会为什么是五国合办而不是中国"独立自主"？创建过程经历了什么？哪些人参与了中国红十字会的组建？中国红十字会又是怎样从"合办"中脱颖而出的？为什么是盛宣怀出任首任会长？等等。太多的"为什么"，都要求用故事来讲述。更重要的是，讲故事绝不容许编故事。无中生有，胡编乱造，虚构情节，是对历史的亵渎，与"告诉你一个真实的红十字会"理念背道而驰，该丛书坚决杜绝。讲故事是以真实为前提，"信史"旦旦，这是原则性问题，该丛书恪守原则，绝不逾矩。

四是写得比较好看。故事讲得如何，关键在于如何"讲"。真实，感人，生动，几大要素熔于一炉，才能引人入胜。因此，写法上尽可能新颖别致，文字清新活泼，谋篇布局也要有故事性。如《中国的南丁格尔——张竹君的故事》子目有：引子、一场怪病成就了她、"穗城奇女"、"女界梁启超"、上海滩"另创基业"、"贵人"相助、"女中豪杰"、创办女子中西医学院、出任上海医院"监院"、创建中国赤十字会、一石激起千层浪、"炮轰"沈敦和、两位特殊的救护"队员"、武汉前线的日日夜夜、胜利归来、功成身退、梅开二度、独木难支、热心公益、砥砺前行、再度出山、尾声。共22目，虽然不能说构思奇妙，但也新人耳目，再配上珍贵图片，图文并茂，的确写得比较好看。还应该强调的是，该丛书虽然是通俗读物，但"通而不俗"，没有哗众取宠的故弄玄虚，更没有迎合低级趣味的"搔首弄姿"，而是娓娓道来，让读者能够听下去、读下去，不感觉枯燥乏味。

五是小而精，定价低，受众面广。该丛书中的每本书都不是大部头的学术著作，包括图片在内，版面字数也只有10万字左右，做到"小而精"。因系小册子，主要面向学校红十字青少年、普通民众以及红十字工作者、志愿者，受众面广。希望用通俗易懂、清新可读这种"小清新"的传播方式，使丛书畅销起来，达成红十字文化广泛普及的目标，让红十字真正走向社会。①

在第一辑广受好评的激励下，我们又策划了第二辑、第三辑。其中第二辑收入的5本书分别是：《永不割舍的博爱——孙中山、宋庆龄与中国红十字会的故事》（池子华著）、《中国的亨利·杜南——陆树藩的故事》（刘思瀚著）、《中国红十字事业奠基人——沈敦和的故事》（池子华著）、《"中国难民之友"——饶家驹的故事》（崔龙健著）、《"中国伤兵之母"——史沫特莱的故事》（阎智海著）。这5本书已由合肥工业大学出版社出版发行。第二辑、第三辑保持了与第一辑同样的风格。希望这套丛书能够出版下去，成为红研中心的又一品牌。

（四）标志性成果《中国红十字运动通史（1904—2014）》

2018年，在庆祝改革开放40周年之际，在《中国红十字会总会改革方案》实施之时，6卷8册300多万言的皇皇巨著《中国红十字运动通史（1904—2014）》（以下简称《通史》）由合肥工业大学出版社出版发行。这是中国红十字运动研究的标志性成果、集大成之作。

《通史》编写计划酝酿于2014年，其时《国务院关于促进红十字事业发展的意见》已经颁布实施，《红十字会法》修订也在紧锣密鼓进行中，中国红十字会在良好发展机遇中迎来建会110周年华诞，这使红研中心同仁备受鼓舞。加之红研中心自成立以来取得一系列研究成果，有了较深厚的学术积淀，编撰出版一套全面反映中国红十字运动110年历程的通史性著作，条件具备，时机成熟。

2015年春，《通史》研究计划正式启动，当年底红研中心抱着"碰运气"的心态申报"十三五"国家重点图书出版规划。2016年6月17日，国家新闻出版广电总局官网发布消息，《中国红十字运动通史（1904—2014）》正式入选"社会科学与人文科学出版规划"。

2017年，研究团队联手合肥工业大学出版社申报2018年度国家出版

---

① 池子华：《红十字文化传播的新尝试——写在"中国红十字运动知识丛书"出版之际》，《中国红十字报》2018年10月16日。

基金资助项目，顺利获批立项。这份沉甸甸的信任，承载着国家的殷切期望。"十三五"国家重点图书、国家出版基金，都是以"国家"的名义，也意味着研究成果必须达到国家要求的水平，成为传世精品。

《中国红十字运动通史（1904—2014）》书影

《通史》由池子华总主编，分为第1卷《近代的红十字运动历史变迁》（上下册，池子华著）、第2卷《新中国成立初期的红十字运动》（徐国普著）、第3卷《改革开放以来的红十字运动》（上下册，杨红星著）、第4卷《中国红十字外交（1949—2014）》（吴佩华著）、第5卷《中国红十字文化》（郭进萍著）、第6卷《中国红十字运动大事编年》（池子华主编），全面再现了中国红十字会110年的风雨历程。

2015年5月5日，习近平总书记在接见出席中国红十字会第十次全国会员代表大会代表时指出："中国红十字会是国内历史最悠久的人道组织，成立110多年以来不断发展。近年来，中国红十字会在重大灾害救援、保护生命健康、促进人类和平进步等方面发挥了重要作用，涌现出郭明义等一批优秀红十字志愿者，为党、为国家、为人民做了很多好事、善事。"①《通史》对此做了全方位解读，通过对红十字会从事的战地救护、赈济灾民、公益事业、国际援助、社会服务等人道活动的缕析，揭示"红十字"精神的深刻内涵。

中国红十字会从无到有，从弱到强，并非一帆风顺，而是历经坎坷甚至磨难。红十字会之所以能够攻坚克难，不断创造一个又一个辉煌，关键在于改革创新。《通史》向人们展示了不同历史时期红十字会开拓进取、在改革创新中砥砺前行的多彩画面，表达了"一部红会史就是一部改革史"的深层意蕴。②

《通史》的出版，得到学界好评，被誉为"中国红十字运动研究的标志性成果和集大成之作"③，"是迄今为止规模最大、系统性最强、内容最丰富的中国红十字运动通史性著作"④。毫无疑问，《通史》是红研中心成立15年来最具有代表性、标志性的成果。

（五）与其他出版社的合作

除上述之外，红研中心团队成员在其他出版社出版了相关学术著作，包括：池子华、郝如一主编《红十字运动与慈善文化》（广西师范大学出版社2010年版）；戴斌武著《抗战时期中国红十字会救护总队研究》（天津古籍出版社2012年版）；徐国普著《新中国成立初期中国红十字会研究（1949—1956）》（人民出版社2013年版）；马强、池子华主编《红十字在上海，1904—1949》（东方出版中心2014年版）；马强、池子华主编《红十字在上海资料长编（1904—1949）》（3卷本）（东方出版中心2015年版）；池子华著《晚清时期中国红十字运动研究》（科学出版社

① 习近平：《增强责任意识真心关爱群众 开创红十字事业发展新局面》，《人民日报》2015年5月6日。
② 池子华：《以史为鉴推进红十字会改革创新——写在〈中国红十字运动通史（1904—2014）〉出版之际》，《中国红十字报》2018年12月25日。
③ 王卫平、郎元智：《系统梳理中国红十字运动发展历程——〈中国红十字运动通史〉简评》，《光明日报》2020年8月14日。
④ 孙语圣：《〈中国红十字运动通史（1904～2014）〉的学术特色》，见朱庆葆主编：《民国研究》2019年秋季号，社会科学文献出版社2020年版。

2019年版）。其中，《红十字在上海，1904—1949》及《红十字在上海资料长编（1904—1949）》是红研中心与上海市红十字会精诚合作的结晶。

《红十字在上海，1904—1949》发行仪式

《红十字在上海资料长编（1904—1949）》书影

上海是中国红十字运动的发祥地。自1904年3月10日上海万国红十字会（中国红十字会的前身）诞生以来，上海以其独特的区位优势，成为红十字文化中国化的试验场、传播红十字文化的集散地、全国红十字运动的中心。而1911年诞生的沪城分会（上海市红十字会的前身）作为中国红十字会直接领导下的地方分会，给予中国红十字会及驻沪总办事处以有力的配合、支持，逐渐成为上海区域红十字事业发展的"领头羊"。不言而喻，中国红十字运动的发生、发展，是与"上海"紧密联系在一起的。鉴于长期以来上海红十字运动研究成果寥寥，与上海在中国红十字运动史上

的独特地位极不相称，上海市红十字会与红研中心携手合作，共同开展了"红十字在上海，1904—1949"课题研究。成果的出版，不仅填补了学术空白，而且为进一步深入研究提供了基本资料。

《晚清时期中国红十字运动研究》则是国家社科基金后期资助项目成果。它"是一部系统研究晚清时期中国红十字运动的精品力作，其所具有的学术创新性和现实指导性值得瞩目。该书凝聚了作者20年在红十字运动研究领域的思考，体现了作者近年来红十字运动研究的总结，不管是对红十字运动研究还是新时期中国红十字会的发展迈进都具有非常重要的意义。该书的出版不仅正本清源，廓清历史，弥补了相关研究领域的不足，推进了中国近代社会史研究的深入发展，更为当今中国红十字运动发展提供了深刻的反思与体悟"①。

（六）学术论文的发表

与此同时，红研中心同仁还在《光明日报》《中国红十字报》《中国社会科学报》《社会科学战线》《江海学刊》《史学月刊》《史林》《清史研究》等报刊发表学术论文数百篇（见表1）。

表1　红研中心 2005—2020 年发表的学术论文

作者	题名	刊载信息
池子华	《中国红十字会救助 1928 至 1930 年西北华北旱荒述略》	《社会科学战线》2005 年第 2 期
池子华	《从中国救济善会到上海万国红十字会》	《史林》2005 年第 2 期
池子华	《上海万国红十字会救济日俄战灾述论》	《清史研究》2005 年第 2 期
池子华	《孙中山与中国红十字运动》	《光明日报》2006 年 1 月 6 日
池子华	《编史修志岂能如此颟顸——〈中国红十字会二十年大事纲目〉批评》	《学术前沿》2006 年第 1 期
池子华	《民国北京政府时期中国红十字会的赈灾行动述略》	《中国社会历史评论》第 6 卷，天津古籍出版社 2006 年版
吕志茹、池子华	《"复员时期"中国红十字青少年运动简论》	《河北大学学报》2006 年第 3 期

---

① 郎元智：《一部探求红十字运动本源的力作——简评〈晚清时期中国红十字运动研究〉》，见池子华、王正春、宋双印、陈海高主编：《红十字运动研究》2020 年卷，合肥工业大学出版社 2020 年版。

续　表

作者	题名	刊载信息
池子华	《略论孙中山对中国红十字运动的贡献》	《民国档案》2006 年第 4 期
池子华	《"复员"时期中国红十字会慈善活动论纲》	《文化学刊》2007 年第 5 期
池子华	《中国红十字会成立于一九一二年说质疑》	《光明日报》2007 年 9 月 21 日
池子华	《1914 年中国红十字会的胶东救援》	《文化学刊》2008 年第 1 期
池子华	《辛亥革命中红十字会的江苏战场救护》	《史学月刊》2008 年第 9 期
池子华	《近代苏州红十字运动研究》	《苏州大学学报》（哲学社会科学版）2008 年第 6 期
池子华、邓通	《四大转向——国际红十字运动 2008 年新动向》	《中国红十字报》2009 年 1 月 9 日
吴佩华、池子华	《从战地救护到社会服务——简论抗战后期中国红十字会的"复员"构想》	《民国档案》2009 年第 1 期
池子华	《创建"红十字学"刍议》	《中国红十字报》2009 年 4 月 17 日
杨红星、池子华	《近年来中国红十字运动研究综述》	《河北大学学报》（哲学社会科学版）2009 年第 4 期
徐国普、池子华	《新中国成立后中国红十字会发展的历史轨迹——以〈中国红十字会章程〉为路径的考察》	《江西社会科学》2009 年第 9 期
徐国普、郝如一	《朝鲜战争期间中国红十字会的国际救援——以江苏红会为个案》	《河北大学学报》（哲学社会科学版）2009 年第 4 期
池子华	《关于深化红十字运动研究的几点构想》	《史学月刊》2009 年第 9 期
池子华、邓通	《2009 年国际红十字运动观察》	《中国红十字报》2009 年 12 月 29 日
池子华	《"文化工程"应成为红十字会总体建设目标之一》	《中国红十字报》2009 年 12 月 11 日
池子华	《红十字会"能力建设"的理论思考》	《中国红十字报》2010 年 4 月 13 日
池子华	《"微尘"范式：品牌战略的成功运作》	《中国红十字报》2010 年 6 月 8 日
池子华	《红十字历史与能力建设》	《中国红十字报》2010 年 6 月 22 日
池子华	《红十字会创建：中国慈善界"第一伟举"》	《中国社会科学报》2010 年 7 月 20 日
徐国普	《浙江红十字运动起源探究》	《浙江档案》2010 年第 9 期
池子华	《近代灾荒赈济的几个侧面》	《广州大学学报》（社会科学版）2010 年第 11 期
池子华	《全面抗战时期中国红十字会的"内务"与"外交"》	《民国研究》2010 年冬季号，社会科学文献出版社 2010 年版
戴斌武、池子华	《抗战初期中国红十字会战地救护工作述论》	《历史教学》2010 年第 18 期
戴斌武、池子华	《中国红十字会救护总队抗战救护述论——以武汉广州会战时期为中心》	《深圳大学学报》（人文社会科学版）2010 年第 5 期

续　表

作者	题名	刊载信息
高鹏程、池子华	《南京大屠杀时期红卍字会活动的两面性》	《南京社会科学》2010 年第 6 期
池子华	《以制度建设推动能力建设》	《中国红十字报》2011 年 4 月 1 日
池子华	《辛亥革命期间中国红十字会新建分会数量考》	《苏州科技学院学报》（社会科学版）2011 年第 3 期
池子华、邓通	《让历史启迪未来——论历史文化遗产与中国红十字事业的可持续发展》	《中国红十字报》2011 年 11 月 25 日
池子华、代华	《1923 年日本关东大地震及其援救——以〈申报〉报道的内容为主要依据》	《安徽师大学报》（人文社会科学版）2011 年第 4 期
代华、池子华	《日本关东大地震与中国红十字会的人道救援》	《福建论坛》（人文社会科学版）2012 年第 1 期
杨红星、郑红艳	《红十字会与两岸关系变迁——以"金门协议"的签订为例》	《学术评论》2012 年第 1 期
杨红星、郑红艳	《中国红十字会信任危机背后的管理体制根源》	《理论导刊》2012 年第 2 期
徐国普	《二十世纪五十年代江苏红十字会的两次组织整顿》	《中共党史研究》2012 年第 2 期
池子华、郭进萍	《关于修订"红会法"的几点建议》	《中国红十字报》2012 年 4 月 10 日
池子华、郭进萍	《中国红十字会救治 1918 年浙江时疫述论——以〈申报〉为考察中心》	《南京农业大学学报》（社会科学版）2012 年第 2 期
杨红星、郑红艳	《红十字会"官方色彩"的理性解读》	《合肥工业大学学报》（社会科学版）2012 年第 6 期
池子华	《民国肇建与中国红十字会的转型》	《民国研究》2012 年秋季号，社会科学文献出版社 2012 年版
池子华、徐璐	《2012 年国际红十字运动新动向》	《中国红十字报》2013 年 1 月 8 日
徐国普	《新中国成立初期社团治理的范例——一九五〇年中国红十字会的协商改组》	《中共党史研究》2013 年第 2 期
池子华	《〈博爱〉杂志的前世今生——纪念〈博爱〉杂志创刊百周年》	《博爱》2013 年第 5 期
池子华	《红十字何以在中国落地生根》	《光明日报》2013 年 9 月 5 日
池子华	《红十字运动舆论与理论建设思考》	《中国红十字报》2013 年 10 月 25 日
池子华、徐璐	《更加注重发展 更加重视安全——2013 年国际红十字运动新动态》	《中国红十字报》2013 年 12 月 31 日
池子华	《建立理论研究"保障机制"》	《中国红十字报》2014 年 3 月 21 日
池子华	《中国红十字会诞生记》	《中国红十字报》2014 年 4 月 1 日

续　表

作者	题名	刊载信息
池子华、崔龙健	《抗战时期红十字会战事救护研究述评》	《民国档案》2014 年第 2 期
池子华	《理论研究："心动"与"行动"》	《中国红十字报》2014 年 4 月 23 日
池子华	《构建红十字文化传播"多媒体"》	《中国红十字报》2014 年 5 月 30 日
崔家田	《近代河南红十字运动探源》	《郑州大学学报》（哲学社会科学版）2014 年第 3 期
崔家田	《1913 年的确证与犹疑：中国红十字会开封分会创建记述辨析》	《信阳师范学院学报》（哲学社会科学版）2014 年第 4 期
池子华	《孙中山：红十字文化中国化的先驱》	《中国红十字报》2014 年 8 月 15 日
池子华	《她与"红十字"割不断的"缘"——宋庆龄对孙中山博爱精神的继承与弘扬》	《中国红十字报》2014 年 9 月 5 日
池子华、丁泽丽	《中国红十字会华北救护委员会与抗战救护》	《河北学刊》2014 年第 6 期
池子华	《加强红十字会软实力建设》	《中国红十字报》2014 年 10 月 14 日
崔家田	《民国前期中原地区红十字组织的医卫实践——以〈中国红十字会月刊〉为中心》	《甘肃社会科学》2014 年第 6 期
池子华、李欣栩	《改革开放以来孙中山博爱思想研究述评》	《史学月刊》2014 年第 12 期
池子华、李欣栩	《坚持　合作　传承　推广——2014 年国际红十字运动新动向》	《中国红十字报》2014 年 12 月 30 日
池子华	《在机遇与挑战中砥砺前行——学习总书记讲话精神与"十大"报告体会之一》	《中国红十字报》2015 年 5 月 8 日
池子华	《提升公信力关键在"公开透明"——学习总书记讲话精神与"十大"报告体会之二》	《中国红十字报》2015 年 5 月 12 日
池子华	《创建研究基地　强化理论研究——学习总书记讲话精神与"十大"报告体会之三》	《中国红十字报》2015 年 5 月 15 日
池子华	《文化建设：不能忽视的"软实力"——学习总书记讲话精神与"十大"报告体会之四》	《中国红十字报》2015 年 5 月 19 日
池子华	《改革引领　创新驱动——学习总书记讲话精神与"十大"报告体会之五》	《中国红十字报》2015 年 5 月 22 日
徐国普	《试析中国红十字会在海峡两岸关系发展中的作用（1979—1991）》	《中共党史研究》2015 年第 2 期
崔龙健、池子华	《抗战时期中国红十字运动研究述评》	《民国档案》2015 年第 2 期
崔家田	《北洋时期中原地区红十字组织战事救护与调停探析》	《延安大学学报》（社会科学版）2015 年第 2 期
池子华、徐璐	《"孤岛时期"上海国际红十字会的人道救济事业》	《江苏第二师范学院学报》2015 年第 4 期

续　表

作者	题名	刊载信息
池子华、崔龙健	《"华文的第一部关于红十字会的书籍"——孙中山译著〈红十字会救伤第一法〉述论》	《江苏社会科学》2015 年第 4 期
崔家田	《全面抗战时期中原地区红十字组织的医卫实践：以红会会刊为中心》	《宁夏社会科学》2015 年第 4 期
丁泽丽、池子华	《"一·二八"事变与中国红十字会的沪战救护》	《民国研究》2015 年春季号，社会科学文献出版社
崔家田	《民国前期中原地区红十字组织发展探赜（1912—1937）》	《江南大学学报》（人文社会科学版）2015 年第 6 期
杨红星	《"复员"时期河南红十字组织的恢复与调整》	《兰台世界》2015 年第 7 期
池子华	《长沙会战中的"模范大队"——中国红十字会救护总队第九大队参与四次长沙会战救护纪实》	《中国红十字报》2015 年 8 月 21 日
池子华	《抗战中一支不能忽视的人道力量——中国红十字会战时救护行动概述》	《光明日报》2015 年 9 月 5 日
池子华	《鲜血染就人道之"红"——纪念抗日战争中为人道事业捐躯的红十字英烈》	《中国红十字报》2015 年 9 月 8 日
池子华	《"依法治会"的理论思考》	《中国红十字报》2015 年 9 月 11 日
杨红星	《理念·行动·原则：红十字人道主义与高校生命教育》	《现代教育科学》2015 年第 11 期
池子华	《提振公信力要有信心耐心恒心——中国红十字会公信力建设之路的瓶颈及突破路径》	《中国红十字报》2015 年 12 月 8 日
池子华、李欣栩	《更加平衡　更多参与　更加多元——二〇一五年国际红十字运动新动态》	《中国红十字报》2015 年 12 月 29 日
池子华、阎智海	《全面抗战时期国际红十字组织对华人道援助述论》	《史学月刊》2016 年第 1 期
崔家田	《全面抗战时期中原地区红十字组织的社会救助——以会刊为中心》	《理论月刊》2016 年第 1 期
丁泽丽、池子华	《绥远抗战与中国红十字会的人道救助》	《河北大学学报》（哲学社会科学版）2016 年第 2 期
池子华	《"中国红十字会"称谓的由来及其演变》	《中国红十字报》2016 年 5 月 6 日
崔家田	《地方红十字组织发展方略刍议》	《理论视野》2016 年第 3 期
崔家田	《近代河南红十字组织部分创建记述献疑》	《浙江档案》2016 年第 3 期
崔家田	《北洋时期中原地区红十字组织的社会救助》	《华北水利水电大学学报》（社会科学版）2016 年第 3 期
郭进萍	《红十字志愿服务的历史和渊源》	《中国红十字报》2016 年 5 月 27 日
池子华	《人道需求与公益组织能力建设》	《中国红十字报》2016 年 7 月 5 日
池子华	《宗旨　定位　职责——关于红会法修订草案中的若干表述》	《中国红十字报》2016 年 8 月 2 日

续　表

作者	题名	刊载信息
池子华	《1923 年日本关东大地震人道救援——中国红十字会援外行动的一个范例》	《中国红十字报》2016 年 8 月 30 日
傅亮	《清末民初红十字会的本土化》	《苏州科技学院学报》（社会科学版）2016 年第 4 期
池子华	《进一步推动中国灾害史研究》	《中国社会科学报》2016 年 9 月 12 日
池子华、樊翠花	《中国红十字会何以首先诞生于上海》	《历史教学》（下半月刊）2016 年第 10 期
池子华、刘思瀚	《民国前期红十字会皖北救援活动管窥》	《安徽史学》2016 年第 4 期
丁泽丽、池子华	《20 世纪 30 年代中国红十字会救灾机制的转变——以水旱灾害救济为中心》	《安徽师范大学学报》2016 年第 5 期
池子华	《创新是红十字事业发展"第一动力"》	《中国红十字报》2016 年 11 月 4 日
池子华	《还原历史真相：1911 年红十字会"舆论风波"——张竹君与沈敦和上海"龙虎斗"探源》	《江南社会历史评论》第 8 期，商务印书馆 2016 年版
池子华	《中国红十字运动的地方实践——以〈中国红十字会常熟分会民国廿一年纪念册〉为中心》	《苏州大学学报》（哲学社会科学版）2016 年第 6 期
池子华、傅亮	《中国红十字运动区域研究：理论与方法》	《河北学刊》2016 年第 6 期
池子华、李欣栩	《人人都应得到人道待遇——2016 年国际红十字与红新月运动新动态》	《中国红十字报》2016 年 12 月 27 日
池子华、贾二慧	《红会创新能力建设的观察思考》	《中国红十字报》2017 年 1 月 20 日
池子华	《从〈红十字会条例〉到〈红十字会法〉——中国红十字事业的法制化进程》	《中国红十字报》2017 年 2 月 28 日
池子华	《中国红十字会第一分会何以设在营口》	《中国红十字报》2017 年 3 月 10 日
李欣栩、池子华	《中国红十字会史上的"监事会"》	《中国红十字报》2017 年 3 月 17 日
王萍、池子华	《新媒体管理与红十字会公信力建设》	《中国红十字报》2017 年 4 月 11 日
郭进萍、池子华	《红十字标志保护史》	《中国红十字报》2017 年 5 月 19 日
王萍、池子华	《新媒体与红十字会法传播》	《中国红十字报》2017 年 6 月 9 日
池子华、崔龙健	《人道光辉照耀"孤岛"——抗日战争期间上海国际红十字会救助难民和伤兵》	《中国红十字报》2017 年 7 月 7 日
池子华	《找准"结合点"　开辟"新渠道"——关于拓宽红十字会法传播渠道的思考》	《中国红十字报》2017 年 7 月 18 日

续　表

作者	题名	刊载信息
丁泽丽	《近 20 年来近代中国红十字会公共卫生事业研究述评》	《信阳师范学院学报》（哲学社会科学版）2017 年第 6 期
郭进萍	《传教士与中国红十字事业的初期发展（1894—1912）》	《关东学刊》2017 年第 8 期
王萍、池子华	《新媒体与红十字文化传播》	《中国红十字报》2017 年 12 月 19 日
郭进萍	《也谈人道与慈善》	《中国红十字报》2017 年 8 月 15 日
郭进萍	《坚定文化自信　汲取精神动力——学习党的十九大精神体会》	《中国红十字报》2017 年 12 月 19 日
刘思瀚、池子华	《直面挑战　着眼未来——2017 年国际红十字与红新月运动新动态》	《中国红十字报》2017 年 12 月 29 日
池子华	《红十字文化传播教育基地建设漫谈》	《中国红十字报》2017 年 12 月 29 日
郭进萍	《从"博爱恤兵"到"人道、博爱、奉献"——谈红十字文化内涵的演变历程》	《中国红十字报》2018 年 1 月 16 日
池子华	《在深化改革中砥砺前行——中国红十字事业改革史》	《中国红十字报》2018 年 4 月 24 日
丁泽丽	《论近代中国红十字会公共卫生事业的演进》	《山西师大学报》（社会科学版）2018 年第 2 期
池子华	《庚子救援：成功背后的无奈与辛酸——陆树藩及其中国救济善会人道行动述论》	《河北学刊》2018 年第 3 期
郭进萍	《江南慈善文化传统与中国红十字运动的兴起》	《江南大学学报》（人文社会科学版）2018 年第 3 期
郭进萍	《"提灯女神"与近代中国——解密中国红十字会史上的南丁格尔传播活动》	《中国红十字报》2018 年 8 月 7 日
丁泽丽	《公共性的建构：基于近代中国红十字会疫病防治的考察》	《安徽师范大学学报》（人文社会科学版）2018 年第 5 期
池子华	《"红十字学"为事业发展注入"动员剂"——红十字运动研究之我见》	《中国红十字报》2018 年 10 月 23 日
池子华	《红十字会改革的"问题导向"——浅议〈中国红十字会总会改革方案〉出版之际》	《中国红十字报》2018 年 12 月 21 日
池子华	《以史为鉴推进红十字会改革创新——写在〈中国红十字运动通史（1904—2014）〉出版之际》	《中国红十字报》2018 年 12 月 25 日
刘思瀚、池子华	《交流创新　合作共赢——2018 国际红十字与红新月运动新动态》	《中国红十字报》2018 年 12 月 28 日
池子华	《"双基地"：红十字文化事业"双面绣"》	《中国红十字报》2019 年 1 月 8 日
池子华、郝珺	《志愿服务重在提升认知及参与度》	《中国红十字报》2019 年 2 月 1 日

续　表

作者	题名	刊载信息
池子华	《饱经风雨，彰显人道本色——中国红十字会 115 年的发展历程》	《中国红十字报》2019 年 3 月 8 日
池子华	《为事业发展注入新动力——人道救助首次写入〈政府工作报告〉浅议》	《中国红十字报》2019 年 3 月 26 日
池子华	《从合办到自立：中国红十字会的上海转型》	《上海师范大学学报》（哲学社会科学版）2019 年第 2 期
郭进萍	《〈申报〉与中国红十字事业的起步》	《太原师范学院学报》2019 年第 2 期
池子华、李红英	《应对灾害：历史警示与现实思考》	《中国红十字报》2019 年 6 月 21 日
池子华	《建立理论研究"孵化"和激励机制》	《中国红十字报》2019 年 7 月 2 日
池子华	《红十字事业发展史上的一件盛事——写在红十字国际学院诞生之际》	《中国红十字报》2019 年 8 月 27 日
池子华	《人道教育：中国红十字事业的百年大计》	《中国红十字报》2019 年 8 月 27 日
傅亮	《中国红十字会起源探析》	《中国社会科学报》2019 年 9 月 10 日
池子华、刘思瀚	《凝心聚力　共筑未来——2019 年国际红十字与红新月运动新动态》	《中国红十字报》2019 年 12 月 31 日
池子华	《筚路蓝缕启山林——纪念中国红十字会建会 116 周年》	《中国红十字报》2020 年 3 月 10 日
丁泽丽	《抗战时期上海国际红十字会与难民收容所环境卫生治理》	《日本侵华南京大屠杀研究》2020 年第 1 期
郭进萍	《从冲突走向融会：近代红十字文化的本土化演进》	《地域文化研究》2020 年第 1 期
郭进萍	《民国时期红十字会基层会员入会动机考察》	《宜春学院学报》2020 年第 1 期
郭进萍	《红十字运动与中国现代民族国家的建构》	《海南师范大学学报》（社会科学版）2020 年第 3 期
郭进萍	《近代国人对红十字标志的认知探析》	《中北大学学报》（社会科学版）2020 年第 3 期
池子华	《把握机遇推动红十字事业融入十四五规划》	《中国红十字报》2020 年 5 月 8 日
池子华	《跨越国界的人道行动——中国红十字会的国际援助》	《中国红十字报》2020 年 5 月 12 日
池子华	《"疫后"红会工作的"适应性"改变——从政府工作报告看中国特色红十字事业发展》	《中国红十字报》2020 年 5 月 29 日
李欣栩	《制度建设：中国特色红十字事业创新发展的重要保障》	《中国红十字报》2020 年 6 月 23 日
池子华	《红十字救护总队里的党支部》	《中国红十字报》2020 年 6 月 30 日

续　表

作者	题名	刊载信息
郭进萍	《救亡与觉醒——基于近代女性红十字实践的考察》	《乐山师范学院学报》2020 年第 7 期
池子华	《红十字会，不只战地救护——纪念抗战胜利 75 周年》	《中国红十字报》2020 年 8 月 14 日
王卫平、郎元智	《系统梳理中国红十字运动发展历程——〈中国红十字运动通史〉简评》	《光明日报》2020 年 8 月 14 日
池子华	《新的转变　新的征程——纪念红十字运动研究中心成立 15 周年》	《中国红十字报》2020 年 10 月 16 日
阎智海	《红十字与地方社会：近代无锡红十字运动述评》	《无锡文博　庚子撷英》，古吴轩出版社 2020 年版

上述论文中，有不少被《新华文摘》、人大报刊复印资料全文转载以及《高等学校文科学术文摘》《光明日报》等摘要介绍。

系列学术著作的出版和大量学术论文的发表，让红研中心产生了广泛的学术影响。红研中心被誉为红十字运动研究的"一面旗帜"，当之无愧，也为红十字国际学院的创建奠定了扎实的基础。

三、学术交流助力理论研究向纵深和宽广拓展

红研中心自成立以来，多次举办会议，推动理论研究的开展。其中如下学术活动在学界、业界产生较大影响。

（一）首届红十字运动与慈善文化国际学术研讨会

2009年4月10日，由红十字国际委员会东亚地区代表处、中国红十字会总会报刊社、江苏省红十字会主办，苏州市红十字会、苏州大学社会学院红研中心承办的首届红十字运动与慈善文化国际学术研讨会在苏州大学隆重召开。

此次会议主题富有创新性和时代性，吸引了国内外的广泛关注。参加会议的有来自南京大学、苏州大学、中国海洋大学、华中师范大学、湖南师范大学、安徽大学、河北大学、杭州师范大学、宁波大学、苏州科技学院、天津社会科学院历史所、《史学月刊》杂志社、《近代史研究》杂

志社、《江海学刊》杂志社、《新华文摘》杂志社、《学习与探索》杂志社、《学术月刊》杂志社、《河北大学学报》、安徽人民出版社、天津古籍出版社、东方出版中心等全国数十所高校和研究机构以及部分学术期刊、出版社的代表；来自红十字国际委员会东亚地区代表处、中国红十字会总会、中国红十字会总会报刊社、中国红十字基金会、江苏省红十字会、上海市红十字会、山东省红十字会、四川绵阳红十字会等省市县级红十字会的代表，共计120余人出席盛会。

在会议开幕前，在苏州大学图书馆举行了"从索尔费里诺到关塔那摩——红十字国际委员会珍藏图片世界巡展中国首展"剪彩仪式。中国红十字会常务副会长江亦曼、红十字国际委员会东亚地区代表处代表马文德（Martin Unternährer）、江苏省红十字会会长吴瑞林、苏州市红十字会会长谭颖、苏州大学党委书记王卓君共同为展览剪彩。

随后会议正式开幕，苏州大学党委书记王卓君教授、红十字国际委员会东亚地区代表处马文德代表、江苏省红十字会吴瑞林会长、中国红十字会江亦曼常务副会长分别致辞。

红十字运动与慈善文化国际学术研讨会

王卓君书记在讲话中指出："本次盛会选择在苏州召开，与红十字运动研究中心有关。2005年我校与苏州市红十字会联合成立了全国也是全世界首家红十字运动研究中心，其目的在于聚集海内外学界、业界的研究力量，积极推动中国及国际红十字运动研究的深入，为弘扬人道主义、构建和谐社会尽绵薄之力。中国红十字会会长彭珮云女士非常关心红十字运动研究中心的成长，多次同研究中心的池子华教授、郝如一会长商谈，并亲笔题写了'红十字运动研究中心'的匾额；红十字国际委员会东亚地区代表处马文德先生、江苏省红十字会张立明会长也多次来该中心访问。多年来，该中心在中国红十字总会、江苏省红十字会、苏州市红十字会等业界与学界的关照与支持下，紧紧依托我校科研力量，已取得了一批丰硕的研究成果，并培养了一批优秀的红十字运动研究的后备力量。本次盛会在苏州大学召开是我校的荣幸，也是对红十字运动研究中心工作的肯定，更是我们中心不断前进的强大动力和有力支持。以此次会议为契机，海内外专家学者就红十字运动和慈善文化的理论问题展开深入的研讨和对话，一定能够对红十字运动和慈善文化的研究产生积极而深远的影响，也必将为我校红十字运动研究中心的成长与壮大汇聚更为强大的力量。在此，我也代表学校表示，将一如既往地关心和支持该中心的各项工作，希望该中心能够抓住各种机遇，进一步扩大与社会各界的联系与沟通，加强合作，多出研究成果，在和谐社会的建设中做出更大贡献。"

吴瑞林会长在讲话中对红研中心的工作表达了殷切希望："非常期望我们的会议所在地——苏州大学的红十字运动研究中心能兼收并蓄，博采众长，携手各方的人才和智慧，为红十字事业做出新的贡献，为红十字运动提供动力。"

中国红十字会江亦曼常务副会长就红十字理论研究发表重要讲话。她首先强调了红十字理论研究的重要意义，对苏州大学红十字运动研究中心的工作给予了高度的赞扬并寄予厚望："2005年，苏州红十字会和苏州大学社会学院联合创办了红十字运动研究中心，作为国内第一家以红十字运动为专门对象的研究机构，在全体研究人员的不懈努力下，形成了一批比较具有影响的红十字运动学术研究成果，对于全国红十字运动广泛开展理论研究发挥了积极的引领作用。在此，向江苏省红十字会、苏州市红十字会特别是苏州大学、苏州大学社会学院所作出的努力表示衷心的感谢！"她还指出，开展红十字理论研究要把握好"坚持用科学发展观作为指导思想，坚持用科学发展观统领红十字理论研究工作""致力于理论创新，理论创新是最重要的、决定性的创新，是其他一切创新的基础""坚持理论联系实际"的三个重要原则。

中国红十字会江亦曼常务副会长授彭珮云会长题字的"红十字运动研究中心"牌匾、江苏省红十字会吴瑞林会长授"江苏红十字运动研究基地"牌匾，红十字运动研究中心主任池子华、副主任郝如一接受牌匾。

红十字运动研究中心、江苏红十字运动研究基地授牌仪式

开幕式后，红研中心主任池子华、江苏省红十字会常务副会长张立明、华中师范大学历史文化学院博导吴琦分别作大会报告（由其学生代为发言）。其中，池子华倡导创建"新红学"——红十字学，引起与会者的极大关注。他从"深厚的历史底蕴""初步的理论支撑""迫切的时代呼唤"三个方面论述了红十字学建立的必要性，并指出"只要世界还存在战火的硝烟，只要社会还存在苦难的人群"，"那么红十字学就有广阔的发展空间"。

池子华作大会发言

　　10日下午和11日上午，学界精英和红十字一线工作人员分为两组，围绕红十字运动与慈善文化两大主题，展开热烈而富有建设性的探讨，主要议题涉及红会历史的追根溯源、红十字事业的当代发展、红十字运动的理论思考、慈善事业的历史进程以及国外红十字运动的历史与现状，等等。

　　11日下午，在苏州大学本部学术报告厅，苏州大学社会学院院长王卫平、南京大学历史系张生教授、福建省红十字办公室副主任刘世和、中国红十字基金会理事长王汝鹏分别做大会报告。报告会后，王卫平院长主持了闭幕式。湖南师范大学历史文化学院周秋光教授代表学术界、中国红十字会总会报刊社社长吴苾雯代表红会界分别做总结陈词。

红十字运动与慈善文化国际学术研讨会闭幕式

周秋光教授认为，"这是一次在中国境内首次召开的以红十字运动与慈善文化为主题的国际学术研讨会，其意义和价值不言而喻，必将载入学术发展史册"。吴芷雯社长对此次会议给予高度评价——"这次研讨会将是一个具有历史意义的起点，从这个起点出发，我们将收获到理论的硕果"，并建议形成机制，长期召开下去。

江苏省红十字会潘宗白常务副会长致大会闭幕词，他从学术界与红十字会同仁首次聚首、本次会议所取得的较为丰硕的研究成果、理论与实践并重达成一致意见以及通过此次会议有一批青年才俊脱颖而出等四个方面谈了自己的切身感受，并代表主办单位和与会代表，对会务组的辛勤劳动表示由衷的感谢。①

江苏省红十字会潘宗白常务副会长致闭幕词

（二）"两论一动"与红十字事业发展座谈会

为加强红十字工作交流与理论研讨，推动红十字事业创新发展，2014年5月15日，由红研中心与中国红十字会总会报刊社共同主办，上海市红十字会协办，上海市嘉定区红十字会（红十字运动研究中心嘉定研究基

---

① 《"红十字运动与慈善文化"国际学术研讨会隆重举行》，《苏大简报》2009年4月16日。

地）承办的"两论一动"与红十字事业发展座谈会在嘉定举行。中国红十字会副会长郭长江，上海市红十字会常务副会长马强、副会长张钢，嘉定区委副书记周金林，嘉定区副区长、红十字会会长李原，嘉定区政协副主席章宇慧，中国红十字会总会报刊社社长吴芯雯、红研中心主任池子华以及来自北京、上海、山东、江苏、浙江、福建等地的业界、学界代表80余人出席座谈会。座谈会由吴芯雯主持，池子华做总结报告。

2013年7月23日，十一届全国人大常委会副委员长、中国红十字会会长华建敏在中国红十字会九届五次常务理事会上提出，要"突出抓好'两论一动'"。2014年1月19日，在九届五次理事会上，华建敏会长再次强调抓好"两论一动"，并对其内涵进行了深刻阐述。"两论"，即舆论和理论，就是进一步增强阵地意识，抓好舆论宣传；进一步抓好理论研究工作，为红十字会事业发展提供坚实的理论支撑。"一动"，即行动，就是以服务困难群众的实际行动取信于民、取信于社会。

"两论一动"与红十字事业发展座谈会暨《嘉定红十字历史编年实录》首发式

座谈会上，各地红十字同仁、专家围绕"'两论一动'与红十字事业发展"这一主题，分别以《软实力·硬实力·巧实力——再论红十字会职能的科学定位与有效履行》《行动是最好的"品牌"》《红十字理论研究：从"心动"到"行动"》等为题展开广泛交流，从不同角度阐释了

"两论一动"与红十字事业发展的实践探索和重要意义。

会上，还举行了《嘉定红十字历史编年实录（1918—2013）》一书的首发仪式，马强、章宇慧分别为街镇红十字会代表、志愿者代表授书。该书分上、下两卷，作为池子华总主编的"红十字文化丛书"之一种，由合肥工业大学出版社出版，展示了90年来红十字精神在嘉定薪火相传的历程。

郭长江副会长发表讲话。他指出，本次座谈会是在全国各地红十字会深入贯彻落实华会长"两论一动"重要指示的背景下召开的，很及时，很重要。参加座谈者畅所欲言，不乏真知灼见，对继续推动红十字理论研究、舆论应对及其他工作的开展意义重大。特别是这种学界与业界齐聚一堂，共同探讨问题的方式，为今后的理论研究工作开了一个好头。他希望各地进一步提高和加强对"两论一动"重要意义的认识和研究。在研究方法上要特别注意理论联系实际，做到学以致用。①

（三）"依法治会"与红十字事业发展座谈会

"依法治会"是红十字事业可持续健康发展的"引擎"，也是"依法治国"、促进国家治理体系和治理能力现代化不可或缺的重要方面。为贯彻落实中国红十字会第十次全国会员代表大会精神，探索"依法治会"方略，推动红十字事业创新发展暨纪念红研中心成立10周年、嘉兴市红十字会复会30周年，由红研中心与中国红十字会总会报刊社、中国红十字基金会共同主办，嘉兴市红十字会（红十字运动研究中心嘉兴研究基地）承办的"依法治会"与红十字事业发展座谈会，于2015年9月1日在嘉兴市召开。

---

① 《"两论一动"与红十字事业发展座谈会在嘉定举行》，江苏社科规划网站，2014年5月22日，http://jspopss.jschina.com.cn/gaoxiaosheke/201405/t20140522_1475862.shtml。

"依法治会"与红十字事业发展座谈会

　　中国红十字会副会长郭长江出席会议并讲话。中国红十字会总会报刊社副社长金宝杰，中国红十字基金会副理事长刘选国，浙江省红十字会常务副会长王冬梅、秘书长何乐琴，嘉兴市人民政府副秘书长、市红十字会副会长王一伟，嘉兴市红十字会常务副会长吴月荣，红研中心及其嘉兴、嘉定、盐城盐都三个研究基地研究人员，北京、上海、浙江、江苏、山东等地红十字会代表和嘉兴市红十字会及所属各县市区红十字负责人等50余人出席会议。嘉兴市人民政府副市长、市红十字会会长柴永强在座谈会上致辞。中国红十字会总会报刊社副总编吕进福主持会议。

"依法治会"与红十字事业发展座谈会与会代表合影

与会代表就中国红十字会依法治会的成就与缺失、如何推进依法治会、依法治会的"法"与"治"、对"网络事件"的法律思考、探索构建红十字事业"互联网+"模式等做了专题发言，多侧面、多角度探讨了依法治会的思想内涵、方法和路径等。

郭长江副会长对座谈会取得的成果表示赞赏，他指出，中国红十字会总会报刊社和苏州大学红十字运动研究中心、中国红十字基金会连续两次举办此类研讨会，是对红十字理论研究工作的积极实践，值得肯定。对未来的红十字理论研究，他提出了"两个转变"的希望：一是由偏重历史的研究向历史与现实并重转变，希望在厘清"家谱家史"的基础上向历史、现实并重的方向转变；二是由偏重国内的研究向中外比较的方向转变，把国内、国际研究结合起来。

红研中心主任池子华做了总结发言，认为座谈会体现了三个特点：学界和业界同仁济济一堂，共谋发展大计，有利于红十字工作和理论研究更好地开展，事实证明，当学界和业界、体制外和体制内携起手来，共同努力，理论研究就会大放异彩，就会有思想火花的迸发；参会者各抒己见，畅所欲言，取得了积极的成果，对"依法治会"的重要性、必要性、紧迫性、可行性，以及"依法治会"对促进红十字事业发展无可替代的理论价值和实践意义，有了更清晰的认识，为更好地坚持"依法治会""依法强会"明确了方向；对今后的理论研究和事业发展具有一定的引领、示范意义。①

（四）"五大发展理念与红十字事业"研讨会

2016年10月26日，"五大发展理念与红十字事业"研讨会在江苏省盐城市召开，围绕红十字会如何贯彻落实"五大发展理念"、新形势下如何推进红十字会事业发展等问题，从理论与实践、历史与现实结合层面进行了研讨。

---

① 《"'依法治会'与红十字事业发展"座谈会在嘉兴召开》，苏州大学人文社会科学处网站，2015 年 9 月 6 日，http://skc.suda.edu.cn/af/76/c7470a241526/page.htm。

"五大发展理念与红十字事业发展"研讨会合影

　　研讨会由中国红十字会总会报刊社、中国红十字基金会、苏州大学红十字运动研究中心联合主办，盐城市盐都区红十字会承办。红十字国际委员会东亚地区代表处高级政治顾问郭阳，中国红十字会总会报刊社社长金宝杰、总编辑吕进福，中国红十字基金会副理事长刘选国，苏州大学红十字运动研究中心、贵州省分中心及其嘉定、嘉兴、盐都三个研究基地研究人员，上海、浙江、山东、贵州、安徽、河南、江苏等地红十字会代表和专家、学者50余人出席会议。盐都区红十字会会长武进甲主持开幕式，盐都区委常委、组织部部长王铁根和郭阳分别代表承办地和红十字国际委员会东亚地区代表处致辞。

　　研讨会上，中国红十字基金会副理事长刘选国、盐都区红十字会常务副会长陈海高、上海市嘉定区红十字会常务副会长王国忠、浙江省嘉兴市红十字会副会长傅琦红、贵州省红十字会组织宣传部部长匡传益、山东省红十字会办公室主任张春中、江苏省南通市红十字会秘书长孟纬鸿、安徽大学教授孙语圣、浙江科技学院人文社科部副主任徐国普等学界与业界代表，分别就"没有战火的红十字如何续写辉煌""红十字会如何强基固本精准服务""互联网时代基层红十字会的信息化建设""以'五大发展理念'为指引建设有中国特色的红十字组织""红十字会'绿色家园行动'的路径选择与现实维度""'四个更加'助推红十字事业发展""《红十字会法》修订中需要厘清的六个基本问题""红十字会应急能力建设研究""红十字精神与社会主义核心价值观的内在关联"等方面,进行了专题发言,多层次、多角度、多侧面探讨了贯彻落实"五大发展理念"的思想内涵、方法路径等。

研讨会安排与会代表观摩了苏北地区唯一的全国红十字模范小学——盐城市第二小学举行的小会员集体入会仪式,参加了为资助困难学生举行的爱心义卖活动,听取了该校博爱文化建设介绍。

观摩盐城市第二小学会员集体入会仪式

池子华在总结发言中指出,本次研讨会体现了三个特点:一是学界和业界同仁齐聚一堂,共谋发展大计,推动红十字研究工作由"体内循环"向"体外循环"发展;二是以研讨会替代以往的座谈会,并为参会代表安排了实地调研环节,具有内容与形式上的创新意义;三是研讨会提出的观点、见解,对各级红十字会贯彻落实"五大发展理念",推进红十字事业发展具有指导意义。①

---

① 《顺应时代潮流 厚植发展优势——"五大发展理念与红十字事业"研讨会在江苏省盐城市召开》,《中国红十字报》2016 年 10 月 28 日。

（五）红十字会软实力建设研讨会

为弘扬人道主义精神，传播红十字文化，2017年11月23日，由红研中心与中国红十字会总会报刊社、中国红十字基金会共同主办，上海市嘉定区红十字会（红十字运动研究中心嘉定研究基地）承办的红十字会软实力建设研讨会在嘉定隆重举行。

红十字会软实力建设研讨会

中国红十字会副会长郭长江，中国红十字会总会报刊社总编吕进福，中国红十字基金会副理事长刘选国，上海市红十字会党组书记、常务副会长张浩亮，中共嘉定区委副书记、区长、区红十字会名誉会长章曦等领导莅临研讨会。来自北京、山东、贵州、浙江、安徽、河南、江苏、陕西、湖北、内蒙古等省（区、市）从事红十字工作的相关领导和专家学者50余人出席会议。

会议开幕式由嘉定区副区长、区红十字会会长王浩主持。嘉定区区长章曦、上海市红十字会常务副会长张浩亮分别致辞。研讨交流由吕进福总编主持。与会专家学者围绕红十字会软实力建设这一主题进行了广泛深入的交流。红研中心主任池子华对研讨会取得的学术成果作了全面总结。

中国红十字会副会长郭长江最后讲话。他说，历届理论研讨会从不同的视角对红十字运动进行研究，讨论红十字事业发展中的重大问题。近年来，在苏州大学红十字运动研究中心引领下，红十字理论研究的队伍、规模、影响和成果都在不断扩大上升。研究越来越接近红十字事业发展中的关键问题、突出问题，甚至是瓶颈问题。他强调，未来红十字理论研究应加强顶层设计，要有组织，有规划，有平台，有方向，有保障，有队伍，有效果。各级红十字组织要尊重知识，尊重人才，尊重和分享研究成果，用理论指导实践，在实践中体现价值。

与会代表还考察了徐行镇小庙村红十字服务站和南翔智地群团服务站红十字生命健康安全体验馆，把实地调研、经验分享与理论探索有机结合起来。①

（六）"红十字基地建设与文化传播"对话会

为了在新时期能够更好地建设红十字研究基地，弘扬传播红十字文化精神。2019年5月9日上午，红十字运动研究中心联合山西省红十字会、上海嘉定区红十字会在苏州大学社会学院召开"红十字基地建设与文化传播"对话会，会议由红研中心主任池子华教授主持。山西省红十字会党组书记、常务副会长郑红，苏州大学党委书记江涌，上海市嘉定区红十字会常务副会长王国忠，苏州大学社会学院党委书记邓国林、副院长郑庚等十余位专家学者参加对话会。

"红十字基地建设与文化传播"对话会

---

① 《红十字会软实力建设研讨会在嘉定召开》，苏州大学社会学院网站，2017年11月27日，http://shxy.suda.edu.cn/c7/b6/c7980a182198/page.htm。

　　江涌书记首先向与会来宾介绍了苏州大学办学历史以及近年来的发展成绩。他指出，苏州大学将一如既往地充分发挥学科人才资源优势，高起点、高标准、高质量推进红十字国际学院的建设工作，努力在人才培养、理论研究、文化传播以及国际交流等方面积极为推动国家红十字事业发展做出贡献！

　　池子华向与会来宾介绍了苏州大学红研中心的基本工作情况，提出了红十字会应依托高校建立红十字理论研究中心，以加强红十字理论研究，为红十字文化传播贡献力量。他指出，红研中心将依托红十字国际学院继续为红十字理论研究与文化传播提供智力支持，努力在人才培养、理论研究等方面做出更大的成绩，希望能与地方红十字会建立更为密切的合作，双方共谋发展。

　　郑红副会长首先感谢苏州大学红研中心长久以来对山西省红十字事业的鼎力支持。其次，她对山西省红十字会的历史和工作情况做了简要介绍，介绍了目前山西省红十字会与大同学院合作筹建山西红十字学院的情况，并希望能够与苏州大学建立更为广泛而密切的联系，为山西省红十字会的理论研究、文化传播提供学术支持。

池子华主持对话会

　　王国忠副会长介绍了嘉定区红十字会的历史情况，肯定了与红研中心合作所取得的成绩，强调了解红十字历史，才能更加自信，才能更好地传播红十字文化。①

　　一系列学术活动的举办，扩大了红研中心的学术影响，也推动了红十字理论研究的开展。而学术活动的举办，更得助于红研中心联合发起单位苏州市红十字会和各个研究基地的大力支持。

四、人才培养与社会服务

　　作为一家科研机构，红研中心理所当然地要担负起人才培养和社会服务的职责。在这方面，红研中心有自己的独特之处。

（一）人才培养："导师＋"模式

　　红十字运动研究是一个前景广阔的学术领域，关键在于学术研究与学科建设、研究生培养如何有机结合起来。对此，红研中心有清醒的认识：有了红十字运动研究这一新的学术领域和前景无限的学术增长点，要做大做强做优，并非易事。单打独斗，很难形成气候。而单枪匹马，孤军奋战，是一种普遍现象。如何凝聚力量，形成团队，是无法绕开的难题。要突破这一瓶颈，"导师＋研究生"的培养模式，就是一种路径。

　　作为"核心"，导师谋篇布局，作好课题规划，同时引导、激励研究生参与到学术新领域中来，在充分尊重学生意愿的前提下，实施研究计划。

　　对博士生而言，他们初步具有独立开展研究工作的能力，应鼓励他们勇闯"无人区"，培养挑战自我、开拓创新的"垦荒"精神。他们的成果都由红研中心资助出版。如博士学位论文《国际主义与人道主义的二重奏——中国红十字会上海国际委员会研究》《民族主义与人道主义：1923年日本关东大地震的中国响应》《中国红十字外交，1949—2009》《国际人道法在华传播与实践研究（1874—1949）》《人道的力量：中国红十字

① 《红研中心举办"红十字基地建设与文化传播"对话会》，苏州大学社会学院网站，2019年5月11日，http://shxy.suda.edu.cn/5f/d2/c15355a352210/page.htm。

会救援江浙战争研究》《抗战时期中国红十字会上海国际委员会研究》等等，都是填补空白之作，都在及时出版后产生了不错的反响。

对硕士生而言，他们尚未进入学术研究的殿堂，这就要求导师规划好研究方向，带领他们一起攻关，将他们的最终成果进行整合，形成科研论著。如《中国红十字运动的区域研究》《红十字：近代战争灾难中的人道主义》《红十字：文化传播、危机管理与能力建设》《中国红十字运动的"万国"视界》等，就是硕士学位论文的结集，出版后取得了良好的社会效益。

在攻关过程中，红研中心对参与课题的研究生给予科研补助，解除他们生活上的后顾之忧，提高了他们的积极性。

"导师＋研究生"的培养模式，彰显了团队的力量。研究生最终要离开导师寻求自主发展的道路，但团队还在，红研中心有做不完的课题，凝聚力不减反增。正因为如此，才可能拿下"十三五"国家重点图书、国家出版基金资助项目《中国红十字运动通史（1904—2014）》（6卷8册精装出版）这样的大项目。可喜的是，有的研究生晋升教授、博导，建立起团队，共同参与到红研中心的建设中来，团队规模不断扩大，影响力自然与日俱增。

红研中心部分成员

盘点15年的发展历程，红研中心共培养了50余名博士后、博士生和硕士生。虽然他们有的因工作而没有在红十字运动研究的道路上走下去，但也有一批后学已成长起来，薪火相传，使研究团队不断壮大。如孙语圣、高鹏程、徐国普、杨红星、吴佩华、戴斌武、袁灿兴、丁泽丽、郭进萍、傅亮、李欣栩诸博士，都是后起之秀，在红十字运动研究领域崭露头角。

（二）暑期社会实践：双重目标的实现

在服务社会方面，红研中心将服务红十字事业作为首选目标。为此，红研中心利用暑期社会实践活动，把本科生的积极性调动起来，鼓励他们承担红十字会调研课题。一方面，可以使他们扩大视野，助力学业发展；另一方面，可以为红十字会系统面临的发展难题提供破解方案。调研成果收录于《红十字运动研究》，公开出版，扩大社会服务面。

2008年以来，红研中心依托苏州大学社会学院，成立课题组，开展了一系列调研，形成了一批调研成果，包括《红十字会参与社区服务：实际运作与问题分析——以A市红十字会开展"红十字关爱进社区"活动为个案》《苏州市慈善超市发展模式探究》《苏州市红十字会"善"字系列救助计划运作机制研究》《红十字青少年工作现状及发展研究》《苏州市红十字会"明善"救助计划运作机制研究》《苏州市骨髓捐献状况调查研究》《苏州市红十字会"诚善"救助计划运营研究》《苏州地区遗体捐献状况调查》《关于普及应急救护知识的实践与思考——基于苏州的实践》《我国慈善组织"透明之路"探究——以红十字会为例》《中国红十字会官方网站宣传模式的探讨》《"郭美美事件"后高校大学生对红十字会信任度调查》《上海嘉定区红十字干部队伍建设现状与分析》《上海嘉定红十字会基层建设现状调查》《上海嘉定区红十字会遗体器官捐献激励机制研究》《苏州市应急救护现状调研报告》《大学生对红十字志愿服务的认知及参与度调查报告》《大学生对于无偿献血的认知和意愿情况的调查》等等。有的调研课题如"积德行善，天地归仁——苏州市红十字会'德善'专项慈善救助计划运作模式研究",还被列入国家级课题"大学生创新性实验计划项目",获得国家资助。

值得注意的是,系列调研课题的实施,都得到对口单位的积极支持与配合,包括提供必要的经费、问卷的设计、入户调查等等,是双方共同开展的社会服务项目。调研成果针对性很强,因而具有一定的社会效益。

(三)培训班:社会服务的新路径

随着红研中心社会影响的不断扩大,红十字系统需要借助红研中心提高能力素质,红研中心也需要转化科研成果,传播红十字文化,于是面向红十字系统的干部培训逐渐增多。通过这种方式,达成社会服务目标。有鉴于此,通过红研中心的牵线搭桥,苏州大学社会学院开办了吉林省红十字会、山东省红十字会、四川省红十字会、山西省红十字会、青海省红十字会、内蒙古自治区红十字会、江苏省红十字会、江苏徐州市红十字会、江苏宜兴市红十字会、江苏无锡市红十字会、江苏苏州吴江区红十字会、江苏苏州市红十字会、河南濮阳市红十字会、内蒙古乌兰察布市红十字会、内蒙古呼伦贝尔市红十字会、内蒙古阿拉善盟红十字会、内蒙古鄂尔多斯市红十字会、浙江金华市红十字会、浙江绍兴市红十字会等几十期红十字会干部培训班。

与此同时,红研中心主任池子华"走出去",多次为中国红十字会总会、中国红十字基金会、江苏省红十字会、江苏常州市红十字会、江苏兴化市红十字会、江苏如东县红十字会(上海交通大学班)、江苏盐城市盐都区红十字会、上海市红十字会、上海金山区红十字会、上海市嘉定区红十字会、广西南宁市红十字会(复旦大学、南京大学班)、湖北省红十字会、浙江省红十字会、浙江温州市红十字会、浙江杭州市红十字会、浙江湖州市红十字会、浙江金华市红十字会(中共浙江省委党校班)、浙江嘉兴市红十字会、浙江舟山市红十字会、江西南昌市红十字会、天津市红十字会、陕西省红十字会、四川省红十字会、山东东营市红十字会、山东临沂市红十字会、安徽合肥市红十字会等培训班授课。授课内容包括"中国红十字运动的历史回眸""中国红十字运动的历史与发展""新机遇、新挑战、新思维、新举措——红十字事业的现状与未来发展""中国红十字事业的现状与未来""中国红十字运动法制化进程""中国红十字事业的法制化进程与当代思考""在新的历史起点上——新版红十字会法解读""人道文化传播与发展传承""中国红十字会的历史、现状与未来发展""以国家的名义——新版红十字会法的时代价值""中国红十字运动的历史与文化""中国红十字运动发展史""中国红十字运动历史回顾与当代发展"等。

池子华为培训班学员授课（一）   池子华为培训班学员授课（二）

红研中心通过"请进来"和"走出去"，转化学术成果，把理论研究与现实需要对接起来，有效发挥社会服务职能。

五、科研课题

15年来，红研中心在科研课题的立项方面也取得不少成绩。

（一）纵向科研课题

红研中心有多项课题申请国家社科基金项目得以成功立项，其中"晚清时期中国红十字运动研究"申请国家社科基金后期资助项目获得批准。该成果以社会史为基本切入视角，借鉴文化学、传播学等学科的理论方法，进行跨学科研究。成果在拥有丰富翔实史料基础上，厘清晚清时期中国红十字运动发展、演进的历史轨迹，红十字事业诸方面的拓展，把历时性研究与共时性研究结合起来，立体展现红十字会与晚清社会的互动关系。同时，聚焦考察以上海为龙头的长三角地区，对红十字会组织的运作方式、运行机制以及官方与民间、红十字会与其他民间慈善组织的关系进行透视，把整体性宏观研究与区域性微观研究有机结合，力争做到有广度、有深度、有力度地再现红十字运动的波澜壮阔场面和人道主义魅力。对晚清时期中国红十字会的历史功绩、存在的问题也予以客观评价，总结经验教训，为红十字事业的当代发展提供历史借鉴。作为第一个系统研究该问题的课题，其成果的最终出版，弥补了相关研究之不足。

此外，高鹏程主持的"红卍字会及其社会救助事业研究"、丁泽丽主持的"抗战大后方红十字公共卫生事业"等，也获得国家社科基金资助。

与此同时，红研中心人员还承担了与红十字会有关的省部级科研项目，如孙语圣主持的"中国红十字会灾害救助机制研究"、徐国普主持的"国家与社会的互动：新中国成立初期中国红十字会研究"获得教育部立项；池子华主持的"近代江苏红十字运动研究"、徐国普主持的"中国红十字会在两岸关系发展中的作用研究"，崔家田主持的"近代河南红十字运动研究"，丁泽丽主持的"近代河南红十字医院的慈善医疗事业研究"，分别获江苏省、浙江省、河南省社会科学规划项目；池子华领衔投标，吴佩华等参加的江苏省普通高校哲学社会科学重点研究基地重大项目"中国红十字外交研究（1949—2009）"一举中标，获准立项；徐国普主持的"社会救助与非政府组织参与——以建国初期江苏红会为例"，吕志茹主持的"复员时期的中国红十字会"，崔家田主持的"清末民国时期西部地区红十字运动研究：兼与近代河南红十字运动比较"，丁泽丽主持的"抗战大后方红十字会的防疫事业研究"，郭进萍主持的"民国时期红十字文化的社会认同研究"，分别获得浙江省教育厅、河北省教育厅、河南省教育厅、江苏省教育厅高校哲学社会科学研究基金立项。如此等等。这些科研项目的获准立项，既是对红研中心前期研究成绩的肯定，也是对红研中心未来发展的殷殷期盼。

（二）横向科研课题

红研中心自成立以来，加强与业界的交流与合作，承担了大量的横向课题。

如前所述，"红十字书系"的出版，得到苏州市红十字会和江苏省红十字会的支持。红研中心每年的科研课题，由苏州市红十字会提供立项支持，并纳入苏州市红十字会年度预算，提供经费保障。"红十字文化丛书"则由中国红十字基金会资助，"中国红十字运动知识丛书"由"六个核桃·读书慧"公益基金通过中国红十字基金会提供经费支持，《红十字运动研究》的出版，先是与苏州市红十字会合作，继而与上海嘉定区红十字会、盐城市盐都区红十字会、延安市红十字会合作，作为横向课题，费用都由几家红十字会分摊提供。除此之外，红研中心与上海市红十字会、江西省红十字会、湖北省红十字会、江苏省红十字会建立合作关系，受托合作完成相关科研项目。

特别值得一提的是，红研中心还承担了江苏南京、广东中山、浙江湖州、江苏常熟、陕西延安等地红十字会委托的横向课题，取得了颇具特色的研究成果。

为厘清"南京市红十字会始创"问题，更好传承红十字会"人道、博爱、奉献"精神，促进南京红十字事业健康持续发展，南京市红十字会委托红研中心就"南京市红十字会始创"进行专门课题研究，编写了《南京红十字运动的历史轨迹（1904—1949）》课题报告，并于2012年2月17日组织召开专家论证会。

"南京市红十字会始创"专家论证会

　　会议由南京市红十字会党组书记、副会长刘霞主持，南京市红十字会常务副会长陈礼海出席会议并讲话。南京大学历史系副主任、教授、博士生导师范金民，江苏省社会科学院研究员孙宅巍，苏州大学社会学院教授、博士生导师池子华，江苏省红十字会常务副会长张立明，江苏省信息中心副主任陈玉金，南京市地方志编纂委员会办公室编纂处副处长施国俊，苏州市红十字会前常务副会长郝如一等专家出席会议。与会专家一致认为，《南京红十字运动的历史轨迹（1904—1949）》课题报告，系统阐述了南京红十字运动在近代的历史发展状况，颇有价值。尤其是报告提出的南京市红十字会成立于1904年（而非有关著述所说的1911年或1913年），论据充分，得到专家的认可，廓清了历史迷雾。

　　广东省中山市是孙中山的故乡。孙中山英文功底深厚，然而作为革命家的他，一生中仅有一部译著面世且与红十字会相关，这就是《红十字会救伤第一法》，可谓弥足珍贵。该译著在中国红十字运动史上产生了广泛的社会影响，其价值远远超出"救伤"本身。整理、解读该书，并将之译成白话文在更广范围传播，对于弘扬中山先生的博爱精神，繁荣红十字文化建设，推进中国红十字事业发展，都具有十分重要的意义。有鉴于此，2013年，红研中心接受中山市红十字会委托，对孙译《红十字会救伤第一法》进行整理、研究。课题组以伦敦红十字会初版为蓝本，同时参照《民报》社1907年版以及中华书局1981年出版的《孙中山全集》第1卷，对译著进行了整理与研究，最终形成《〈红十字会救伤第一法〉——孙中山唯一译著的整理与研究》成果，公开出版，产生良好的社会效益。

浙江省湖州市是陆树藩的故乡，而陆树藩是被红十字运动研究长期遗忘的先驱者。

1900年，农历庚子年，是中国近代历史上极其惨痛的一年，这一年，八国联军发动了旨在瓜分中国的侵略战争。6月17日，联军攻占大沽炮台，7月14日占领天津。义和团虽浴血鏖战，但无力阻止联军北进，8月14日国都北京沦陷，慈禧太后携光绪皇帝西逃。战火蔓延，生灵涂炭，死伤累累。血腥呼唤人道慈悲，呼唤红十字的关怀。为救死扶伤，江浙著名绅商陆树藩等人在上海发起"中国救济善会"，遵照国际红十字会的基本精神，救护伤兵难民。这是国人自办中国红十字会的开端。湖州人陆树藩，毫无疑问是中国红十字运动的先驱。甚至有人说他是"中国的亨利·杜南"。对其进行系统研究，具有非同一般的意义。经友好协商，2015年红研中心接受湖州市红十字会委托，合作开展"陆树藩：中国红十字运动的先驱"课题研究，形成最终成果，并列入"红十字文化丛书"，出版后受到学界、业界关注。

江苏省常熟市红十字会为区县级红十字会，但在历史上引人注目，其中抗战时期的历史文献《中国红十字会常熟分会民国廿一年纪念册》（以下简称《纪念册》），弥足珍贵。《纪念册》共20目，分别为：序、题字、职员照相、摄影、创始红十字会南丁女士传、红十字会十大利益说、红十字会白话浅说、中国红十字会分会通则、取缔违用红十字会旗帜袖章条例、会员录、职员录、工作日记片段、灾区观察记、收支报告、治疗所门诊人数表、难民收容所一览表、施送时疫药水一览表、时疫医院比较表、掩埋队收殓兵民姓名表、注射防疫针人数表。正文凡73页，插页28页。内容丰富，是抗战时期地方红会中少见的历史文献。尤其是19幅题字，给人以强烈的震撼。因为题字之人，多为政界、军界大员，包括当时的国民党元老于右任、国民政府主席林森、军事委员会委员长蒋介石、行政院院长汪精卫、十九路军总指挥蒋光鼐、第五军军长张治中、十九路军军长蔡廷锴等，这在中国红十字运动史上堪称绝无仅有。

军政大员何以为《纪念册》题字？原因可能有很多，但有一点是毋庸置疑的，那就是淞沪抗战中常熟分会业绩突出，值得"纪念"。在这场会战中，常熟分会像一匹"黑马"，脱颖而出，为淞沪抗战救护史添上浓墨重彩的一笔，足以彪炳史册。常熟分会在战后编印《纪念册》，正是为了"继起"传承"尽力于社会"的红十字精神，并使之"绵延光大"。这是"纪念"的真正意蕴。题字还表明了官方对红十字事业的重视和肯定，希望红十字会继续发扬"博爱恤兵"宗旨，在抗战救护中做出更加卓越的贡献。鉴于这份难得的红会抗战救护文献，蕴含着丰富的历史信息，值得珍视，对其进行系统整理研究，具有重要价值。为此，2015年红研中心接受常熟市红十字会委托，合作开展"弥足珍贵的红十字文化遗产——《中国红十字会常熟分会民国廿一年纪念册》整理与研究"课题，最终使这份珍贵的史料得以重见天日，为传承红十字文化做出了新贡献。

《弥足珍贵的红十字文化遗产》首发式

延安和陕甘宁边区是中国人民抗日战争的领导中心、解放战争的总后方、万众瞩目的革命圣地。其间，中国红十字会救护总队部派出多支救护医疗队以及国际援华医疗组织，到达延安，在陕甘宁边区开展医疗救护工作，留下了闪光的足迹，建立了不朽的历史功勋。对延安时期红十字运动进行系统研究，对提升陕西省及延安市红十字会在中国红十字运动史上的地位，具有重要意义，同时对丰富延安红十字文化展馆内涵，拓展红十字运动研究的领域，具有不可忽视的价值。为此，红研中心2017年接受延安市红十字会委托，合作开展了"延安时期红十字运动研究"课题，最终成果公开出版，填补了学术研究的空白。

一系列横向课题的开发，不仅解决了红研中心研究经费问题，更重要的是，拓宽了红十字运动研究领域，弥补了相关研究之不足，为后续研究奠定了基础。

六、荣誉与褒奖

红研中心成立15年来，获得一系列荣誉与褒奖。

（一）中国红十字会总会层面的荣誉

2009年10月27日，中国红十字会第九次全国会员代表大会在北京人民大会堂隆重开幕。大会于29日闭幕。红研中心主任池子华作为特邀代表出席盛会，并积极建言献策，受到前会长彭珮云、现任会长华建敏赞赏。[①]

2015年5月5日，中国红十字会第十次全国会员代表大会在人民大会堂隆重开幕。中共中央总书记、国家主席、中央军委主席习近平会见全体代表。红研中心主任池子华应邀出席大会，并当选为中国红十字会第十届理事会理事。[②]

2019年9月2日，中国红十字会第十一次全国会员代表大会在京开幕。中共中央总书记、国家主席、中央军委主席习近平在人民大会堂亲切会见全体代表。大会于3日闭幕。红研中心主任、中国红十字会十届理事会理事池子

---

① 《池子华教授出席中国红十字会第九次全国会员代表大会》，《苏大简报》2009年11月4日。
② 《我校红十字运动研究中心主任池子华教授当选为中国红十字会第十届理事会理事》，苏州大学人文社会科学处网站，2015年5月8日，http://skc.suda.edu.cn/2015/0508/c7470a241488/page.psp。

华出席盛会，并当选为中国红十字会十一届理事会理事。①

2015年11月27日，中国红十字基金会在京举办以"初心·守望"为主题的"红十字天使计划"十周年人道公益纪念活动。全国人大常委会副委员长、中国红十字会会长陈竺，中国红十字会党组书记、常务副会长徐科，中国红十字会副会长郭长江、王汝鹏以及民政部、卫生计生委、财政部、国资委有关领导出席纪念活动并为获奖单位、个人颁奖。红研中心主任池子华应邀出席，红研中心被授予"人道服务杰出贡献者"奖牌。②

"人道服务杰出贡献者"奖牌

此外，池子华相关论文获得中国红十字会总会报刊社褒奖，包括《创建"红十字学"刍议》（2008—2009年度优秀论文奖）、《光荣与使命》（2012—2013年度优秀论文奖）、《〈博爱〉的前世今生》（纪念《博爱》创刊一百周年征文二等奖）、《在机遇与挑战中砥砺前行》（2015年度优秀论文奖）、《"中国红十字会"称谓的由来及其演变》（2016年度

---

① 　《我院池子华教授当选为中国红十字会理事》，苏州大学社会学院网站，2019 年 9 月 5 日，http：//shxy.suda.edu.cn/5f/c5/c15355a352197/page.htm。

② 　《红十字运动研究中心荣获"人道服务杰出贡献者"》，苏州大学社会学院网站，2015 年 12 月 2 日，http：//shxy.suda.edu.cn/c7/99/c7980a182169/page.htm。

优秀论文奖)、《中国红十字会史上的"监事会"》(2017年度优秀理论文章奖)、《奋力挖掘不该被遗忘的"角落"》(2017年度优秀新闻故事奖)、《在深化改革中砥砺前行》(2018年度优秀理论文章奖)、《"疫后"红会工作的"适应性"改变——从政府工作报告看中国特色红十字事业发展》(2020年度优秀理论文章奖)等。池子华还荣获中国红十字会总会报刊社2017年度报刊宣传特别贡献奖、中国红十字会总会报刊社2019年度报刊宣传特别贡献奖。

(二)省市红十字会层面的荣誉

2007年12月14日,江苏省红十字志愿服务工作会议在苏州市召开。会议旨在表彰先进,交流经验,推进全省红十字志愿服务工作。

江苏省红十字会常务副会长周加才主持大会。苏州市政协副主席苏慧心代表市人大、政府、政协致欢迎辞。共青团江苏省委副书记沈海斌就推进全省志愿工作发表讲话。江苏省红十字会常务副会长刘洪祺宣读表彰全省红十字志愿服务工作先进集体和先进个人名单,江苏省红十字会会长吴锡军等为获奖者颁奖。

红研中心以学术研究的独特方式参与志愿服务,获得广泛认可与高度评价,红研中心主任池子华教授被授予"江苏省红十字志愿服务先进个人"称号。[①]

2019年12月18日,江苏省红十字会第十次会员代表大会在南京召开。省委书记、省人大常委会主任娄勤俭,省委副书记、省长吴政隆等领导会见全体代表。大会选举产生省红十字会第十届理事会、监事会,聘请省委书记娄勤俭、省长吴政隆担任省红十字会名誉会长,选举副省长陈星莺为省红十字会会长,齐敦品为常务副会长,张亮为监事长。红研中心主任池子华受邀出席盛会,并当选为第十届理事会常务理事。[②]

---

① 《我校池子华教授荣获江苏省红十字志愿服务先进个人》,《苏大简报》2007年12月18日。
② 《我院池子华教授当选为江苏省红十字会常务理事》,苏州大学社会学院网站,2019年12月24日,http://shxy.suda.edu.cn/7b/c3/c7980a359363/page.htm。

池子华荣获"江苏省红十字志愿服务先进个人"称号

2010年6月25日，苏州市红十字会第六次会员代表大会隆重举行。各市、区人民政府分管领导和红十字工作主要负责同志，以及来自各行各业的近300名红十字会会员代表和特邀代表参加了大会开幕式。江苏省委常委、苏州市委书记蒋宏坤，江苏省红十字会会长吴瑞林、常务副会长潘宗白，苏州市领导王金华、徐国强、朱玉文、谭颖，苏州市红十字会第五届理事会名誉副会长周大炎、陈炳斯、孙中浩等出席开幕式。苏州市副市长、市红十字会会长谭颖主持开幕式。红研中心主任池子华受邀出席，并被授予"苏州市红十字会'博爱之星'先进个人"称号。

2016年3月23日，苏州市红十字会第七次会员代表大会隆重召开。苏州市委书记周乃翔出席大会并代表市委、市人大常委会、市政府、市政协向大会的召开表示热烈祝贺。苏州市委副书记、市长曲福田出席会议。江苏省红十字会党组书记、常务副会长盛放到会祝贺。苏州市市领导陈振一、曹新平、徐明、徐国强、王鸿声出席会议。红研中心主任池子华作为特邀代表出席会议，并被授予"2010—2015年度苏州市红十字工作先进个人"荣誉称号。

此外，因红研中心历年来积极参与和指导大学生暑期社会实践活动，池子华荣获中共江苏省委宣传部、江苏省精神文明建设指导委员会、江苏省教育厅、共青团江苏省委、江苏省学联联合颁发的2016年"江苏省大中专学生志愿者暑期文化科技卫生'三下乡'社会实践活动先进工作者"荣誉称号。同时，池子华还荣获"苏州大学暑期社会实践活动优秀指导教师"称号。

（三）省市社科奖

研究中心的学术研究成果，获得一系列奖项，其中：

《红十字与近代中国》《中国红十字运动通史（1904—2014）》分别获江苏省第九届、第十六届哲学社会科学优秀成果奖二等奖，"红十字文化丛书"（10本）获江苏省第十三届哲学社会科学优秀成果奖三等奖。

《中国红十字历史编年（1904—2004）》《红十字运动：历史审视与现实思考》分别荣获苏州市第九次、第十四次哲学社会科学优秀成果奖一等奖；《中国红十字运动的区域研究》《晚清时期中国红十字运动研究》分别荣获苏州市第十二次、第十五次哲学社会科学优秀成果奖二等奖，《苏州红十字会志》《〈申报〉上的红十字（1897—1949）》《中国红十字外交（1949—2014）》分别荣获苏州市第十次、第十一次、第十五次哲学社会科学优秀成果奖三等奖；等等。

一系列成果的获奖，说明红十字运动研究成果得到了学界的认可。

七、关心、支持与鼓励

红研中心能够取得一些成绩，固然是团队成员呕心沥血、共同努力的结晶，但更离不开各方鼓励与支持，尤其是总会领导集体，关心备至，令人难忘。

（一）钱信忠会长为《百年红十字》作序

2002年5月30日，池子华与孙柏秋副会长一道，拜访了卫生部原部长、中国红十字会前会长钱信忠先生。钱信忠对《百年红十字》部分书稿赞不绝口，欣然同意为该书作序，并出任名誉主编。

《百年红十字》原本打算在2004年中国红十字会百年华诞的时候作为

"献礼"书出版的，但2003年1月池子华的台湾之行，改变了这一计划。访台期间，池子华拜会了台湾红十字会组织原负责人徐亨先生，他告知台湾红十字会组织委托张玉法院士组织实施"百年红十字"的研究计划。书稿既已完成，我们的计划一定要抢在台湾之前出版。所以2003年9月，60万言的《百年红十字》，由安徽人民出版社隆重推出，精装出版。这是第一部全面再现中国红十字会百年史事的学术著作，被学界誉为"为中国慈善界放一异彩"。钱信忠先生作序给予高度评价，强调"这是第一部系统研究中国红十字会百年史的力作，值得广大读者尤其是红十字工作者认真研读"。他指出："1993年10月31日，《中华人民共和国红十字会法》颁布实施，这是中国红十字运动史上新的里程碑。中国红十字事业蓬勃发展，前景广阔，作为一位老红十字会员，我感到由衷的高兴。'前事不忘，后事之师'，只有认真总结、吸取历史经验教训，才能推动中国红十字事业的可持续发展。希望红会同仁以《百年红十字》的出版为契机，强化对会史的研究，以史为鉴，与时俱进，开拓进取，不断创造新的辉煌！"①虽然钱信忠先生作序在红研中心成立之前，但对中心的成立具有推动作用。

（二）彭珮云会长题字勉励

2006年12月4日，全国人大常委会副委员长、中国红十字会会长彭珮云来苏州视察。

在苏州期间，彭珮云会长听取了苏州市副市长、市红十字会会长谭颖关于苏州市红十字会工作情况的汇报。谭颖会长在汇报中说："2005年12月，市红十字会和苏州大学合作创办了全国第一个红十字运动研究中心，并编辑出版了第一部50万字中国红十字运动编年体工具书。该中心还开设了专业网站，并在国内率先出版了研究红会工作、探索红会理论的电子季刊，现已出版3期。从2007年起拟交由省级人民出版社出版上年

---

① 钱信忠：《百年红十字》，安徽人民出版社2003年版，"序言"。

度电子期刊的纸介汇编本。"红研中心主任池子华出席汇报会，并向彭珮云会长赠送了《百年红十字》《红十字与近代中国》《中国红十字历史编年（1904—2004）》等著作。她对红研中心成立以来所取得的成绩表示肯定，并指出："发展有中国特色红十字事业，从理论上总结实践经验，提升认识，很有必要。希望总会与中心合作，共同推进研究工作的深入。"①

2008年12月28—30日，江苏省红十字会第八次会员代表大会在南京隆重举行。彭珮云会长专程到会并做重要讲话。池子华作为特邀代表出席盛会。其间，彭珮云会长还就重视和加强理论研究的问题，在其下榻的宾馆约见了红研中心主任池子华，副主任、苏州市红十字会副会长郝如一，红研中心昆山研究基地（筹）主任、昆山市红十字会副会长刘超英。彭珮云会长充分肯定红研中心取得的成果，希望红研中心以邓小平理论、"三个代表"重要思想和科学发展观指导研究，与时俱进，开拓进取，为推动全国红十字运动研究、促进红十字事业发展做出更大贡献。②

令人感动的是，2009年2月，在首届红十字运动与慈善文化国际学术研讨会召开前夕，彭珮云会长因工作安排不能出席，特别为红研中心题字，以鼓励红研中心在红十字运动研究方面继续开拓奋进，为中国红十字事业发展做出更大贡献。

红研中心主任池子华、副主任郝如一对彭珮云会长能为中心题字深表感谢，并表示要将题字制作为一块"金字招牌"，在4月10日的红十字运动与慈善文化国际学术研讨会上揭牌志庆。③

虽然2009年10月中国红十字会第九次全国会员代表大会后，彭珮云不再担任中国红十字会会长，但她对红研中心的关心始终如一。

---

① 《彭珮云会长会见池子华教授》，《苏大简报》2006年12月8日。
② 《中国红十字会彭珮云会长约见我校池子华教授》，《苏大简报》2009年1月4日。
③ 《彭珮云会长为红十字运动研究中心题字》，苏州大学新闻网，2009年2月25日，https://www.suda.edu.cn/suda_news/zhxw/200902/581606FB-F150-4F1D-A5C6-921FBDB3CE9F.html。

（三）华建敏会长莅临红研中心调研

2010年3月27日，全国人大常委会副委员长、中国红十字会会长华建敏在江苏省人大常委会副主任李全林陪同下视察苏州大学。苏州大学党委书记王卓君教授、红研中心主任池子华分别汇报了相关情况。苏州大学党委副书记高祖林，副校长熊思东，社会学院院长王卫平、党委书记孙庆民等参加了汇报会。

华建敏会长对红研中心的开拓性研究表示赞赏。他指出，做好红十字会工作，一要抓好能力建设，二要抓好理论研究，两者不可偏废。

池子华代表红研中心全体同仁向华建敏会长赠书，并对他百忙之中前来调研表示衷心感谢。池子华表示，在华建敏会长及中国红十字会总会、江苏省红十字会强有力的支持下，在苏州市红十字会、苏州大学的共同努力下，有信心把红研中心建设成为在国内外红十字领域和相关学界具有广泛影响的学术研究基地。①

2011年1月19日，在南京出席中国红十字会九届二次理事会的全国人大常委会副委员长、中国红十字会会长华建敏专门会见理论界代表，共商红十字运动研究大计，勉励大家多出研究成果，推进红十字事业发展。

受到华建敏会长会见的出席九届二次理事会的理论界特邀代表有红研中心主任池子华，红研中心副主任、苏州市红十字会前专职副会长郝如一以及中国社会科学院、北京科技大学的专家共6人。中国红十字会常务副会长王伟、副会长郭长江以及江苏省红十字会会长吴瑞林会见时在座。

华建敏会长说，开展红十字运动理论研究是2011年的一项主要工作，特邀大家来听听意见。他对2010年3月在苏州大学视察调研红十字运动研究中心记忆犹新，并对苏州市红十字会与苏州大学合作在全国率先开展理论研究，以史为鉴，着眼未来，5年取得丰硕成果表示充分肯定。池子华

---

① 《全国人大常委会副委员长华建敏一行视察我校》，苏州大学网站，2010年4月7日，https://www.suda.edu.cn/suda_news/sdyw/201003/11E4411A-7A36-4572-865A-65F25FC0ADDC.html。

汇报说，红研中心受到华建敏会长及中国红十字总会、江苏省红十字会、苏州市及苏州大学领导的高度重视和支持，一定不辜负期望，多出成果。池子华还向华建敏会长呈上《红十字运动研究中心关于全国如何开展理论研究的构想》的文字材料。华建敏会长还和理论界的代表们讨论了诸如行政领导兼任会长的优势、救灾捐款的使用及其与政府有关部门的关系、编制机构和人员管理、募捐与实施救助的运作方式等理论问题。[①]

2013年7月23日，华建敏会长在中国红十字会九届五次常务理事会上特别强调，要"突出抓好'两论一动'"，大力推进理论研究。红研中心为此专门召开"两论一动"与红十字事业发展座谈会，积极响应。红研中心的理论研究由此迈上一个台阶。

（四）陈竺会长到访促成红十字国际学院成立

红研中心丰硕的研究成果，为红十字国际学院的创建奠定了坚实的基础。在此背景下，陈竺会长亲临苏州大学，推进这项动议的落地。

2018年5月6日，全国人大常委会副委员长、中国红十字会会长陈竺莅临苏州大学，就医学教育发展、中国红十字会与苏州大学合作共建红十字国际学院相关情况开展调研。中国红十字会党组副书记和副会长、中国红十字基金会理事长、红十字国际学院筹委会主任委员郭长江，中国红十字会副会长兼秘书长王平，中国红十字基金会常务副理事长兼秘书长孙硕鹏，中国红十字会基金会理事长、红十字国际学院筹委会委员兼办公室主任刘选国，江苏省人大常委会副主任曲福田，江苏省政府原副省长、省红十字会会长何权，江苏省人大常委会副秘书长唐健，江苏省政府副秘书长陈少军，江苏省红十字会党组书记、常务副会长盛放，江苏省委教育工委副书记徐子敏，苏州市人大常委会副主任王鸿声，苏州市政府副市长、市红十字会会长曹后灵，苏州大学党委书记江涌、校长熊思东等领导陪同调研。

调研组来到苏州大学社会学院红十字运动研究中心。陈竺会长听取

---

① 《华建敏会长会见池子华、郝如一等理论界代表勉励多出成果》，苏州大学人文社会科学处网站，2011年2月19日，http://skc.suda.edu.cn/ad/ea/c7470a241130/page.psp。

了红研中心主任池子华关于中心研究情况的汇报。在随后召开的苏州大学红十字运动发展与研究座谈会上，熊思东简要回顾了中国红十字运动与苏州、与苏州大学的百年渊源；介绍了苏州大学红十字运动研究成果、苏州大学浓厚的校园红十字文化，特别是苏州大学师生践行红十字精神，积极参与灾害救治、海外人道主义援助等案例。最后，他表示苏州大学将秉承人道、博爱、奉献的红十字精神，发挥现有红十字研究及相关学科群的优势，与中国红十字会合作，共同将红十字国际学院打造为高素质红十字人才培养基地、高水平红十字学术研究中心和高层次红十字国际交流节点，服务国家"一带一路"倡议，助力人类命运共同体建设。

2018年5月6日，苏州大学校长熊思东在红十字运动
发展与研究座谈会上讲话

郭长江、曹后灵、盛放、何权、徐子敏、陈少军、曲福田等先后发言，表示全力支持红十字国际学院的建设。

陈竺会长在总结讲话中简要回顾了中国红十字会的历史沿革，红十字运动的发展趋势和红十字事业的前进方向。他指出，自中国红十字会第十次全国会员代表大会举行以来，中国红十字会更加注重协助政府开展国际人道主义工作，面向贫困地区和困难群体开展人道救助，服务"一带一路"沿线国家和地区人道健康事业。建立红十字国际学院，正是以实际行动贯彻落实习近平新时代中国特色社会主义思想和习近平总书记关于红十字事业的重要讲话精神的重要举措。陈竺会长对江苏省红十字会、苏州市红十字会以及苏州大学近年来在红十字事业发展中所做出的突出贡献表示感谢，并就红十字国际学院的下一步建设作了重要部署。他希望双方能以此次研讨会为契机，更好地理解红十字国际学院建设的使命和任务，进一步夯实完善可行性方案，成立专门机构加快推进实质性建设，通过共同的努力为保护生命与健康、促进社会进步和国际人道主义事业发展，为建设富强民主文明和谐美丽的社会主义现代化强国做出更多新的贡献。

江涌代表学校感谢国家、省市以及相关部门的领导为苏州大学办好红十字国际学院给予的支持和关心。他表示，学校将以习近平新时代中国特色社会主义思想为指导，深入贯彻落实构建人类命运共同体思想，充分发挥苏州大学学科人才资源优势，高起点、高标准、高质量推进红十字国际学院的建设工作，努力在人才培养、理论研究、文化传播以及国际交流等方面凸显红十字国际学院的开放性和引领性，积极为推动国家红十字事业发展做出贡献。①

2018年5月6日，苏州大学党委书记江涌在红十字运动
发展与研究座谈会上讲话

陈竺会长到访苏州大学，意味着红十字国际学院的筹建进入倒计时。红研中心的使命即将完成。

---

① 《全国人大常委会副委员长陈竺一行来我校调研》，苏州大学网站，2018 年 5 月 8 日，https：//www.suda.edu.cn/suda_news/sdyw/201805/fdaed4fb-df10-4b90-a3e4-3d6c1983f7d1.html。

（五）总会其他领导的关怀

2015年5月21日上午，中国红十字会副会长郝林娜莅临红研中心调研。

2015年5月21日，郝林娜副会长调研红研中心

红研中心主任池子华介绍了中心成立10年来的发展历程以及红研中心建设的近期目标和长远规划。郝林娜副会长对中心所取得的成绩表示赞赏。她指出，中国红十字会总会对理论研究高度重视，全国红十字理论研究会也在筹备中，希望红研中心再接再厉，取得更为丰硕的研究成果，为红十字事业发展、繁荣红十字文化事业做出新贡献。苏州大学社会学院党委书记刘志明、院长王卫平、副院长郑庚陪同调研。①

2015年5月28日，中国红十字会副会长、中国红十字基金会理事长郭长江，中国红十字基金会副理事长兼秘书长孙硕鹏，在江苏省红十字会常务副会长盛放、苏州市红十字会常务副会长严晓凤的陪同下访问苏州大学。苏州大学副校长田晓明会见了郭长江副会长一行，社会学院党委书记刘志明、院长王卫平、红研中心主任池子华参加会见。

田晓明介绍了苏州大学的历史发展和文化传承以及作为国家"211"重点建设高校，近年来在人才培养、学科建设、社会服务等方面取得的成

① 《中国红十字会副会长郝林娜调研我校红研中心》，苏州大学人文社会科学处网站，2015年5月27日，http://skc.suda.edu.cn/af/55/c7470a241493/page.htm。

绩。他说，学校在红十字运动研究方面独树一帜，率先成立全国第一家以红十字运动为专门研究对象的学术机构——红十字运动研究中心，引人瞩目。

池子华介绍了红研中心在总会、江苏省及苏州市红会、学校各有关方面支持下所取得的进步，表示会再接再厉，为繁荣红十字文化事业做出更大贡献。

郭长江副会长对苏州大学支持红十字运动研究表示感谢。他指出，红研中心在老会长彭珮云、华建敏的关心下，经过10年建设，开辟了红十字运动研究的新领域，取得丰硕的学术成果，填补了许多空白，赢得了广泛认可。中国红十字会新一届领导集体将更加重视中心建设，努力创造条件，加强与苏州大学的合作，在干部培训、人才培养、科学研究等方面探索合作的新路径。①

郭长江一行访问苏州大学
（左起严晓凤、池子华、盛放、郭长江、田晓明、孙硕鹏、王卫平、刘志明）

2017年3月28日，中国红十字会副会长王汝鹏一行到访苏州大学，熊思东校长在天赐庄校区红楼会议中心热情接待了来访人员并召开座谈会，双方就合作筹建"红十字国际学院"等相关事宜进行了深入交流与探讨。

---

① 《中国红十字会副会长郭长江一行访问我校》，苏州大学网站，2015 年 6 月 2 日，https://www.suda.edu.cn/suda_news/sdyw/201506/A7712BFA-8AAE-4271-9894-E8A191CB5ED5.html。

江苏省红十字会常务副会长盛放、苏州市红十字会常务副会长严晓凤陪同访问，红研中心主任池子华、苏州大学相关职能部门和学院负责人出席了座谈会。

王汝鹏一行访问苏州大学
（左起刘志明、王卫平、盛放、王汝鹏、熊思东、严晓凤、池子华）

熊思东校长对王汝鹏副会长一行的到来表示欢迎。他指出，苏州大学作为一所综合性大学，学科门类齐全，师资力量雄厚，学校一直以来十分重视红十字运动的研究，研究工作不仅有历史、有队伍、有积淀，也取得了丰硕的研究成果，在国内外产生了一定的影响。"红十字国际学院"的筹建将有助于推动我国红十字运动的教学、研究与普及，进一步丰富我校的学科体系，深入加强学生人文关怀教育，有力助推我国红十字运动的发展和红十字运动所倡导的人道主义精神的推广。学校将大力支持筹建工作，为我国红十字运动的发展推波助力，将红十字事业发扬光大。

王汝鹏副会长对苏州大学近年取得的发展成就给予充分肯定。他指出，苏州大学历来重视红十字运动的理论研究，是全国第一所把红十字运动作为研究对象并设立专门研究机构的高校。2005年苏州大学红十字运动研究中心成立以来，得到了学校的大力支持，累计出版专著60余部，成绩斐然，在国内处于领先水平，具有一定的国际影响力。红十字会作为与国际奥委会、联合国比肩的国际组织，目前在世界上还没有一所专门承担红十字运动教育和培训的大学。因此，着力筹办"红十字国际学院"是中国红十字会"十三五"期间的一项重点工作。建立一所可持续的、常态化的教育培训机构，对于培养国内外红十字会专业化人才具有重要意义，并且也符合国家加强对外开放和推进"一带一路"倡议的需求。希望学校能积极推进、形成合力，积极推动中国红十字国际学院筹建工作。①

（六）江苏省红十字会及红十字国际委员会东亚地区代表处官员的激励

2007年4月13日，苏州大学党委副书记、副校长夏东民在红楼会议中心会见了到访的江苏省红十字会党组书记、副会长张立明一行，双方围绕在苏州大学社会学院红十字运动研究中心的基础上建立江苏省红十字会重点研究基地达成了初步协议。随张立明会长到访的还有江苏省红十字会事业发展部副部长郝宁、苏州市红十字会副会长郝如一。苏州大学校长助理、人文社科处处长任平，社会学院院长王卫平，社会学院党委书记江作军等参加了会见。

张立明一行访问苏州大学
（左起郝宁、池子华、郝如一、夏东民、张立明、王卫平、江作军）

---

① 《中国红十字会副会长王汝鹏一行访问我校》，苏州大学网站，2017年3月29日，https://www.suda.edu.cn/suda_news/sdyw/201703/0dfd9e4b-ee23-437b-af1a-15f8334e2062.html。

夏东民副书记对省、市红十字会领导的到来表示热烈欢迎，并高度评价了红十字会在社会慈善事业和促进社会和谐等方面所发挥的积极作用。夏书记说：红十字活动既要普及，又要提高，需要在宣传普及的基础上，在学术理论研究上有所创新。苏州大学要始终围绕服务地方经济社会发展和为人类福祉这一目标开展研究工作。苏州大学将以和苏州市红十字会的合作为起点，努力把目前全国唯一的社会学院"红十字运动研究中心"建设成为全省乃至全国的红十字运动研究基地，进一步扩大影响，与国际接轨。

张立明副会长首先感谢苏州大学对红十字会工作的大力支持。他说：红十字运动诞生100多年来，一直是具体工作做得比较多，系统的理论研究工作做得比较少，苏州大学与苏州市红十字会的合作增强了这方面的力量，如果要进一步弘扬和普及红十字运动精神，相关的理论研究必不可少。希望省、市红十字会与苏州大学继续加大红十字运动研究领域的合作，相互支持，进一步提升实践与研究的结合度，以促进红十字运动的发展。

苏州市红十字会郝如一副会长介绍了苏州市红十字会与苏州大学社会学院合作的基本情况。社会学院红研中心主任池子华向在座领导汇报了红十字运动研究中心成立一年多来的工作情况，并提出了今后的工作设想和中长期发展规划。[①]

2007年7月5日，红十字国际委员会东亚地区代表处新闻官员胡向群女士到苏州大学社会学院红研中心考察，听取了池子华关于红研中心工作情况的汇报。

苏州大学党委副书记、副校长夏东民会见了胡向群女士。胡向群女士对红研中心的开拓性研究表示赞赏，并对研究中心的建设提出不少建设性意见。夏书记对红十字国际委员会东亚地区代表处对红研中心的关注和关

---

① 《夏东民副书记会见江苏省红十字会党组书记张立明一行》，《苏大简报》2007 年 4 月 20 日。

心表示感谢。苏州市红十字会副会长郝如一、苏州大学社会学院党委书记孙庆民、院长王卫平、党委副书记查佐明会见时在座。①

胡向群访问苏州大学
（左起查佐明、孙庆民、池子华、夏东民、胡向群、郝如一、王卫平）

2008年9月6日，红十字国际委员会东亚地区代表处官员、国际人道法传播交流代表马文德和新闻官员胡向群女士一行考察红研中心。苏州大学副校长张学光在红楼会议中心亲切接见了马文德一行。江苏省红十字会党组书记、副会长张立明，苏州市红十字会副会长郝如一，苏州大学国际合作交流处副处长茹翔，苏州大学社会学院党委书记孙庆民、红研中心主任池子华等参加了会见。

张学光副校长首先代表苏州大学对代表团的来访表示欢迎，并简要地介绍了苏州大学的历史和发展现状，特别是与红十字会的历史渊源。马文德对苏州大学领导的热情接待表示衷心感谢，他表示国际红十字会作为世界三大组织之一，向来注重同学术机构的交流与合作，并肯定了红研中心在红十字历史和现实方面的研究成果，还对红研中心加强与国际红十字会的联系、增强国际影响力提出了一些建设性意见，期待今后能在更广泛的

① 《红十字国际委员会东亚代表处官员考察社会学院红研中心》，《苏大简报》2007年7月11日。

张学光副校长接见马文德一行

领域展开合作。池子华介绍了红研中心在科学研究方面取得的成就和存在的不足，并就今后合作的方向表达了自己的意见。最后，张立明副会长强调了红研中心在填补红十字运动研究空白上的重要作用，同时勉励中心工作人员继续为红十字会的发展以及构建和谐社会做出积极贡献。[①]

2008年11月13日，中国红十字会总会国际联络部原负责人、红十字会与红新月会国际联合会前官员、红十字国际委员会原顾问曹嵩生先生，在苏州市红十字会副会长郝如一的陪同下，考察红研中心，苏州大学社会学院院长王卫平会见了曹嵩生先生。池子华介绍了红研中心自成立以来在中国红十字会总会、红十字国际委员会东亚地区代表处、江苏省红十字会、苏州市红十字会以及苏州大学支持下所取得的成绩，以及研究工作的近期目标和长远规划。曹嵩生对红研中心在科学研究及人才培养等方面所作出的努力给予高度评价，希望红研中心开拓进取，不断创造新的辉煌。[②]

2009年2月26日，江苏省红十字会常务副会长潘宗白、赈济救护部副部长严晓明以及江苏弘惠医药有限公司总经理胡传良一行，在苏州市红十

① 《红十字国际委员会东亚地区代表处官员考察我校"红十字运动研究中心"》，《苏大简报》2008年9月9日。

② 《原红十字国际委员会顾问曹嵩生先生考察红研中心》，红十字运动研究中心网站，2008年11月14日，http://www.hszyj.net/article.asp?articleid=1318。

字会副会长郝如一的陪同下，考察红研中心。潘宗白副会长对红研中心近年来取得的丰硕成果表示赞赏，表示省红十字会将加大投入，给予重点支持。社会学院王卫平院长会见了潘宗白副会长一行。红研中心主任池子华会见时在座，并对江苏省红十字会长期以来对红研中心开展学术理论研究的支持深表感谢。[①]

潘宗白一行访问苏州大学
（左起郝如一、王卫平、潘宗白、池子华、胡传良、严晓明）

来自多方的关心、支持、鼓励，为红研中心的科学研究注入强大的动力，激励红研中心不断攀登新的高峰，也为红十字国际学院的诞生奠定了基础。

八、参与筹建红十字国际学院

2019年8月31日，红十字国际学院在苏州大学挂牌成立，这是全球第一所真正意义上的红十字高等学府。在此过程中，红研中心扮演了重要角色。

（一）动议的提出

中国红十字会自1904年建会以来，改革创新，砥砺前行，事业发展取得长足进步，在国内外影响力与日俱增。习近平总书记对红十字会工作给

---

① 《江苏省红十字会常务副会长潘宗白先生一行考察红研中心》，红十字运动研究中心网站，2009年3月8日，http://www.hszyj.net/article.asp?articleid=1384。

予了高度评价："中国红十字会是国内历史最悠久的人道组织，成立110多年以来不断发展。近年来，中国红十字会在重大灾害救援、保护生命健康、促进人类和平进步等方面发挥了重要作用"，"为党、为国家、为人民做了很多好事、善事"。①但作为一个庞大的人道救助组织，红十字会没有一个人才培养基地，不免让人感到遗憾。

事实上，昔日的中国红十字会较为重视人才培养。早在1908年，中国红十字会就面向社会招考医学生，由总会出资，送入上海同济德文医学堂学习。"委托代培"的同时，积极筹建自己的人才培养基地。1910年夏，中国红十字会医学堂建成招生，这是中国红十字运动史上第一所培养红十字人才的专门学校。1912年9月，医学堂"提档升级"为中国红十字会高等医学堂，与美国哈佛大学"联合办学"，开创人才培养新模式。1922年6月，"上海中国红十字会总医院护士学校"开学，聘请总会总医院护士长伍哲英为校长，培养护理人才。但自中华人民共和国成立以来，红十字会长期挂靠卫生部门，没有自己专属的人才"摇篮"，这与中国红十字理顺管理体制"自立"后的事业发展极不适应。振兴人道教育，可谓时代的呼唤。②有鉴于此，2009年12月11日，红研中心主任池子华在《中国红十字报》撰文，正式发出了创建"红十字学院"的呼吁。他指出："红十字会有过创建'红十字大学'的呼吁，这一美好愿景，完全可以作为"文化工程"的长远规划，不断创造条件，争取早日达成目标的实现。不过，在'红十字大学'开办之前，应积极寻求与教育部门、高等学校的合作，'借鸡下蛋'，建立继续教育基地。目前有一些高校开设了与红十字会工作领域'对口'的专业，如苏州大学社会学院就有'社会工作硕士'班，北京、上海、南京等地的一些高校，也有相关专业。如与教育主管部门达成合作意向，可以与高校共建'红十字学院'，作为红十字会继续教育基

① 《习近平：增强责任意识真心关爱群众 开创红十字事业发展新局面》，《人民日报》2015年5月6日。

② 池子华：《红十字事业发展史上的一件盛事——写在"红十字国际学院"诞生之际》，《中国红十字报》2019年8月27日。

地，有计划地对红十字会的干部进行更高层次的教育培训。这样既提高了红会干部的整体素质，同时透过'红十字学院'，创建了一个传播红十字人道主义的窗口，一举多得。"①随后，池子华等人撰写《让历史启迪未来——论历史文化遗产与中国红十字事业的可持续发展》《红十字运动舆论与理论建设思考》，建议中国红十字会与高校合作，"开设专门的红十字学院"。②

2014年9月23日，中国红十字会会长华建敏、常务副会长徐科莅临苏州，召开调研会，红研中心主任池子华出席，并特别提出："建议总会与苏州大学协商，在红十字运动研究中心的基础上，更上一层楼，组建'红十字学院'，使之成为全国红十字系统的干部培训基地、继续教育基地和科研创新基地，在红十字文化软实力建设中发挥更大作用。"③对此，华建敏会长表示认同和赞赏。

2015年4月2日，池子华就组建红十字学院，正式向总会提出建议。全文如下：

关于组建"红十字学院"的建议

（一）组建"红十字学院"的必要性

中国红十字会自建会以来，较为重视人才培养和自身队伍建设。早在1908年，中国红十字会面向社会招考医学生，与同济德文医学堂联合办学，培养人才，并积极筹建自己的人才培养基地。1910年夏，中国红十字会医学堂建成招生。1912年9月，中国红十字会高等医学

---

① 池子华：《"文化工程"应成为红十字会总体建设目标之一》，《中国红十字报》2009年12月11日。

② 池子华、邓通：《让历史启迪未来——论历史文化遗产与中国红十字事业的可持续发展》，《中国红十字报》2011年11月25日；池子华、郝如一：《红十字运动舆论与理论建设思考》，《中国红十字报》2013年10月25日。

③ 池子华：《加强红十字会软实力建设》，《中国红十字报》2014年10月14日。

堂开学（1916 年停办），同时与美国哈佛大学合作，依托总会总医院，培养造就医护人才。1922 年 6 月，开办"上海中国红十字会总医院护士学校"，聘请总会总医院看护长伍哲英为校长，专门招收女看护生。但自中华人民共和国成立以来，由于众所周知的原因，红十字会一直没有自己的人才"摇篮"，这是与中国红十字事业发展极不适应的。

从国际上看，无论是红十字国际委员会，还是红十字会与红新月会国际联合会，还是各成员国，都没有专设的干部培训学院（曾经在日内瓦设立的"杜南学院"即现在的杜南研究会，是一个民间的研究机构）。据统计，国际委员会在全球 80 多个国家共有大约 1.3 万名员工；国际联合会在全球 189 个成员国的雇员及志愿者人数，总数超过 1 亿人。中国红十字会专职干部也有万余人。因此，在中国率先组建"红十字学院"，不仅有助于红十字会人才培养，助力中国红十字事业发展，而且具有不可低估的国际意义。

有鉴于此，建议总会与苏州大学合作，组建"红十字学院"。

（二）苏州大学的优势

苏州大学坐落于素有"人间天堂"之称的古城苏州，是国家"211 工程"重点建设高校、"2011 计划"首批认定高校，是江苏省属重点综合性大学，其主要前身为创建于 1900 年的东吴大学。一个多世纪以来，一代代苏大人始终秉承"养天地正气，法古今完人"的校训精神，坚守"学术至上，学以致用，培养模范公民"的办学理念，传承和弘扬"自由开放，包容并蓄，追求卓越"的优良校风和"博学笃行，止于至善"的优良学风，努力培育兼具"自由之精神、卓越之能力、独立之人格、社会之责任"的拔尖创新人才。目前，苏州大学已发展成为一所拥有哲学、经济学、法学、教育学、文学、历史学、理学、工学、农学、医学、管理学、艺术学等十二大学科门类，具有相当规模，基础较为雄厚，办学效益显著，在国内外具有一定知名度的综合性大学。苏州大学现有 29 个博士后流动站；24 个一级学科博士学位授权点，1 个一级学科专业学位博士点，47 个一级学科硕士学位授权点，24 个专业学位硕士点；127 个本科专业；4 个国家重点学科，8 个江苏高校优势学科，5 个江苏省重点序列学科，12 个省级一级学科重点学科（含 2 个培育学科）；1 个国家文科基础学科人才培养基地。学科门类齐全。同时，苏州大学是全国第一家红十字运动研究中心所在地，10 年来，该中心取得丰硕的研究成果，得到总会领导集体及学界、业界的一致认可，具备了得天独厚的条件。

（三）红十字学院的定位

（1）人才培养和继续教育。人才培养是指对人才进行教育、培训的过程。红十字事业的发展，需要专门人才的加盟。研究基地可以具备这样的职能。其中，继续教育不失为一种有效途径。继续教育是对专业技术人员进行知识更新、补充、拓展和能力提高的一种高层次追加教育，是终身学习体系的重要组成部分，也是构建学习型社会的重要杠杆。对红十字人而言，只有不断"充电"，及时更新知识结构，完善自我，才能适应人道救助事业发展的要求。

（2）科学研究。红十字运动研究中心发挥研究专长，更好地凝聚科研力量，产出高质量的科研成果，使学院成为红十字理论创新中心；做到学、研结合，并可通过继续教育，使理论研究成果转换为现实的"执行能力"，推动红会工作的开展。

（3）红十字文化传播的窗口。通过这一窗口，传播红十字文化。

（四）红十字学院建设

由中国红十字会总会与苏州大学合作办学。总会授权，中国红十字基金会筹资建设学院教学（办公）大楼，苏州大学提供建设用地。办公、教学设施，由双方共同出资。

（五）红十字学院的管理

红十字学院由总会和苏州大学共同管理，双方负责人担任院长。

教学管理、科研管理、财务管理等事务，由苏州大学相关部门负责。

以上建议，请总会考虑。

池子华

2015 年 4 月 2 日

上述建议受到总会领导集体的重视和认可。

2015年5月5日，中国红十字会第十次全国会员代表大会在京召开。红研中心主任池子华参与了大会报告的修订。报告提出，"加强理论研究队伍和阵地建设"。关于报告提出的建设计划如何"落地"，池子华撰文指出：从总会层面上说，建议上马几项"重点工程"，如组织编写《中国红十字运动通史》、创建红十字学院、创设红十字历史博物馆、摄制纪录片弘扬人道主义精神等，凝聚红十字事业发展的灵魂。文章同时指出，"专业的红十字人道工作者队伍是中国红十字事业持续健康发展的根基。如果能够创建一所红十字大学，对红十字事业发展的推动作用将无可限量。创建大学是长期目标，而在此之前，不妨与研究基础较深厚的高校合作，创建红十字学院，把科学研究与人才培养、继续教育、文化传播有机结合起来。目前，苏州大学与中国红十字基金会合作，依托红十字运动研究中心成立的红十字文化研究基地等，就具备这样的条件"[1]。

经过多年的呼吁，创建一所红十字学院得到广泛关注。中国红十字会总会高度重视，在2016年中国红十字会十届二次理事会上通过的《中国红十字事业发展规划（2016—2020年）》，明确将"筹建中国红十字人道传播学院"（即红十字学院）纳入规划，予以重点建设。

不言而喻，红研中心是红十字国际学院的倡导者、积极推动者，自然也全程参与了学院的筹建工作。

---

[1] 池子华：《文化建设：不能忽视的"软实力"——学习总书记讲话精神与"十大"报告体会之四》，《中国红十字报》2015 年 5 月 19 日。

（二）筹建工作的启动

红十字国际学院的筹建工作，实际上在2015年中国红十字会第十次全国会员代表大会召开之后即已开始并由中国红十字基金会负责落实。7月2日，中国红十字基金会向中国红十字会总会上报筹建中国红十字国际学院方案。8月16日，中国红十字会基金会副理事长刘选国专程来苏州，就筹建红十字国际学院之事，与红研中心主任池子华磋商。苏州大学副校长田晓明会见刘选国副理事长，社会学院院长王卫平、副院长郑庚陪同调研。

2016年7月22日，中国红十字会总会审议《红十字国际学院筹建方案》，同意开展筹建工作。12月27日，中国红十字基金会副理事长刘选国再次来访，苏州大学党委副书记高祖林在红楼会见，社会学院党委书记刘志明、副院长郑庚、办公室主任包军和红研中心主任池子华陪同。双方就红十字国际学院筹建问题，展开充分交流，达成诸多共识。

刘选国访问苏州大学
（左起刘志明、刘选国、高祖林、池子华、郑庚）

2017年10月31日，中国红十字会总会成立红十字国际学院筹建工作委员会，郭长江担任主任委员。筹建工作进入实质性阶段。

2017年11月21—22日，中国红十字会党组副书记、副会长郭长江一行来苏州大学访问。苏州大学党委书记江涌、校长熊思东在红楼会议中心分别会见了来访人员并进行了座谈交流。中国红十字基金会常务副理事长兼秘书长孙硕鹏、副理事长刘选国、基础医疗服务项目中心主任贾鑫、人道服务支持项目中心主任苏亚南，江苏省红十字会党组书记盛放、省红十字会组织宣传部部长江建宁，苏州市红十字会党组书记严晓凤等陪同访问。苏州大学副校长杨一心、刘标、张晓宏，相关部门、学院负责人，以及红研中心主任池子华参加了会见。双方就关于共同建设红十字国际学院事宜进行探讨、协商并就红十字国际学院的办学理念、聚集资源共同建设等方面达成了共识。①

2018年3月8日至9日，中国红十字会副会长、中国红十字基金会理事长郭长江一行再次访问苏州大学。中国红十字基金会常务副理事长兼秘书长孙硕鹏、副理事长刘选国、海外与青少年项目部副部长苏亚南和项目专员贾晓菲，苏州市红十字会常务副会长严晓凤等陪同访问。

8日下午，苏州大学党委书记江涌会见了郭长江一行，他代表学校对郭副会长一行的到来表示热烈欢迎并介绍了苏州大学在筹建红十字国际学院方面的进展。会见中，双方就学院筹建的具体事宜进行了磋商。

苏州大学党委书记江涌会见中国红十字会
副会长郭长江

红十字国际学院筹建工作座谈会

---

① 《中国红十字会党组副书记、副会长郭长江一行访问我校》，苏州大学网站，2017年11月23日，https://www.suda.edu.cn/suda_news/sdyw/201711/399ca278-016c-440e-9e5f-735d91a96a60.html。

9日上午，苏州大学副校长杨一心及相关部门负责人与郭长江副会长一行进行了会谈，红研中心主任池子华就筹建可行性作了介绍。

郭长江副会长指出，苏州大学红十字运动研究历史悠久，以池子华教授为首的研究团队，硕果累累，在国内外产生了深远的影响。苏州大学办学经验丰富，教学和科研成果显著，必定能为红十字国际学院提供强力支撑。他表示，成立红十字国际学院的设想得到上级部门的肯定和支持，相信在双方共同努力下，红十字国际学院必将取得更加丰硕的成果。

中国红十字会副会长郭长江　　　　　　苏州大学副校长杨一心

杨一心副校长在会谈时表示，苏州大学作为一所综合性大学，一直以来把社会服务作为重要职能。筹建红十字国际学院是学校2018年重点工作之一，相信红十字国际学院的成立能进一步完善苏州大学的学科结构和优化资源配置，也希望能依托红十字国际学院，提升苏州大学国际化办学水平。

会谈中，双方就红十字国际学院筹建方案和具体细节交换了意见，就办学定位、办学设想、办学体制、师资队伍建设、教学科研、人才培养、学科建设、经费保障等问题展开商讨并就战略合作框架协议达成了共识。苏州大学国内合作办、学科办、人力资源处、财务处、后勤处等部门领导以及社会学院党委书记邓国林、院长王卫平、副院长郑庚、红研中心主任池子华出席座谈会。①

　　2018年5月6日陈竺会长的调研，加快了筹建工作的步伐。双方协商，成立了红十字国际学院可行性研究报告研究团队。

指导小组

组长：

郭长江　中国红十字会党组副书记、副会长，中国红十字基金会理事长，红十字国际学院筹建工作委员会主任委员

副组长：

杨一心　苏州大学副校长

孙硕鹏　中国红十字基金会常务副理事长兼秘书长，红十字国际学院筹建工作委员会副主任委员

刘选国　中国红十字基金会副理事长，红十字国际学院筹建工作委员会办公室主任

撰写小组

苏州大学团队

池子华　苏州大学社会学院教授，博士生导师

许庆豫　博士生导师，苏州大学教育学院原院长，香港中文大学博士

吴　鹏　苏州大学校长办公室副主任

沈明荣　苏州大学学科办主任，物理能源博导，曾担任院长

朱巧明　人力资源处处长，计算机博导，曾担任学院院长

薛　辉　校办主任，历任学校处长、学院党委书记

吉　伟　对外合作办主任

---

① 《郭长江副会长一行访问苏州大学》，红十字运动研究中心网站，2018 年 3 月 10 日，http://www.hszyj.net/article.asp?articleid=5046。

郑　庚　苏州大学社会学院副院长

国际公益学院团队

项目总负责人：

王振耀　国际公益学院院长，教授

项目执行负责人：

黄浩明　国际公益学院副院长，教授

项目组高级顾问：

尤　红　国际公益学院教授

柳永法　中国公益研究院政策研究专员

研究团队成员：

程　芬　国际公益学院公益研究中心总监

孙晓舒　公益研究中心公益管理部主任

李　勇　（初稿撰稿）中国国际民间组织促进会项目顾问

项目沟通协调：

孙晓舒　公益研究中心公益管理部主任

项目支持：

包旭日　国际公益学院行政后勤中心副总监

　　5月15日，红十字国际学院可行研究性报告团队在苏州大学举行了研讨会。杨一心副校长、刘选国副理事长、沈明荣主任、朱巧明处长、薛辉主任、吉伟主任、郑庚副院长、吴鹏副主任、黄浩明副院长、李勇、池子华等出席。6月14日、11月24日，红十字国际学院筹建专家委员会两次在北京召开会议，讨论红十字国际学院可行性报告。

　　11月9日至10日，中国红十字会会长陈竺主持的以"构筑人道桥梁"为主题的东吴国际人道交流合作研讨会在苏州大学举行，红十字国际学院"挂牌"由此进入倒计时。

东吴国际人道交流合作研讨会会场

东吴国际人道交流合作研讨会是中国红十字会为加强红十字国际人道交流合作、推动共建共享人道教育体系、促进新时代红十字事业持续健康发展而组织的一次国际交流活动。这次研讨会正值第十届红十字会与红新月会国际联合会亚太地区大会前期，有助于中国红十字会更好地参与国际人道事务，彰显负责任大国红十字组织形象，推动共建人类命运共同体。全国人大常委会副委员长、中国红十字会会长、红十字会与红新月会国际联合会副主席陈竺主持研讨会并讲话。来自红十字会与红新月会国际联合会、红十字国际委员会以及瑞典、阿富汗、叙利亚、伊拉克、土耳其等国家的红十字会代表参加研讨交流。外交部、中联部、国家国际合作发展署、应急管理部、教育部等部委有关人员参加。

陈竺在讲话中表示，当今世界互联互通、融合发展，但同时又矛盾交织、经济乏力，人道领域面临巨大挑战。红十字运动成员彼此增强沟通交流、联合行动的必要性和急迫性大大增强。面对复杂严峻的人道主义危机，没有一个国家的红十字会能够独自应对，必须从构建人类命运共同体的高度，重新定义和谋划全球人道事务分工，形成人道资源多方供给、人道行动协同推进的多元治理格局。

陈竺表示，为促进人道事业更专业、更可持续地发展，智力和人才支撑至关重要，需要在共建共享人道教育方面进行深入合作和积极探索。为此，中国红十字会提出了建设红十字国际学院项目动议，希望为推动全球领域的人道教育和传播尽自己的一份力量。

中国红十字会党组书记梁惠玲、江苏省人民政府副省长陈星莺、外交部国际司参赞李集涓、红十字会与红新月会国际联合会秘书长哈吉·阿西（Elhadji Amadou Gueye Sy）、红十字国际委员会东亚代表处主任裴道博、马海德基金会会长周幼马分别致辞。

在"人道挑战与应对"主题研讨环节，红十字会与红新月会国际联合会副主席、土耳其红新月会会长凯雷姆·基尼克（Kerem Knk），阿富汗红新月会执行主席米尔瓦伊·阿克拉姆（Mirwais Akram），叙利亚红新月会秘书长哈立德·埃尔克苏西（Khaled Erksoussi），伊拉克红新月会会长亚辛·艾哈迈德·阿巴斯（Yaseem Ahmed Abbass），分享了为应对复杂严峻的人道需求而开展的工作，为人道领域行动及合作提供了有益经验和启示。在"共建共享人道教育"主题研讨环节，中国红十字基金会理事长、红十字国际学院筹建委主任委员郭长江介绍了中国红十字会与苏州大学联合筹建红十字国际学院相关情况，瑞典红十字会会长玛格丽特（Margareta Wahlström）分享了本国人道教育工作经验，苏州大学校长熊思东，北京师范大学中国公益研究院院长、深圳国际公益学院院长王振耀，中国人民大学法学院教授、中国人民大学国际人道法研究所所长朱文奇，苏州大学社会学院教授、红十字运动研究中心主任池子华分别就加强红十字运动理论研究、人才培养、国际交流等作了发言。

池子华发言

根据中国红十字会统一部署，为了支持包括红十字国际学院在内的人道教育事业，会议上，中国红十字基金会宣布成立人道教育基金。中国工程院院士陈赛娟以及上汽通用五菱汽车股份有限公司、江苏恒瑞医药股份有限公司、长春金赛药业股份有限公司、无锡名泽医疗投资管理有限公司等分别为基金捐赠，著名画家陈可之创作并捐献油画作品《天地之爱》，表达对共建共享人道教育的支持。

研讨会召开前，陈竺会长等与会代表参观了在苏州大学博物馆举行的由红研中心参与布展的"百年东吴与红十字运动"主题展览。

研讨会由中国红十字会主办，中国红十字基金会、苏州大学、苏州市红十字会承办。中国红十字会副会长兼秘书长王平、苏州市人民政府市长李亚平、苏州大学党委书记江涌以及江苏省人大、省人民政府、省红十字会，苏州市政府、市红十字会等相关负责人参加了研讨交流活动。[①]

根据陈竺会长的指示精神，筹建工作紧锣密鼓推进。2019年1月28日，中国红十字会成立了由副会长王汝鹏为组长的红十字国际学院筹建工作领导小组，该领导小组负责与苏州大学方面的对接事宜。3月26日，中国红十字会总会副会长王汝鹏、中国红十字会总会筹资与财务部部长王海涛，中国红十字基金会副理事长刘选国以及苏州市红十字会常务副会长严晓凤，来苏州大学考察红十字国际学院事宜，苏州大学党委副书记邓敏、副校长杨一心，校办副主任王季魁，社会学院党委书记邓国林、副院长郑庚、红研中心主任池子华陪同，就签订合作协议事宜进行磋商，并前往吴江，实地考察苏州大学未来校区规划建设，苏州市副市长、苏州市红十字会会长曹厚灵陪同。

2019年4月4日下午，陈竺会长一行莅临苏州大学，就筹建红十字国际学院事宜召开座谈会。苏州大学党委书记江涌主持座谈会，苏州大学校长熊思东汇报学校改革发展情况，苏州大学副校长杨一心介绍学院进展情况。根据陈竺会长的指示，初步拟定的"时间表"为：4月10日，学院班子成立；5月，在北京签署战略合作协议；9月1日，正式挂牌成立。

---

① 《构筑人道桥梁——东吴国际人道交流合作研讨会在苏州举行》，公益时报网站，2018年11月13日，http://www.gongyishibao.com/html/qiyeCSR/15305.html。

（三）协议签署与正式挂牌

万事俱备。2019年6月30日，中国红十字会总会、苏州大学、中国红十字基金会在北京签署创办红十字国际学院合作协议。全国人大常委会副委员长、中国红十字会会长陈竺出席签字仪式，并与中国红十字会党组书记、常务副会长梁惠玲，中国红十字会副会长兼秘书长王平，苏州大学党委书记江涌、副校长杨一心等一起见证协议签字。中国红十字会副会长王汝鹏、苏州大学校长熊思东、中国红十字基金会理事长郭长江分别代表合作方在协议上签字。梁惠玲主持签字仪式。

陈竺在讲话中指出，中国红十字事业正处在新的历史起点上，红十字国际学院的创办正当其时，它不仅将为中国特色红十字事业的可持续发展注入新的动力，也将为解决国际人道问题、促进国际红十字运动发展贡献中国智慧和中国方案。他希望合作各方加快学院筹建工作，做好顶层设计，调动各方资源和力量，使红十字国际学院早日建成开学、发挥作用。

王汝鹏在致辞中指出，全世界还没有一所真正意义上的红十字院校。有着百年历史的中国红十字会联手有着百年传承的苏州大学，共同创办一所真正意义上的红十字国际学院，是两个"百年老店"在新时代的一个创举，必将在中国红十字运动乃至国际红十字运动发展史上写下光彩的一笔，对中国特色红十字事业的发展将产生积极而深远的影响。

江涌在致辞中指出，与中国红十字会和中国红十字基金会共同创办红十字国际学院，是苏州大学发展史上的一件大事、喜事和幸事，也是苏大人一份沉甸甸的责任。未来，红十字国际学院将在红十字理论研究、人才培养、智库建设、国际传播等方面努力成为基地和高地，为国际红十字运动和中国红十字事业发展贡献一份力量。

红十字国际学院筹建工作领导小组成员、苏州大学有关方面负责人、红研中心主任池子华参加签字仪式。[①]

---

① 《红十字国际学院创办协议在京签署》，中国红十字会网站，2019 年 7 月 1 日，https://www.redcross.org.cn/html/2019-07/61149.html。

协议签署后，双方筹备挂牌事宜。7月27日，孙硕鹏一行6人来苏州大学就8月31日红十字国际学院揭牌仪式等问题召开座谈会，苏州大学副校长杨一心，社会学院党委书记邓国林、副院长郑庚、国内合作交流办主任吉伟、红研中心主任池子华，以及苏州市红十字会秘书长马红英等出席。7月30日，中共苏州大学委员会、苏州大学正式发布《关于成立苏州大学红十字国际学院的通知》（苏大委〔2019〕74号）。

关于成立苏州大学红十字国际学院的通知

为进一步推动红十字文化传播交流，高效集聚国内外高端资源，促进相关学科交叉发展和人才培养，打造具有中国特色和全球影响力的高水平、国际化、研究型学院，经学校党委常委会研究决定，成立苏州大学红十字国际学院。现将有关事项通知如下：

一、红十字国际学院为学校直属二级学院。

二、筹建中国共产党苏州大学红十字国际学院委员会，设党委书记1名，为正处职。同时筹建工会、共青团等群团组织。

三、红十字国际学院设名誉院长若干名；设院长、执行院长各1名；设专职副院长1名，为副处职；设副院长若干名。

四、红十字国际学院内设综合办公室和教学科研办公室，各设办公室主任1名，为正科职；人员编制暂定6名。

五、未尽事宜，将视红十字国际学院发展和运行情况，另行研究确定。

特此通知。

2019 年 7 月 30 日

准备就绪，2019年8月31日，期盼已久的由中国红十字会和苏州大学联合创办的红十字国际学院在苏州大学天赐庄校区挂牌成立。

　　全国人大常委会副委员长、中国红十字会会长、红十字会与红新月会国际联合会副主席陈竺，红十字会与红新月会国际联合会主席弗朗西斯科·罗卡，江苏省副省长王江，红十字国际委员会东亚地区代表处主任蒂埃里·梅拉（Thierry Meyrat），中国红十字会党组成员、副会长王汝鹏，苏州市委副书记、市长李亚平，苏州大学党委书记江涌、校长熊思东等领导出席了挂牌成立仪式。教育部、财政部、国家卫健委、应急管理部、国家国际发展合作署等有关部委领导，江苏省和苏州市人大、政府领导，中国红十字基金会、省市红十字会以及中国初级卫生保健基金会负责人，深圳亚派投资集团以及苏州大学校友会、长江商学院苏州校友会的企业家代表参加了活动。

红十字国际学院成立大会现场

　　在成立大会上，陈竺发表了《共建共享人道教育，为践行人类命运共同体贡献智慧和力量》主旨演讲。他指出，习近平总书记提出了共同构建人类命运共同体思想，赢得了国际社会的高度关注和广泛认同，为共同开创人类更加文明的未来指明了方向，凝聚了共识。他希望，红十字国际学院成为红十字运动研究、红十字人才培养、红十字文化传播、国际人道交流合作的基地和平台。他要求学院重视和加强人道问题研究，建立包括应急管理、灾难医学、急救医学、老年医学、社区发展、社会工作等在内的综合性人道学科体系，进一步优化人道服务供给，提供多层次、多样化的人道行动方案；重视和加强法治建设，重视人道工作队伍素质能力的培养，面向广大红十字专兼职工作者制定综合性培养规划，面向会员志愿者以及社会公众开展人道主义教育和社会工作技能培训，服务"一带一路"倡议，开展国际化人才培养。

王汝鹏、江涌分别代表主办方致辞，介绍了中国红十字会与苏州大学联合共建红十字国际学院的背景、意义和未来规划设想，对热情支持学院建设的各有关方面表示衷心感谢。王汝鹏说，创建红十字国际学院，是中国红十字运动史的盛事，也是人道教育新的里程碑，希望红十字国际学院努力与社会各方紧密合作，将红十字国际学院打造成红十字理论和实践研究的高地、红十字人才培养的基地、红十字文化传播中心、国际人道交流的平台，为促进中国特色红十字事业和国际红十字运动发展贡献智慧和力量。江涌表示，红十字国际学院正式揭牌成立是苏州大学建设发展中的一件大事、喜事和盛事，苏州大学将以此为契机，坚持以习近平新时代中国特色社会主义思想为指导，贯彻"共建共享人道教育"的建院宗旨，从国际视野、国家站位、对标一流的高度，科学规划、积极推进、全力保障红十字国际学院的建设和发展，努力将学院建设成为高水平的红十字人才培养基地、学术研究中心和国际合作交流节点，为中国红十字总会更好地参与国际红十字运动，参与国际人道主义合作，助力构建人类命运共同体贡献积极的力量。

教育部体卫艺司副司长万丽君指出，红十字国际学院的创建是高校创新办学模式的有效探索，也是推进红十字专业人才培养的有效探索，希望学院坚持社会主义办学方向，发挥示范、引领和带动作用，把红十字国际学院建成标杆、典范，把开展红十字精神教育和落实立德树人根本任务结合，把社会主义核心价值观教育和红十字精神教育相结合，贯彻以人为本的教育理念，发挥学科专业优势，积极支持服务我国学校卫生和健康教育工作的发展。

弗朗西斯科·罗卡在致辞中对红十字国际学院的成立表示祝贺，并感谢学院邀请他担任名誉院长。他说，学院的成立顺应了当前日益增长和日趋复杂的人道需求，是中国红十字会对国际红十字运动的贡献，希望学院能成为专业人道工作者的培训中心、人道理论的研究中心以及国际人道交流与合作的平台。

蒂埃里·梅拉在致辞中指出，中国红十字会成立红十字国际学院是一个创举，对于开展人道教育、理论研究和国际人道合作具有重要意义。红十字国际委员会愿意与中国红十字会一道，将学院建设成推广国际人道法、提升人道工作者专业和领导能力、研究和创新人道政策和人道外交的中心和平台。

江苏省副省长王江、苏州市市长李亚平等领导分别发表致辞，对红十字国际学院的成立表示祝贺和支持。李亚平说，此次红十字国际学院落户苏州、落地苏州大学，是中国红十字总会、中国红十字基金会、苏州大学紧密合作，共同努力的成果，也是合作各方对苏州市的充分信任。苏州将不负重托不负使命，高度重视红十字事业的发展，大力支持国际学院的建设，努力将学院打造为红十字国际交流合作的重要平台和苏州文化交流的闪亮名片，为国际红十字运动贡献更多的苏州力量。

浙江敦和慈善基金会执行理事长陈越光、国际人道法专家李卫海教授，公共医学专家徐勇教授分别围绕"人道公益教育""国际人道法在中国的传播和教育""中国灾难医学和急救医学现状和发展"等主题作了分享交流。

仪式结束后，与会领导和嘉宾一同来到红十字国际学院办公楼前，为红十字国际学院挂牌并合影留念。

媒体报道说，国际上至今还没有一所真正意义上的红十字大学（学院），红十字国际学院的成立填补了这一空白。苏州大学是国内较早从事红十字运动研究的高校。早在2005年，国内第一家以红十字运动为专门研究对象的学术研究机构——红十字运动研究中心在苏州大学成立。红研中心设立14年来已产生了一批在全国有广泛影响力的研究成果,《红十字运动研究》刊物、"红十字文化丛书"等相继出版,培养了一批从事红十字运动研究的优秀人才,成为我国红十字运动相关领域研究的一面旗帜。[①]

红十字国际学院的成立,"是红十字运动史上的一件盛事,也是人道教育事业新的里程碑"[②]。在此过程中,红研中心主任池子华全程参与,成为历史的见证者。

九、而今迈步从头越

2019年11月28日,主题为"构筑人道桥梁"的人道交流合作国际研讨班在苏州大学举行。这是红十字国际学院挂牌后首次开设培训班。全国人大常委会副委员长、中国红十字会会长、红十字会与红新月会国际联合会副主席陈竺出席。红十字会与红新月会国际联合会副秘书长亚干·查普干,中国红十字会副会长孙硕鹏、于福龙,苏州大学党委书记江涌,红十字会与红新月会国际联合会东亚地区代表处主任彭玉美,以及来自加拿大、伊拉克、阿富汗、蒙古国、马来西亚、尼泊尔、卡塔尔、斯里兰卡、缅甸、埃及、也门等11个国家的红十字会的代表及国内外学员70余人参加研讨班。

在研讨班上,陈竺发表了《构筑人道桥梁,共建人类命运共同体》主旨演讲。他指出,此次研讨班是红十字国际学院首次面向国际红十字与红新月同仁的人道教育和交流活动,是继2018年东吴国际人道交流合作研讨会后,中国红十字会联合红十字会与红新月会国际联合会为加强红十字国际人道交流合作、促进新时代人道事业持续健康发展的又一次重要行动。

---

① 《红十字国际学院在苏州大学挂牌成立》,苏州大学网站,2019 年 8 月 31 日,https://www.suda.edu.cn/suda_news/sdyw/201908/2381dfd5-1eea-4ca2-ab9a-37aefc817394.html。

② 池子华:《红十字事业发展史上的一件盛事——写在"红十字国际学院"诞生之际》,《中国红十字报》2019 年 8 月 27 日。

此次研讨班延续了"构筑人道桥梁"的主题，希望大家通过红十字国际学院这样一个交流的桥梁和平台，凝聚共识，收获经验，增进了解，加深友谊，进而站在一个新的起点推动国际红十字与红新月运动的发展。

与此同时，"劫难之后：从1937南京记忆到1949文明的庇护——纪念《日内瓦公约》签署70周年"主题展览在苏州大学博物馆开幕，苏州大学党委书记江涌、侵华日军南京大屠杀遇难同胞纪念馆馆长张建军在开幕式上致辞。陈竺会长等来宾成为首批参观者。该展览由侵华日军南京大屠杀遇难同胞纪念馆、红十字国际学院、江苏省红十字会和南京市红十字会共同主办，红研中心、苏州大学博物馆提供大力支持。红研中心主任池子华担任学术指导。展览共分四个部分，依次为"庇护文明的共识""尊重生命的人性底线""跨越国界的人道自觉""劫难后的链接"。在《日内瓦公约》签署70周年之际，希望通过此次展览，为人道事业搭建传播的桥梁，重申只有行动才是庇护生命的信条。

红十字国际学院挂牌成立，培训班开班，作为"奠基人"的红研中心，使命完成。2020年6月，池子华和其领导的红研中心整体并入红十字国际学院，成为其6个教研中心之一。

2020年10月17日下午，红十字国际学院工作汇报会在苏州大学举行。十一届全国人大常委会副委员长、中国红十字会原会长华建敏，中国红十字会党组书记、常务副会长梁惠玲，中国红十字会党组成员、副会长孙硕鹏，苏州大学副校长张晓宏出席会议并听取汇报。[①]

在汇报会上，池子华就红研中心定位和未来发展规划做了汇报。根据定位，红研中心以红十字历史文化研究为主并承担学院教材编写、教学科研等相关任务。鉴于红研中心是全国第一家专门研究红十字运动的学术机构，在学界、业界有着广泛的影响，因而机构名称不变，与红十字运动教研中心并行不悖，池子华同时担任红研中心和红十字运动教研中心主任。

---

① 《红十字国际学院工作汇报会在苏州大学举行》，《中国红十字报》2020年10月23日。

红十字国际学院工作汇报会现场

而今迈步从头越。一方面，虽然红研中心不再是"一枝独秀"，而只是红十字国际学院下设的6个教研中心之一，但历年来结合红十字运动研究，红研中心培养了一批人才，研究团队不断壮大。这是红研中心的优势所在，为红研中心的可持续发展提供了强劲动力。另一方面，如上所述，经过15年的辛勤耕耘，红研中心取得了较为丰硕的研究成果。这些成果，不仅为红十字国际学院的创设提供了有力支撑，也奠定了红研中心未来发展的基础，尤其是对红十字运动资料的系统挖掘整理，破解了"巧妇难为无米之炊"的困局，有助于研究工作向纵深和宽广拓展。

在红十字国际学院的统筹之下，红研中心根据新的定位，谋篇布局，未来5年中将在如下几个方面做出努力。

一是完成上千万字的大型图书资料《中国红十字运动史料集成》的整理出版工作。这是一项功在当代造福后人的文化工程，是红十字运动研究的又一项标志性成果。同时，积极创造条件，与中国第二历史档案馆合作，启动红十字会档案资料的整理工作。

二是积极推动红十字历史博物馆的创设。中国红十字会总会在《中国红十字事业发展规划（2016—2020年）》中有过这样的设想："启动红十字运动文物、文献普查、认定和登记工作，加强历史文化设施保护，开展史志研究，总会及有条件的省份建立红十字文化遗产资料库、博物馆或展示中心。"但创建博物馆的设想没有落地。民国时期，红十字人就有创建红十字历史博物馆的愿望。如今，这也成为红十字人的重要期待。据报道，截至2019年底，全国有各类博物馆5535座，唯独没有红十字历史博物馆，这与习近平总书记指出的"中国红十字会是国内历史最悠久的人道组织"极不相称。创建红十字历史博物馆，传播红十字文化，使之成为红十字事业新的公益"品牌"，已成为迫切的现实需要。红研中心有着自身独特的优势，理应积极推动这一愿望的早日实现。

三是加强对国际红十字运动历史文化的研究。一直以来，红研中心偏重中国红十字运动研究，虽然对国际红十字运动有所涉猎，但没有作为主攻方向。实际上，红十字国际委员会、红十字会与红新月会国际联合会，作为国际红十字运动的"枢纽"，其发生、发展、演进的历史轨迹及其纵向、横向的"多边关系"，都值得深入探讨，至于各国红十字运动的历史发展，同样值得关注，不论是比较研究还是国别研究、专题研究，都有做不完的课题。尽管红研中心科研力量有限，但仍希望在这方面有所开拓。

"路漫漫其修远兮，吾将上下而求索。"在中国红十字会总会、红十字国际学院、苏州大学有力支持下，相信红研中心能够展现新作为，实现新突破，为繁荣红十字文化、促进红十字事业发展做出新贡献。

（收录于《红十字运动研究》2021年卷，合肥工业大学出版社2021年版。文字有所增删，图片为新加）

中国红会史研究的回顾与前瞻

2022年8月18日，中国红十字会总会主持召开中国红十字会历史研讨会，这对红会史研究的开展是一个有力推动。回顾改革开放以来的研究历程，可以发现，红会史研究（此处不包括地方红会史）已从最初的星星之火，发展到如今的燎原之势，令人欣喜。

两部书奠定最初基础

红会史研究成果首推总会组织编写、1994年由中国友谊出版公司出版发行的《中国红十字会的九十年》（以下简称《九十年》），虽然在此之前出版过诸如《红十字手册》《红十字会员手册》《红十字知识一百问》等著作，但毕竟为普及性读物，不是研究性著作。《九十年》的出版，使红会史研究进入一个新的境界，该书称得上是关于中国红十字会的第一本史书。

《九十年》之后，1999年广东经济出版社推出了"中国亮点丛书"，收入总会组织编写的《中国红十字事业》。全书近27万字，力图重点突出改革开放20年来中国红十字事业的"亮点"，以契合"中国亮点丛书"的旨趣——"以事动人，以情感人，以理性启迪人，以良知召唤人；弘扬人间的真善美，做到史料性、可读性、权威性三结合"。不过，该书同时缕述国际红十字运动和中国红十字运动的历史渊源与发展历程，因此仍具有"通史"特点。

以上两部，奠定了中国红会史研究的最初基础。

红十字：走进史学研究殿堂

进入21世纪，红会史真正走进学术研究的殿堂，其标志即安徽人民出版社2003年出版的由学界、业界共同撰写的《百年红十字》一书（精装）。作为第一部全面再现中国红十字会百年风雨历程的学术论著，其出版为史学研究带来一股清新之风，由此也开辟了红十字运动研究的学术新领域。

2004年，安徽人民出版社又推出《红十字与近代中国》一书。这部近40万字的学术论著，首次对近代中国红十字运动做了专深研究，受到学界与业界的肯定。次年，第一部全面反映中国红十字会自成立以来重大活动的工具书——《中国红十字历史编年（1904—2004）》由安徽人民出版社出版发行。这部50万字的"编年史"对红会史研究"大有裨益"。

上述著作的出版，奠定了成立专门学术机构的成果基础。2005年12月7日，由苏州市红十字会和苏州大学社会学院携手共建的国内第一个红十字运动研究中心（以下简称红研中心）正式成立。学界与业界携手合作，开创了红十字运动研究的"苏州模式"。

红研中心成立后，着眼未来，长远规划，不仅创办了全国第一份公开出版的学术理论刊物《红十字运动研究》，持续推进资料建设，而且整体性研究、区域性研究、专题性研究，多方位拓展，硕果累累，至今已出版相关著作百余种。其中整体性研究的红会史成果主要有：《中国红十字会百年往事》《中国红十字历史编年（2005—2009）》《中国红十字历史编年（2010—2014）》《中国红十字历史编年（2015—2019）》《中国红十字运动史散论》《红十字运动：历史与发展研究》《红十字运动：历史回顾与现实关怀》《红十字运动：历史审视与现实思考》《红十字运动：历史传承与当代发展》《红十字运动：穿越历史与回归现实》等。

标志性成果：通志、通史出版

《中国红十字会通志（1904—2015）》（以下简称《通志》）的出版，可以说是中国红会史研究的标志性成果。该书由中国红十字年鉴编辑部主编，2016年由中华工商联合出版社出版发行。

2015年为中国红会成立111周年。为此总会决定从编纂志书入手，出版发行既是中国历史也是红会历史上的第一部通志。该志时间上限为建会伊始的1904年3月，下限至中国红十字会第十次全国会员代表大会闭幕的2015年5月，记录了中国红十字会百余年的发展历程。

《通志》整体再现了中国红十字会历史发展进程，全书150万字，显得颇为厚重，它的出版，丰富了中国红会史的内容，同时也为研究的进一步深入提供了基础性资料。

中国红会史研究的另一项标志性成果是红研中心组织编写的多卷本《中国红十字运动通史（1904—2014）》（以下简称《通史》）。《通史》6卷8册300多万字，2018年由合肥工业大学出版社出版。

《通史》分为第1卷《近代的红十字运动历史变迁》（上下册）、第2卷《新中国成立初期的红十字运动》、第3卷《改革开放以来的红十字运动》（上下册）、第4卷《中国红十字外交（1949—2014）》、第5卷《中国红十字文化》、第6卷《中国红十字运动大事编年》，全面再现了中国红会110年的风雨历程。

作为"十三五"国家重点图书、国家出版基金资助项目，《通史》的出版得到学界好评，被誉为"中国红十字运动研究的标志性成果和集大成之作"，"是迄今为止规模最大、系统性最强、内容最丰富的中国红十字运动通史性著作"。不言而喻，《通史》是红研中心成立以来最具有代表性的成果。

资料建设持续推进

史料是史学研究的基础。中国红会史研究也是如此。上述成果的取得，与资料建设同频共振、相得益彰。

总会在资料建设方面倾注了大量心血，整理出版了两部资料选编，即《中国红十字会历史资料选编（1904—1949）》《中国红十字会历史资料选编（1950—2004）》，分别由南京大学出版社、民族出版社出版发行。这两部资料在时间上相互衔接，具有连贯性，是研究中国红会百年史最基础的资料，对推动中国红十字会史的研究发挥了重要作用。

红研中心自成立后，即把资料建设作为一项重大工程提上日程，经过多年的不懈努力，出版了一系列资料汇编作品，其中有《〈申报〉上的红十字（1897—1949）》《〈大公报〉上的红十字》《〈新闻报〉上的红十字》《红十字在上海资料长编（1904—1949）》等。尤其是2014—2021年，红研中心与合肥工业大学出版社合作，陆续出版《中国红十字运动史料选编》达17辑之多。以上资料总计超过1000万字，为中国红会史的深入研究奠定了较为深厚的基础。

在中国红会史研究进程中，《中国红十字年鉴》的出版也具有特别的意义。2006年，《中国红十字年鉴》正式由台海出版社出版发行，共包括十大篇章，既有全面反映中国红会百年历程的编年史，也有综合反映开创中国特色红十字事业新局面的大事记，为中国红十字会自1904年建会101年以来的第一部大型的重要文献汇编，亦"可谓一部红十字工作的百科书"。

之后，《中国红十字年鉴》分别由台海出版社、群言出版社、中华工商联合出版社、世界知识出版社等接续出版，为中国红会史研究积累了宝贵资料。

深化研究的几点浅见

展望未来，中国红会史研究前景广阔。如何深化研究，可从以下几方面着手。

一是拓展。中国红会史研究虽然硕果累累，但仍有巨大的开拓空间。一方面，红十字会法赋予红十字会9项职能，每一项都值得系统研究，纵向、横向、专题，全面展开，都有做不完的课题；另一方面，地方红会作为中国红十字会的系统有机组成部分，虽然有一些成果，但整体来看尚未全面铺开。作为人道公益领域的"老字号"，中国红十字会历史积淀深厚，拓展研究领域已成大势所趋。

二是比较。有比较才有鉴别。中国红会史研究要取得新的超越，一方面，要放眼世界，与各国红十字会或红新月会进行比较研究，取长补短，吸收借鉴，逐步构建起中国特色、中国风格、中国气派的红十字学科体系、学术体系、话语体系；另一方面，要聚焦国内，开展地方红会史纵向、横向的比较研究，不断丰富中国红会史研究的内容，同时也使地方红会史研究更上一层楼。

三是平台。《中国红十字会总会改革方案》提出依托高等院校和研究机构建立全国性红十字运动研究基地。研究基地不仅围绕红十字运动重大理论和现实问题开展研究，也注重红会史研究；地方红十字会相应可以与高校合作，借鉴"苏州模式"，深入开展地方红会史研究；成立全国性红十字运动研究会，促进红会史研究全方位开展。

四是资料。红十字会历史档案存量巨大，而目前公布的档案只是九牛一毛，远远不能满足研究者的需要。如何整合人力、物力，对红十字会档案进行开发，是一个值得探索的问题。更期待红十字资料数据库能够早日提上建设日程，这对推进红会史研究至关重要。

五是交流。定期召开学术研讨会，交流学术成果；创办公开出版的学术理论刊物，为成果交流互鉴提供园地；注重学科交叉，引导不同学科之间开展交流、对话，为红会史跨学科研究创造条件。

举办全国性中国红十字会历史专题研讨会，这在中国红会史上还是首次。期待学界与业界同仁以此次研讨会为契机，踔厉奋发，开拓创新，不断取得红会史研究的新进展。

（原载《中国红十字报》2022年8月23日）

文化研究

珍藏历史　启迪未来

——关于创建红十字博物馆的构想

博物馆是文化事业的重要组成部分，其主要功能就在于珍藏历史、启迪未来。创建红十字博物馆（以下简称"红博馆"），传播红十字文化，既是历史的呼唤，同时也是最迫切的现实需要。

"红博馆"：历史的呼唤

创建"红博馆"的设想由来已久。早在1935年，中国红十字会总会秘书长曹云祥就发表《国人对于红十字会应有之认识》一文，认为"中国红十字会之性质与普通一般之慈善团体不同，故其内部管理，当有完美之组织，利用科学原则使其办事手续节节相通，有条不紊，方能促进职员之工作效率。欲达健全之管理，首须给其职员相当之训练。夫红会之秘书、医务人员、护士、急救指导员、演讲员、编辑员、会计员、调查员、材料保管员、书记等，务须各有相当之学术技能"；有鉴于此，他提出"红会中当设小规模之图书馆与博物馆，以资参考而研究红会之工作"。[①]显然，"红博馆"之设，是红十字会内部的基础设施，以涵养各类人员的学术技能。换句话说，它还不是对外开放的真正意义上的"红博馆"。

1947年12月，中国红十字会总会干事、视导、第一处处长王耀庭在《红十字月刊》发表《谈红十字博物馆》一文，开宗明义说："现时世界

---

① 曹云祥：《国人对于红十字会应有之认识》，《中国红十字会月刊》1935年第1期。参见池子华、丁泽丽主编：《中国红十字运动史料选编》第5辑，合肥工业大学出版社2016年版，第88页。

已有六十几个国家组织了红十字会，但是有几个国家的红十字总会附设红十字博物馆呢？据我们知道的，除了美日两国的红十字会总会设有红十字博物馆之外，其他国家的总会……真正附设红十字博物馆恐怕还不多。"①因此，他强烈建议创建"红博馆"。

为什么要创设"红博馆"，在王耀庭看来，目的有三："（一）教育的：给一般民众一种直接获得的常识。给红十字会工作人员研究学习的工具。（二）宣传的：使民众明晓红十字会的业务而踊跃参加作会员。使本会工作人员增强红十字精神热心服务。（三）历史的：叫人们知道红十字会的起源、沿革与展布。开创及继续人员之追念与效仿。"总而言之，创设"红博馆"，在王耀庭看来，"不仅是保存的、历史价值的、追忆以往的，也是教育的、启发的、鼓励的一项设施。如此说来，不能不想到设立红十字博物馆的重要与如何实现了"。②

"红博馆"的重要性不言而喻，但在近代中国民穷财尽、积贫积弱的时代背景之下，"如何实现"则是一个大问题。王耀庭也意识到，"在这个米珠薪桂的时候，设立红十字博物馆，谈何容易！例如馆址、房舍、人员、经费……可以说是困难太多"；即便如此，因陋就简，梦想成真也不是不可能，"开始征募搜集，只有一间保管室便够了。在未加整理陈列之前，由一位职员兼办"。在王耀庭看来，这些都是容易解决的问题，关键是要在内心深处真正认识到创建"红博馆"的价值，"对于设立博物馆的最大而真实的困难，乃是'不注意'与'没想到'耳。没有注意过她的意义与价值，心里根本没想到这回事，那如何能有实现的一天呢？"③

王耀庭大声疾呼："红十字博物馆既然负有保存、宣传教育的重大任务，保存以往又启发未来，关心红十字会工作的人士一定认为建设红十字博物馆为急切事工之一，虽然有许多困难，但应开始搜集，因为时间一

---

① 王耀庭：《谈红十字博物馆》，《红十字月刊》总第 24 期（1947 年 12 月），第 8 页。
② 王耀庭：《谈红十字博物馆》，《红十字月刊》总第 24 期（1947 年 12 月），第 8 页。
③ 王耀庭：《谈红十字博物馆》，《红十字月刊》总第 24 期（1947 年 12 月），第 8 页。

久，越发不易搜求，将来再想举办，恐怕多半已经遗失，则无物可资陈列，这真是件刻不容缓的事啊。"①

创建"红博馆"虽然"刻不容缓"，但曹云祥、王耀庭的梦想终究没有成真，尽管如此，能够如此早地认识到创建"红博馆"的价值，实属难能可贵。尤其是王耀庭，不仅从理论上阐述创建"红博馆"的必要性、可行性，而且对馆址的选定、展品的征集及陈列等，在技术层面做了探索，可谓擘画未来，深谋远虑，颇有启发意义。

迫切的现实需要

自1905年张謇设立南通博物苑以来，中国博物馆事业快速发展，成就辉煌，有历史资料博物馆、美术博物馆、宗教团体附设博物馆、游乐园附设博物馆、产业博物馆、自然科学博物馆、民俗博物馆、主题工艺博物馆、文化中心附设博物馆、学校附设博物馆等等。据报道，截至2020年底，全国有各类博物馆5788座，唯独没有红十字博物馆，这与中国红十字会悠久的历史极不相称。有鉴于此，中国红十字会总会在《中国红十字事业发展规划（2016—2020年）》（中红字〔2016〕12号）中有过这样的规划："启动红十字运动文物、文献普查、认定和登记工作，加强历史文化设施保护，开展史志研究，总会及有条件的省份建立红十字文化遗产资料库、博物馆或展示中心。"虽然这些规划大多没有落地，但创建"红博馆"显然越来越成为红十字人的期待。

中国红十字会成立于1904年3月10日，迄今已有近120年的历史。百余年来，中国红十字会本博爱襟怀，救死扶伤，扶危济困，谱写出一曲曲人道赞歌，在中国近代史和中华人民共和国史上都留下了闪光的足迹。正如习近平总书记2015年5月5日在接见出席中国红十字会第十次全国会员代表大会代表时指出的那样，中国红十字会是国内历史最悠久的人道组织，成

---

① 王耀庭：《谈红十字博物馆》，《红十字月刊》总第24期（1947年12月），第9页。

立110多年以来不断发展。近年来，中国红十字会在重大灾害救援、保护生命健康、促进人类和平进步等方面发挥了重要作用。[1]透过"红博馆"这扇窗，可以让公众了解红十字会的历史，感悟中国红十字运动波澜壮阔的历史场景与辉煌业绩，传播红十字文化。"红博馆"也可以建设成为中小学生国际主义、人道主义教育基地，使博物馆成为红十字事业新的公益品牌[2]。建设"红博馆"，不言而喻，具有重要的时代价值。

创建"红博馆"理应成为一项重要"文化工程"[3]，这是历史的呼唤，更是现实的需要，无论从哪方面说，创建"红博馆"势在必行。

依托盛宣怀故居附设"红博馆"的可能性

"红博馆"落地何处，一个根本的考量，就是与红十字会的渊源。

中国红十字会总会曾落户上海、南京、重庆、北京，上海、南京、重庆会址已面目全非，北京东城区干面胡同22号原会址保存较好但已挪作他用，动迁为难，亦只能退而求其次，结合文化传播教育基地建设，与地方政府合作，开辟新的途径。

目前，总会首批的4个红十字文化传播教育基地（分别在上海、辽宁营口、贵州贵阳图云关、陕西延安）陆续开放。这些都是专题性强的陈列馆，有一定的局限性。总会增补常州盛宣怀故居作为红十字文化传播教育基地，是因为常州是中国红十字会首任会长盛宣怀出生地，具有不可复制、无可替代的独特性，在此基础上创造条件，亦可以作为"红博馆"建设地的选项。

---

① 《习近平：红会做了很多好事善事——中国红十字会第十次全国会员代表大会在京开幕　中共中央总书记、国家主席、中央军委主席习近平会见全体代表并发表讲话》，《中国红十字报》2015年5月6日。

② 池子华：《文化建设：不能忽视的"软实力"——学习总书记讲话精神与"十大"报告体会之四》，《中国红十字报》2015年5月19日。

③ 池子华：《"文化工程"应成为红十字会总体建设目标之一》，《中国红十字报》2009年12月11日。

在中国近代史上，盛宣怀（1844—1916）是一个极具传奇色彩的人物。他的一生中，创造了11项"中国第一"：

1872年参与创办中国第一个民用洋务企业——轮船招商局；

1894年创办中国最大的纺织厂——华盛纺织厂；

1880年创办中国第一个电报局——天津电报局；

1886年创办中国第一个内河小火轮公司——山东内河小火轮公司；

1895年办成中国第一所正规大学——北洋大学堂；

1896年接办汉阳铁厂，将之逐步打造成真正的钢铁联合企业——汉冶萍煤铁厂矿公司；

1896年督办中国第一条铁路干线——卢汉铁路（卢沟桥至汉口，后称平汉铁路、京汉铁路，1906年全线通车）；

1897年创建中国第一家银行——中国通商银行；

1897年在南洋公学（上海交通大学的前身）首开师范班，这是中国第一所正规的高等师范学堂；

1902年创办中国勘矿总公司；

1904年参与创建红十字会，并于1910年被"钦命"担任中国红十字会首任会长。

作为"中国实业之父""中国商父"，盛宣怀故居有多处，常州、苏州、上海都具有一定的规模，但出生地是唯一的，就是常州。

常州盛宣怀故居系1867年建成，盛宣怀童年便居于此。故居坐北朝南，共7进，原占地约10亩（1亩≈667平方米），南临青果巷，东邻刘宅，北邻费宅，西邻大马园巷（现扩为公园路）。大门原设在青果巷北侧（今长安大厦）。1937年登记产权人均为盛氏后裔。中华人民共和国成立后，故居南首4进房屋被拆毁，后在其址兴建长安大厦，今存北首3进房屋。现存大厅5间，花厅4间，二层楼房2间以及花园、黄石假山等。故居房屋均为清代硬山砖木结构建筑，大厅前有轩廊，极为高敞，古色古香。1992年，常州市人民政府公布其为市文物保护单位。2006年6月，江苏省人民政府公布其为第六批省文物保护单位。2021年，常州市委、市政府紧锣密鼓进行修缮。2021年11月底，正式对外开放。

难能可贵的是，在一期工程中，专门辟出了5间房，用于"盛宣怀与中国红十字事业"专题展，这为二期工程争取更多空间奠定了基础。

建设"红博馆"，让中国红十字会110多年的发展历史完整、翔实、集中地展示在世人面前，常州具有独一无二的资源和优势。

同时，常州距离苏州近便，"红博馆"落地常州，作为苏州大学红十字国际学院教研基地，可以为人道教育事业提供有力支撑。

更重要的是，常州市委、市政府对创设"红博馆"极为重视，在人力、物力、财力方面能够提供坚实保障；江苏省红十字会、常州市红十字会积极协助，多方支持，常州市红十字会作为红十字运动研究中心常州研究基地，成立常州红十字运动研究会，将红十字文化传播与理论研究有机结合起来。如此等等。毫无疑问，这些举措为"红博馆"落地常州创造了优越的条件。依托盛宣怀故居附设"红博馆"不仅可能，而且可行。

"红博馆"的整体布局

"红博馆"以中国红十字运动历史发展为主线，同时突出盛宣怀"首任会长"亮点，围绕四大板块，循序展开。

第一大板块：国际红十字运动

红十字会与联合国、奥委会并称三大国际性组织。目前，红十字会在全球有192个成员。中国是国际红十字运动大家庭中的一员。习近平总书记指出，红十字组织是全世界影响范围最广、认同程度最高的国际组织。红十字是一种精神，更是一面旗帜，跨越国界、种族、信仰，引领着世界范围内的人道主义运动。①

---

① 《习近平：红会做了很多好事善事——中国红十字会第十次全国会员代表大会在京开幕　中共中央总书记、国家主席、中央军委主席习近平会见全体代表并发表讲话》，《中国红十字报》2015年5月6日。

国际红十字运动的直接创始，通常来说，与"三个一"分不开：一个人、一本书、一场战争。一个人即"红十字运动之父"亨利·杜南，一本书为《索尔弗利诺回忆录》，一场战争就是索尔弗利诺之战。本部分内容，围绕"三个一"展开。

亨利·杜南（Henry Dunant，1828—1910），1828年5月8日出生于瑞士，是一个热心公益的慈善家、社会活动家和商人。1859年6月，他在意大利的一次商业旅行中途经卡斯梯哥里昂镇附近的索尔弗利诺，目睹了一场惨祸——法意联军和奥地利军队鏖战厮杀刚刚在这里结束，4万多死伤士兵被遗弃战地。伤兵在混拌着鲜血的泥土里挣扎，哀号之声达于四野。杜南见此惨状，立即组织当地妇女、儿童、医生，进行力所能及的救治。10天后，杜南回到日内瓦。那段不愉快的往事激发他去完成一项圣洁的有助于人类未来发展的事业。他开始撰写《索尔弗利诺回忆录》。

1862年11月，《索尔弗利诺回忆录》在日内瓦出版，引起轰动。书中对那场血淋淋的屠杀细节的真实描写，不能不在人们心灵深处产生强烈的震撼。杜南设想能"在和平安定的时期成立一些救护团体，让那些热心、忠实并完全可以胜任的志愿者为战时的伤兵们服务"；杜南呼吁"制定一些国际准则，由一个不可侵犯的公约批准"，对战争救护加以保护。[1]杜南的倡议得到了上层社会的支持。1863年2月9日，"伤兵救护国际委员会"成立，杜福尔（Guillaume-Henri Dufouur）将军任主席，委员有莫瓦尼埃（Gustave Moynier）律师、阿皮亚（Louis Appia）医生、莫诺瓦（Théodore Maunoir）医生和杜南（兼秘书），史称"五人委员会"（1876年改称红十字国际委员会）。"伤兵救护国际委员会"的成立，标

---

① ［瑞］亨利·杜南：《索尔弗利诺回忆录》，杨小宏译，山东友谊出版社1998年版，第66页。

志着红十字的诞生。①委员会成立后，即筹备召开一次国际会议。1864年8月8—22日，由瑞士联邦委员会和法国政府共同发起，在日内瓦召开有瑞士、比利时、丹麦、西班牙、荷兰、意大利、葡萄牙、法国、美国、英国、瑞典、撒克逊12国全权代表参加的外交会议（另有日尔曼4个邦国——巴顿、海西、普鲁士、乌登堡的代表出席），通过了《1864年8月22日改善战地陆军伤者境遇之日内瓦公约》。该公约的签署在之后的几年里"被几乎所有的国家所认可"，它"阐明了这样一个准则——在整个计划中非常关键——即伤病员不分国籍必须被接收，并受到照顾"。②为了表示对瑞士的敬意，会议选择了白底红十字符号，由瑞士国旗颜色颠倒而来，作为救护及保护性标志。这就是"红十字"标志的由来。红十字运动由此蓬勃发展起来。1901年，杜南因其为国际红十字运动做出的巨大贡献而成为诺贝尔和平奖首位得主。1948年，红十字会与红新月会国际联合会决定，把杜南的生日正式确定为世界红十字日。这是"五·八"世界红十字日的由来。

第二大板块：中国红十字会首任会长盛宣怀

第二大板块主要有以下4个方面的内容。

第一部分：1904年3月10日上海万国红十字会创建，盛宣怀是官方的主持人之一，同时也是创始人之一，并在日俄战争救护中发挥了重要作用。1907年中国红十字会自立后，盛宣怀成为中国红十字会"公推"的会长，在中国红十字会初期发展史上，扮演了举足轻重的角色。

---

① 关于红十字诞生日问题，国际上尚无统一认识。分歧有三：一种观点认为是1863年2月9日（红十字国际委员会前身伤兵救护国际委员会诞生日）；一种观点认为是1864年8月22日（《日内瓦公约》签订日）；还有一种观点认为它不是一个单一的日期，而是一个历时22个月的阶段，即从1862年11月杜南《索尔弗利诺回忆录》一书中提出两条建议时起，直至1864年8月《日内瓦公约》的签订，才标志着红十字运动的成熟。因为红十字的孕育和诞生经历了一系列的重要事件，这些事件相互关联，好似一个胚胎阶段，很难将其中一个事件的发生确定为红十字的诞生日。不过，大多数人倾向于第一种观点。（参见尤德新编著：《闪光的红十字》，湖北科学技术出版社1992年版，第4页）

② ［瑞］汉斯·侯格：《时间证实了杜南的设想》，见［瑞］亨利·杜南：《索尔弗利诺回忆录》，杨小宏译，山东友谊出版社1998年版，第68页。

第二部分：1910年2月27日，朝廷发布上谕，"着派盛宣怀充红十字会会长"[1]，盛宣怀因此又成为政府正式任命的首任会长。上任后，他将中国红十字会易名为"大清红十字会"。辛亥革命爆发后，他因"铁路风潮"被罢免。

第三部分：被罢免后的盛宣怀，一如既往地支持中国红十字事业，在历次战争和重大自然灾害中都伸出援手，捐助红十字会开展人道救援行动。

第四部分：在盛宣怀辞世后，族人根据他的遗愿设立"愚斋义庄"，以救济盛氏族人贫苦人家，以及支持包括红十字会在内的社会慈善事业。

第三大板块：中国红十字运动的风雨历程

全面展示中国红十字会自成立以来110多年的风雨历程，把盛宣怀开创的事业不断向前推进。

中国红十字会成立于1904年3月10日，历经清朝、中华民国，在中华人民共和国成立后依然能接续发展，是近代以来历史最为悠久的社会团体之一，被称为"百年老店"。

清朝时期的中国红十字会经历了3个阶段：（1）1904年3月10日之前，为红十字在中国的启蒙时期；（2）1904年3月—1907年7月，为中、英、法、德、美五国合办上海万国红十字会时期；（3）1907年7月—1911年12月，为中国红十字会的初步发展时期。

民国时期的中国红十字会也经历了3个阶段：（1）民国初期的红十字会（1912—1930）；（2）抗战时期的中国红十字（1931—1945）；（3）中国红十字会的"复员"时期（1945—1949）。

中华人民共和国成立至今，中国红十字会经历了如下发展阶段：（1）中华人民共和国成立初期的辉煌（1950—1965）；（2）"拨乱反正"迎来事业发展的春天（1966—1993）；（3）依法建会，焕发青春

---

[1] 《宣统二年正月十九日吕海寰致盛宣怀函》，见上海图书馆编：《盛宣怀档案选编》第1册，上海古籍出版社2014年版，第2页。

（1993—2018）；（4）深化改革，走向未来（2018年至今）。

第四大板块：常州红十字事业

因"红博馆"设于常州，因此开辟常州板块是顺理成章的。常州红十字会于1914年10月筹建，1921年2月正式成立。百年来，常州红十字会践行"人道、博爱、奉献"的红十字精神，大力实施紧急救援、应急救护、人道救助三大工程，全力推动无偿献血和造血干细胞捐献、人体器官（组织）及遗体捐献，致力改善最易受损害群体生存境况，等等，做了大量实事善举，创造性地开展了"红十字博爱送万家"、大病救助、"蓝天助学"等品牌活动，并在成立旅游景区红十字会、设立红十字人道救助基金、开展红十字文化理论研究等方面走在全国前列。这一板块，可以全面展示常州红十字会的风采。

陈列品的类别和展品的征集

关于陈列品的类别，王耀庭分为两大部类。

第一大部类即按种类划分，包括：

文字类：红会画报、刊物、小册之稿本。绝版课本，宣传用之标语，旧会员名册、记录、报告、纪念册、签名单、谢函……

图画类：宣传用挂图、统计表、画片、画报插图、照片、电影片、造像……

徽章类：会员证章、职员证章、奖章、纪念章、员工制服……

旗帜类：会旗、队旗、锦旗、锦标、肩章、臂章、胸章……

杂物类：印有符号之纸张、图签、邮票、奖状、贺（年）片、作废图章、日历、录音片……

制品类：义务工作人员之制品，如衣着、玩具。

教材类：课本、图表、教具……（新旧兼收）。

毒物类：毒品（大烟、吗啡、白面……）、毒虫、毒草。

用具类：服务工作用具、帐幕、交通工具（模型）、救济箱、急救包……

模型类：会址、事工。

遗物类：热心会务人士之遗物（倡导人、职工）、服务员工之遗物（勤奋或殉职者）。

第二大部类即按工作分类，包括：

医疗类：医院、诊所、输血。

疾病类：有关防疫及传染病、预防及治疗者（图表、模型）。

护理类：护理用具，图表、课本、照片。

灾害类：灾害救济与急救，交通安全、水上安全。

康乐类：用具、法则、图画、模型。

环境卫生类：住室及环境卫生之图画、模型、用具。

营养类：模型、图画、用具、实物。

衣着类：适与不适合健康之衣服鞋袜等之图画、模型、实物。

训练类：组训教材、教具……义务工作人员。

军人服务类：一般工作、眷属福利、退伍士兵、伤残重建。

战俘及被禁平民类：图表、模型。

儿童类：保健、生育指导、家庭访问、家事。

国际类：协助他国之事工。

红十字青年：组训、事工。附儿童会员。

其他事工类：

征募类：方法、宣传文件、征募活动。

历史类：会所图片、模型、文件。

遗物类：倡导人士、勤奋工作人员；殉职员工之遗物。①

王耀庭的展品分类，堪称详细、具体。但他强调"以上是随便分类举例，并非一定按照如此分类，主要的意义在表示征募的广大范围，宗宗件件均可搜集"②。

至于展品如何征集及注意事项，王耀庭也做了说明，他指出："开始征集的原则是：（一）总会编拟征集办法、预算、通告、收据、谢函、新闻稿……（二）在开始时在日报及刊物上发表宣传、分发通告。（三）与分会之活跃会员或工作人员通讯与面洽。（四）物品收到暂先登记存放，但注意灾害与虫蛀。（五）征集物品（对其他国家）或用相互交换，略付代价，但以捐赠为原则。（六）除第一次大规模征集外，以后经常留意，随时搜求。（七）建有馆舍时再开始整理、说明、陈列、展览。"③

王耀庭的展品分类及征集，对当今创建"红博馆"具有重要的参考价值。

结合上述四大板块，陈列品当以实物、图片为主，辅以图书资料。在展示手段上，充分利用声光化电等现代技术，产生震撼性效果。

征集的物品主要有文献资料、音像图片、实物资料三种。大致说来，可包括如下几类：（1）体现党和政府重视红十字事业发展和参与红十字会活动的重要文献、领导题词、法律法规原件、音像（图片）资料、报刊原件等；（2）反映各个历史时期红十字会工作中涌现出的先进集体和先进个人事迹报道、出版物、图片资料等；（3）与红十字会工作和服务对象相关的物品，如各类证书、重要文件、奖章、奖牌、锦旗等；（4）各级红十字组织在各个时期、各类活动中制作的会徽、会旗、条幅、报刊、画册、纪念品、宣传品、签名条幅、有特色的小制作等；（5）与红十字

---

① 王耀庭：《谈红十字博物馆》，《红十字月刊》总第24期（1947年12月），第9页。
② 王耀庭：《谈红十字博物馆》，《红十字月刊》总第24期（1947年12月），第9页。
③ 王耀庭：《谈红十字博物馆》，《红十字月刊》总第24期（1947年12月），第9页。

会活动相关的私人证件、文稿、笔记、日记、书信、各类记录等；（6）与境内外红十字组织交流交往中的相关纪念物品等。只要用心搜求，展品自然会越来越丰富。

博物馆是为社会及其发展服务的非营利的永久性机构，并向大众开放，它为研究、教育、欣赏之目的征集、保护、研究、传播并展示人类及人类环境的见证物。博物馆"以天天开放为宜，收宣传及教育功效"[①]，这是其基本功能。

同时，鉴于目前信息技术突飞猛进地发展，人们获取知识信息渠道和途径多元化，网络、多媒体手段等充分显示出其在信息储存和传播方面的优势与潜能，我们可以更新"红博馆"的创建理念，在有条件的情况下，同步创建红十字数字博物馆，"将红十字文化遗产的信息通过数字化处理，以数据库的形式呈现在互联网上，如此不仅可以实现文化遗产永久保存，而且可以实现资源的社会共享。在这个地球村中，无论你身处何方，只要轻轻地点击鼠标就能穿越时空的阻隔，去感知、品味、俯瞰红十字走过的风风雨雨"[②]。

[收录于《红十字运动研究》2021年卷，合肥工业大学出版社2021年版。部分内容以《关于创建红十字博物馆的构想》为题发表在《中国红十字报》（2022年1月18日）]

---

① 王耀庭：《谈红十字博物馆》，《红十字月刊》总第24期（1947年12月），第9页。

② 池子华、邓通：《让历史启迪未来——论历史文化遗产与中国红十字事业的可持续发展》，《中国红十字报》2011年11月25日。

"四史"教育中学点红会史

2021年5月，中共中央办公厅印发《关于在全社会开展党史、新中国史、改革开放史、社会主义发展史宣传教育的通知》，对在中国共产党成立100周年之际开展"四史"宣传教育作出安排部署。该通知强调，要在全社会广泛开展党史、新中国史、改革开放史、社会主义发展史宣传教育，引导广大人民群众深刻认识中国共产党为国家和民族作出的伟大贡献，深刻感悟中国共产党始终不渝为人民的初心宗旨。

百年红会，与时代同脉搏，与国家共命运。中国红十字事业是中国特色社会主义事业的重要组成部分，在"四史"教育中学点红会史，对于深刻领会中国共产党推进马克思主义中国化形成的重大理论成果，传承中国共产党在长期奋斗中铸就的伟大精神大有裨益。

红会支部·新形式

自抗战以来，中国红十字会就与中国共产党有着密切联系。

1937年7月7日，卢沟桥事变爆发，中国进入全面抗战时期。为适应战事救护需要，中国红十字会于1938年组建救护总队部，由爱国华侨林可胜博士任总队长。救护总队部向各战区派出医疗队，随军救护。

早在救护总队部成立前，中国共产党就对红十字会的救护活动多有关注。1938年夏，为加强在救护总队的宣传、提升影响力，在八路军驻长沙代表徐特立的指示下，中国共产党建立了红十字会支部。之后，又成立了归中共中央南方局领导的红十字会总支委员会。通过建设红十字会支部的新形式，中国共产党与红十字会紧密结合起来，为红十字会派出医疗队援助中共及其领导的抗日武装提供了思想和组织保证。

抗战初期的延安，医务人员严重不足，药品、医疗器械匮乏。中国红十字会救护总队部成立后，八路军驻汉口办事处立即与林可胜取得联系，向救护总队部寻求帮助。在此背景下，中国红十字会救护总队部先后将第23医疗队、第39医疗队、第33医疗队、第7医护队、第29医疗队、第35医疗队以及第54医防队派往延安，并多次运送大批药品和医疗器械到边区，有力支援了延安地区的抗战工作；同时，救护总队部也向新四军派出救护队，给予医疗援助。直至1942年9月，由于总队长林可胜的离职以及国民党的百般阻挠，中国红十字会救护总队部向中国共产党提供的医疗支援才被迫中止。

红会改组·新篇章

1949年10月1日，中华人民共和国成立，红十字事业迎来新的发展阶段。

1950年3月，中国红十字会秘书长胡兰生等7人组成代表团前往北京，请求中央人民政府接管红十字会。5月初，根据周恩来总理指示，中央政府决定：（1）鉴于红十字会的特殊性质及历史状况，采取改组而不是接管的方式，将旧中国红十字会改组为新中国红十字会；（2）总会搬迁北京，现有总会职工除不愿赴京者外，全部留用；（3）总会所有资财要妥善保管，不得随意处理；（4）将北京市东城区干面胡同22号房屋腾让出来，作为总会迁京后的会址。

1950年8月2日至3日，中国红十字会协商改组会议在北京召开，这也是中华人民共和国成立后中国红十字会第一次全国会员代表大会。会议通过了周恩来总理亲笔修订的中国红十字会会章，明确规定中国红十字会为"中央人民政府领导下的人民卫生救护团体"，定名为"中国红十字会"。协商改组会议的顺利召开，揭开了中国红十字会历史的新篇章，也为新中国红十字事业的发展奠定了基础。

1950年6月25日，朝鲜战争爆发，改组不久的中国红十字会紧急动员。一方面，与中国救济总会联合指示各地分会筹款募捐，提供后援保障；另一方面，召集救护人员，积极组织战地救护。抗美援朝战争期间，中国红十字会派出了由666人组成的7支国际医防服务大队参加战事救护。国际医防服务大队的队员秉持"人道、博爱、奉献"的红十字精神，不仅奔赴一线救助伤病员，还协助开展朝鲜军民疫病防治、日侨回国探亲及遣返战俘等工作，在战争硝烟中书写了可歌可泣的战地传奇。

在国内，改组以后的红十字会不断完善组织体系。至1966年，全国已有县级红十字组织400多个，基层组织5000余个，会员也增加到50余万名。同时，各级组织积极开展卫生救护、福利救济等工作，红十字事业逐渐起步。

改革开放·新阶段

1978年，伴随着十一届三中全会的召开，中国踏上改革开放新征程，红十字事业焕发生机，进入新的发展阶段。

1978年4月，国务院以63号文批准中国红十字会恢复国内工作，红十字会各级组织相继恢复重建，各项工作渐入正轨，走上发展壮大的道路。

1985年5月，中国红十字会第四次全国会员代表大会在北京召开，会议明确提出：中国红十字会是全国性的人民卫生救护和社会福利团体；强调以改革的精神，努力发展群众性的卫生救护和社会福利事业，积极贯彻对外开放的政策，开创红十字会工作新局面。大会首次提出要把中国红十字会办成具有中国特色的社会主义的红十字会。

中国红十字会第四次全国会员代表大会的召开，对红十字会在新阶段的发展进行了重新定位，既响应了改革开放后国家倡导兴办社会福利事业的时代需要，也扩大了红十字会的工作外延。此后，红十字青少年工作、社会募捐工作、行业救护培训工作、人道救助工作以及学校红十字会工作相继展开。截至1989年，全国30个省、自治区、直辖市的红十字会恢复建会，基层组织达8.7万个，会员850万名。

依法建会·新征途

1993年10月31日，第八届全国人大常委会第四次会议通过了《中华人民共和国红十字会法》。红十字会法分总则、组织、职责、标志、经费与财产、附则共6章28条，对中国红十字会的性质和地位、任务和标志作了详细规定。红十字会法的颁布实施是中国红十字会历史上划时代的事件，中国红十字会从此有了法律的保驾护航，开始走上依法建会的轨道。

1994年，中国红十字会第六次全国会员代表大会在中南海怀仁堂召开，江泽民同志成为中华人民共和国成立后首位被聘请为中国红十字会名誉会长的国家领导人。1999年12月，中央机构编制委员会办公室下发《关于理顺中国红十字会总会管理体制的通知》，明确"将中国红十字会总会由'卫生部代管'改由'国务院领导联系'"，自此启动了中国红十字会理顺管理体制工作。

进入21世纪，随着我国社会经济的迅速发展，中国红十字会事业取得长足进步。国内方面，初步形成了多层次、广覆盖的备灾救灾储备网络，构建了以应急救护培训、知识普及、群众性参与为重点的应急救护体系，以博爱家园为主体的城乡红十字服务体系等；国际方面，中国红十字会持续深入开展国际救援、非紧急援助等工作，成为民间外交的重要渠道。

"百年红会志，一部改革史。"中国红十字会历经百年变迁，却始终保持着人道本色，延至当下，已发展为中国特色社会主义事业建设的重要一环。2015年5月5日，习近平总书记在会见中国红十字会第十次全国会员代表大会代表时强调，我国红十字事业是中国特色社会主义事业的重要组成部分，中国红十字会是党和政府在人道领域联系群众的桥梁和纽带。党和国家高度重视这支力量。①

在中国共产党的领导下，中国红十字事业正高歌猛进，砥砺前行。红十字人坚守人道初心，坚持与时俱进，从"四史"中汲取智慧和力量，为全面建设社会主义现代化国家做出新贡献。

（原载《中国红十字报》2021年5月28日。与商东惠合作）

---

① 《习近平：增强责任意识真心关爱群众 开创红十字事业发展新局面》，《人民日报》2015年5月6日。

"图云关精神"的当代传承

抗战时期，作为全国战事救护的"心脏"，图云关的地位举足轻重。"图云关精神"的坚守，也使中国红十字会在全民族抗战救护中"一枝独秀"，取得辉煌业绩。

图云关：抗战救护事业的"心脏"

图云关地处贵阳城东五公里的黔桂公路上，是贵州通往广西、湖南的咽喉要道，享有"黔南首关"盛誉。

1938年春，中国红十字会救护总队部（以下简称救护总队部）在汉口宣告成立。它是中国红十字会指挥全国各战区战事救护的专门机构，它的成立翻开了抗战救护事业新的一页。救护总队部建立后，因战局变化，先迁长沙，继迁祁阳，1939年2月正式落户贵阳图云关。5月2日，经中国红十字会总会核准，救护总队部中文全称定为"中国红十字会总会救护委员会救护总队部"，英文名称为Chinese Red Cross Medical Relief Corps（缩写为M.R.C）。作为全国抗战救护的枢纽和"心脏"，图云关救护总队部备受关注，直到抗战胜利后的1946年5月完成使命而撤销，救护总队部结束了长达7年多的图云关奋斗史。

全面抗战时期，中国红十字会救护总队部派出的医疗、医护、医防、急救、X光等队，遍布各战区，救死扶伤。据资料不完全统计，从1938年1月至1945年9月，外科方面，手术119856人次，骨折复位35522人次，敷伤8784731人次；内科方面，住院人数2142997人，门诊军人2481685人，门诊平民2002996人，预防接种4632446人；其他，X光照相5631人，X光透视52798人，灭虱人数792148人次，灭虱物数3881176件，检验226593人次，特别营养934833人，可谓成就辉煌。可以说，在全民族抗战过程中，中国红十字会以图云关救护总队部为中心，在林可胜总队长（胡兰生、汤蠡舟继任总队长）的领导下，汇聚人道力量，投身保家卫国战争救援中，建功立业，赢得社会各界盛赞，"其伟绩宏效，历八年抗日战事而益显"，不仅"救治军民达一千六百万人，其贡献于国家者殊大"，而且国际地位也因此得到显著提高。1945年蒋梦麟会长首次当选为国际红十字协会（红十字会与红新月会国际联合会前身）副主席，正是基于中国红十字会"抗战艰苦光荣之贡献"。不言而喻，以林可胜为代表的图云关人，以满腔爱国热忱和巨大的牺牲精神、奉献精神、博爱精神，谱写出一曲曲激昂的乐章，彰显出人道的光辉。

"图云关精神"的内涵

救护总队部自迁图云关后，在林可胜总队长等的苦心经营下，在"图云关精神"的引领下，呈现出前所未有的繁荣，至1940年前后，救护总队医疗、医护等队扩充至114队，医护人员达3420人，"至于事务及机工人员等犹未计焉"。救护总队成为全国抗战救护的中坚力量。

那么什么是"图云关精神"？红十字会史书并没有明确的界定，只有图云关人如曾为中国红十字会救护总队防疫大队大队长兼战时卫生人员训练所总务主任的陈韬在回忆那段令人难忘的烽火岁月时提到而已。他在《领导战时救护之林可胜先生》的回忆文章中，记述与救护总队部"二合一"的战时卫生人员训练所时不无感慨地说，训练所"师资整齐，均系一时才俊，有实习场，有示范室，教学认真，纪律严明，精诚团结，气势如虹，在在都是兴旺形象，此一现象日后形成'图云关精神'"。毫无疑问，纪律严明、精诚团结都是事业发展的基本条件，图云关的发展壮大当然扎根于此。事实上，"图云关精神"的内涵应该更为丰富，其中，以下几个方面尤为突出。

其一，坚守"人道"初心为中国红十字会自成立以来救护行动的根本遵循，历次战争中无不如此。这是国际红十字运动的基本原则，也是中国红十字会安身立命之本。正是人道的召唤，使来自全国的各路爱国精英以及国际援华医疗团队、国际主义战士如著名的"西班牙医生"群体，汇聚图云关，肩负起人道使命，投身到火热的抗战救护事业之中。

其二，中国红十字会救护总队及所属各队红十字人秉持"救死扶伤，博爱恤兵"宗旨，在抗战救护事业中挥洒热血与汗水。"博爱恤兵"是民国以来中国红十字会奉行的救护宗旨，毕竟红十字会起源于战地救护，近代中国战火纷飞的时代特征，决定了中国红十字会"救死扶伤，博爱恤兵"的"底色"。正因为如此，"救死扶伤，博爱恤兵"成为中国红十字会救护总队的"行动口号"，彰显了"图云关精神"的本色。无论是敌后战场、正面战场，还是域外如中国远征的军随军救护，以及在战俘营中的救援，救护人员都一以贯之践行这一宗旨，用行动诠释了"博爱"的真谛。

其三，务实开拓、恪尽职守、甘于奉献，在图云关救护总队部和救护总队各医疗单元工作人员身上得到充分体现。图云关救护总队部白手起家，靠的是务实开拓，救护总队部1室4股——总队长办公室、医务股、材料股、运输股和总务股分工合作，各司其职，各尽所能，相互配合，和衷共济，形成一个有机整体，支撑起抗战救护的一片蓝天。所属各大队及所辖各中队、小队，上下同心，在林可胜总队长所订立的8则救护信条（具丰富情感；抱牺牲志愿；本博爱襟怀；献科学身手；作精密准备；求迅速效率；保伤病安全；增人类幸福）的激励下，恪尽职守，忘我工作，用实际行动履行红十字会的人道天职。如第九大队在四次长沙会战救护中就"表现了空前的耐劳、吃苦、冒险、犯难、勇敢、牺牲的精神"，成为实至名归的"模范大队"；派往延安的第23医疗队书写了"山洞医院"壮丽诗篇；第61医疗队、第13医疗队和"驴马队"，顶风冒雪翻越太行山为八路军服务，堪称壮举；林可胜亲自率红十字救护队"上野人山，去印度"，为中国远征军效力，风餐露宿，可歌可泣。这些都是"图云关精神"的生动体现。特别不能忘却的是，他们有的为此献出了宝贵生命。1943年10月，为纪念抗战以来殉职员工，图云关救护总队部在门首花圃内特立"救护总队部殉职员工纪念碑"，题名有墨树屏等20余位殉职员工。而这仅是其中的一部分。在他们身上，"图云关精神"熠熠生辉。

综合以上所述，"图云关精神"大致可以初步概括为：坚守人道初心，秉持"救死扶伤，博爱恤兵"宗旨，精诚团结，务实开拓，恪尽职守，甘于奉献。当然，这并非"图云关精神"的全部，其丰富的内涵有待我们深入挖掘。

传承"图云关精神"的几点构想

"图云关精神"是全民族抗战救护事业的结晶，是凝心聚力开展人道救助行动的"动员剂"，更是红十字人宝贵的精神财富，理应传承与弘扬。传承的路径有很多，除了红十字人日常工作中汲取精神动力外，强化中国红十字会救护总队历史研究，深入挖掘"图云关精神"内涵，也是一条重要途径。

其一，倾情打造红十字人的"精神家园"。作为中国红十字会红十字文化传播教育基地和贵阳市南明区、贵阳市、贵州省三级爱国主义教育基地，"中国红十字会救护总队图云关抗战纪念馆"（以下简称图云关纪念馆）已正式对外开放。图云关纪念馆是弘扬"图云关精神"、展示中国红十字会及救护总队光辉业绩的重要平台，对其进行精心打造，使之成为红十字人的"精神家园"，理所当然。而加强对中国红十字会救护总队的历史研究，不仅有助于推动中国红十字运动的整体研究，而且研究成果可以丰富图云关纪念馆的内容，更好地呈现全民族抗战救护事业中波澜壮阔的历史画卷和"图云关精神"激励下红十字人的风采；同时，也为图云关纪念馆申报全国爱国主义教育基地创造条件。

其二，联合高校等相关部门成立研究机构。由中国红十字会总会及贵州省红十字会牵头，联手贵州省档案馆、贵阳市档案馆以及贵州省社科院、贵州师范大学、贵州大学、贵阳学院等单位，成立"中国红十字会救护总队研究中心"，着眼长远，科学规划，开展对中国红十字会救护总队的全面系统研究，推出一批精品力作。这对深化中国红会史、抗日战争史、国际关系史、民国史研究，都具有非同一般的意义。尤其值得注意的是，中国共产党在图云关建立红十字会总支委员会，开展了卓有成效的"统战"工作，为争取中国红十字会救护总队对敌后战场的医疗援助做出了重要贡献。挖掘中国红十字会救护总队的"红色基因"，对于拓展中共党史研究不无裨益。

其三，整理出版《救护总队档案资料汇编》推动研究深入开展。中国红十字会总会、贵州省红十字会与贵州省档案馆、贵阳市档案馆等相关部门合作，整理出版《救护总队档案资料汇编》，扩大"图云关精神"文化品牌的辐射力、影响力。截至目前，相关档案资料只有贵阳市档案馆选编的《战地红十字——中国红十字会救护总队抗战实录》一书，虽然该书有70万字之巨，但仅仅是馆藏档案中的极小部分，远远无法满足研究的需要。因此，有必要整合人力、物力，对中国红十字会救护总队档案进行系统挖掘、整理，为中国红十字会救护总队研究的深入和"图云关精神"的发扬光大提供有力支撑。

其四，积极申报世界记忆遗产。2015年"南京大屠杀档案"成功申报世界记忆遗产，这启示我们，中国红十字会救护总队档案亦可积极争取。中国红十字会救护总队档案是中国抗战记忆的有机组成部分，完整而翔实，资料价值之高是其他任何资料无可替代的，而且涉及国际援华医疗组织多个国家对华人道救援资料，卷帙浩繁。这批档案集中保存在贵阳市档案馆、贵州省档案馆，中国第二历史档案馆、重庆市档案馆也存有部分档案。中国红十字会救护总队档案具有鲜明的系统性、完整性、稀有性特点，符合申遗的基本要求。日前贵州省档案馆已就中国红十字会救护总队档案着手申报"中国文献档案遗产名录"。希望在此基础上联合几家档案馆，将这些资料"打包"，共同申报世界记忆遗产。这对档案的开发利用、深化中国红十字会救护总队历史研究、弘扬"图云关精神"以及加强红十字会国际交流合作、服务"一带一路"建设，都具有重要价值。

传承"图云关精神"，是红十字文化"软实力"建设的题中应有之义。弘扬"图云关精神"，守正创新，促进红十字事业持续发展，既是历史的呼唤，也是现实的需要。

〔在2022年8月18日"中国红十字会历史研讨会"上的发言。部分内容以《历史精神的当代传承》为题发表于《中国红十字报》（2022年8月19日）〕

高校学科建设与研究生培养模式
——以江苏红十字运动研究基地为例

2019年8月，由红十字国际委员会、红十字会与红新月会国际联合会、中国红十字会总会与苏州大学共同发起，中国红十字会总会与苏州大学合作共建的"红十字国际学院"落地苏州大学，这是世界上第一所红十字高等学府。红十字国际学院的挂牌成立，是建立在江苏红十字运动研究基地——红十字运动研究中心（以下简称红研基地）基础之上的。红研基地之所以能够起到支撑作用，关键在于学术研究与学科建设、研究生培养的有机结合。

概况介绍：国内首家

2005年12月7日，在前期研究成果的基础上，苏州大学在全国率先成立红十字运动研究机构。当日在苏州大学大礼堂举行隆重的成立大会，标志着国内第一家以红十字运动为专门研究对象的学术机构红十字运动研究中心（以下简称红研中心）的诞生。副校长葛建一教授为中心揭牌。

2006年5月8日世界红十字日当天，红研中心网站（http：//www.hszyj.net）正式上线运行，这是全国第一家公益性学术性网站。

2007年，《红十字运动研究》杂志正式创刊，是为全国第一份公开出版的学术理论期刊。

2009年，由红十字国际委员会东亚地区代表处、中国红十字会总会报刊社、江苏省红十字会、苏州市红十字会、苏州大学社会学院主办，由红研中心具体承办的首届"红十字运动与慈善文化"国际学术研讨会于4月10日在苏州大学隆重召开。共计120余人出席盛会。会议开幕前，举行了"从索尔费里诺到关塔那摩——红十字国际委员会珍藏图片世界巡展中国首展"剪彩仪式。中国红十字会江亦曼常务副会长、红十字国际委员会东亚地区代表处马文德代表、江苏省红十字会吴瑞林会长、苏州市红十字会谭颖会长、苏州大学党委书记王卓君教授共同为展览剪彩。全国人大常委会副委员长、中国红十字会会长彭珮云为红研中心题字。红研中心同时被江苏省红十字会正式冠名为"江苏红十字运动研究基地"，吴瑞林会长为基地授牌。

2014年2月，中国红十字基金会与苏州大学社会学院达成协议，将红研基地作为"红十字文化研究基地"，合作共建。

红研基地目前设立有贵州分中心以及上海嘉定、浙江嘉兴、江苏常州与盐城盐都、安徽合肥研究基地。专兼职研究人员50余人。

红研基地成立16年来，先后重磅推出"红十字书系""红十字文化丛书"两大丛书，共计出版百余部学术著作，填补了许多学术空白，受到学界、业界的广泛关注，也受到全国人大常委会副委员长彭珮云、华建敏、陈竺的高度肯定。2015年11月，陈竺会长为红研基地颁发"人道服务杰出贡献奖"。2017年，中国红十字会总会正式确立了依托红研基地创建红十字国际学院的战略规划。

学科建设：贵在发现

学科建设固然需要传承，对具有一定优势的学术领域进行精耕细作，但更需要开拓创新，寻找新的学术增长点，开辟新的学术领域，尤其是能够产生国际影响的学术领域。毕竟在改革开放的时代条件，在全球化的背景之下，要有国际视野。在这样的理念指导下，我们发现，红十字会是一个国际组织，与联合国、国际奥委会并称三大国际组织；中国红十字会是国际红十字运动的有机组成部分，在中国也有百余年的历史，被誉为历史最悠久的人道救助组织。但无论是国际红十字运动，还是中国红十字运动，相关的研究一片空白，几乎是一个"无人区"。毫无疑问，这是一个前景广阔的学术领域，开辟这一领域，不仅具有学术价值、理论价值、现实意义，而且可以走向国际，在学界、业界都能产生广泛影响。对学科建设而言，完全可以形成特色与优势。

红十字运动研究"新大陆"的发现，要求在学科建设方面重点支持。事实上，无论学校层面，还是学院层面，都给予扶持。同时，与业界联手对学科建设也至关重要。在2003年出版第一部全面再现中国红十字运动百年历程的学术著作《百年红十字》、2004年出版第一部近代中国红十字运动历史发展的专著《红十字与近代中国》之后，我们主动联合苏州市红十字会，共同发起成立全国首家红十字运动研究中心，合作开发，协同创新，成果共享，推出一系列研究成果，受到学界、业界的共同关注。这种借助外力推动学科发展的形式被业界誉为红十字运动研究的"苏州模式"。

学科建设有了新发现，相关的学术研究如何与现实需要结合，关系到学科可持续发展的问题。从总会到省级红会到地市级红会甚至区县级红会，通过设立研究基地或分中心的方式，建立合作关系，了解业界需要什么、我们的学术研究能做什么，把现实需要与学术研究无缝对接。此举既能指导工作，又能丰富学术研究的内容，制约学术研究开展的经费问题也迎刃而解。如池子华的几部文集《红十字运动：历史与发展研究》《红十字运动：历史回顾与现实关怀》《红十字运动：历史审视与现实思考》《红十字运动：历史传承与当代发展》《红十字运动：穿越历史与回归现实》等，就是历史与现实相结合形成的系列研究成果。这也启示我们，史学研究应站在历史与现实的交汇点，与时俱进，服务现实。中国红十字会总会领导集体尤其是全国人大常委会副委员长、中国红十字会会长彭珮云、华建敏、陈竺，之所以多次到访苏州大学，给予支持、鼓励，就在于我们的学术研究符合现实社会的迫切需要。学科建设的目的正在于此。

研究生培养："导师＋"模式

有了新的学术领域和前景无限的学术增长点，要做大做强做优，并非易事。单打独斗，很难形成气候。而单枪匹马、孤军奋战，是一种普遍现象。如何凝聚力量，形成团队，是无法绕开的难题。要突破这一瓶颈，"导师＋研究生"的培养模式，就是一种路径。

作为"核心"，导师谋篇布局，做好课题规划，同时引导、激励研究生参与到学术新领域，在充分尊重学生意愿的前提下，实施研究计划。

对博士生而言，他们初步具备独立开展研究工作的能力，应鼓励他们勇闯"无人区"，培养挑战自我、开拓创新的"垦荒"精神。他们的成果都由红研中心资助出版。如博士学位论文《国际主义与人道主义的二重奏——中国红十字会上海国际委员会研究》《民族主义与人道主义：1923年日本关东大地震的中国响应》《中国红十字外交，1949—2009》《国际人道法在华传播与实践研究（1874—1949）》《人道的力量：中国红十字会救援江浙战争研究》《抗战时期中国红十字会上海国际委员会研究》等等，都是填补空白之作，都在及时出版后产生了不错的反响。

对硕士生而言，他们尚未进入学术研究的殿堂，这就要求导师规划好研究方向，带领他们一起攻关，将他们的最终成果进行整合，形成科研论著。如《中国红十字运动的区域研究》《红十字：近代战争灾难中的人道主义》《红十字：文化传播、危机管理与能力建设》等，就是硕士学位论文的结集，出版后取得了良好的社会效益。

在攻关过程中，红研中心对参与课题的研究生给予科研补助，解除他们生活上的后顾之忧，提高了他们的积极性。

"导师＋研究生"的培养模式，彰显了团队的力量。虽然研究生最终要离开导师寻求自主发展的道路，但团队还在，红研基地有做不完的课题，凝聚力不减反增。正因为如此，我们才可能拿下"十三五"国家重点图书、国家出版基金资助项目《中国红十字运动通史（1904—2014）》（6卷8册精装出版）这样的大项目。可喜的是，有的研究生晋升教授、博导，建立起团队，共同参与到红研基地的建设中来。团队规模不断扩大，影响力自然与日俱增。

习近平总书记指出："红十字组织是全世界影响范围最广、认同程度最高的国际组织。红十字是一种精神，更是一面旗帜，跨越国界、种族、信仰，引领着世界范围内的人道主义运动。"[①]不言而喻，这是一块充满生机与活力的学术领域。红研基地将一如既往，砥砺前行，为学科建设与人才培养做出新贡献。

（收录于《红十字运动研究》2021年卷，合肥工业大学出版社2021年版）

---

① 《习近平：增强责任意识真心关爱群众　开创红十字事业发展新局面》《人民日报》2015年5月6日。

历史纵横

从"签约"到被"承认"

——中国红十字会国际合法席位的获得

70年前，在第18届国际红十字大会上，中国红十字会恢复了在国际红十字组织中的合法席位，这是中华人民共和国在国际组织中恢复的第一个合法席位，值得纪念。而中国红十字会获得合法席位的艰辛历程，令人难以忘怀。

没有走完的"程序"

红十字会合法席位的获得必须满足三个条件：为《日内瓦公约》签约国；建立全国统一的红十字会组织；与红十字国际委员会建立联系并获得承认。

从国家层面上说，签署《日内瓦公约》是红十字会获得合法席位的先决条件。

红十字运动是19世纪人类文明的积极成果，影响广泛，清政府并不排斥。早在1899年5月，世界和平会议（清政府外交文件称"减兵保和大会"）在荷兰海牙召开，清政府积极响应并派遣驻俄公使杨儒赴会。大会于7月29日通过《推广日来弗原议行之于水战条约》（即《关于日内瓦公约原则推行于海战的海牙公约》，简称《水战条约》）。"日来弗"即日内瓦的最初译名，"日来弗原议"是指《1864年8月22日改善战地陆军伤者境遇之日内瓦公约》（简称《日内瓦公约》）。杨儒对《水战条约》表现出极大兴趣，"当即在会言明，亦须详告政府，再酌画押"。返俄后，

10月15日，杨儒即上奏清廷，陈述中国加入《水战条约》的意义，称"各国均有红十字会，此次不过由陆军推诸水战"，扩大了《日内瓦公约》的适用范围；对中国而言，缔约有百利而无一害，况且"此项与会为中国入会之始"，如果"不画押批准"，那么"外人将疑中国显分畛域，遇有应入之公会，未必肯与我周旋"，中国的国际地位势必受到影响。

清廷览奏，发交总理衙门合议。11月24日，总理衙门遵旨奏报合议情形，"西人称为红十字，今日来弗即瑞士都城，始自同治三年，各国公议立约十条，大致遇有战事，在战地设立病院，救治伤病军士，两军当视作局外中立之人，公同保护。大抵泰西政俗与墨子兼爱之意相近，此次推广会章行之水战，详列十四款，添设救伤船只，意在广施医药，拯溺扶伤，故环球各国，均视为最要之善举"，中国理当加入，"以示仁爱之意"。12月7日，清廷"依议"，特命杨儒前往海牙签约。12月27日，杨儒抵达荷兰，遵旨在《水战条约》上"画押"。

尽管杨儒已在条约上画押，但荷兰外务部强调"日来弗原约，中国应先画押入会，方能将这次画押批准之件存储"。意思是说，中国应首先在"原议"即《日内瓦公约》上签字，此次的画押才能生效。作为推广条约的《水战条约》，毕竟是从"原议"中派生出来的，"今推广条约既已画押，瑞士政府必须声请补签日来弗之原议，以免纷歧"；而且"别国有允从现约而未与原议者，均已向瑞士补签"，中国自然不能例外，理应履行"补签"手续。但没来得及走完程序，1900年八国联军侵华战争爆发，首都沦陷，慈禧太后、光绪皇帝仓皇出逃，清政府内外交困，不仅无暇顾及"补签"之事，而且遭此浩劫，就连"前次约本遗失无存"。杨儒创办"中国红十字救生善会"之请也成泡影。不过，清政府对加入国际红十字组织，态度积极，给人留下深刻印象。

"补签"《日内瓦公约》

1904年2月，日俄战争爆发，东北同胞陷入水深火热之中，"联约"并创建红十字会呼声再起。3月26日，出使美国大臣梁诚上奏朝廷"请联约各国仿设红十字会"，称"民命至重，王者有不忍之心。近今各国行阵救疾扶伤，不分畛域，其法良意美，尤推红十字会为最"，吁请朝廷"饬下外务部照会瑞士国政府，声明愿入红十字会联约缘由，俟复文到日，专派大员签约"。梁诚的奏折，因路途遥远，直到5月15日才上达朝廷，但其"联约"即加入国际红十字会组织之建议，对清政府接下来的"联约"行动有一定的促进作用。

在梁诚向清廷呈递奏折的第3天，即3月28日，又有御史夏敦复"奏请成立中国红十字会片"上达。该"片"称："自俄日两国开战，战地居民最为可悯……其困苦情形，诚有不堪言状者。臣风闻沪上义绅施则敬等，创率同志，举办东三省红十字普济善会，仿照庚子救济会之例，筹集款项，雇募轮船，前赴东省一带救济被兵难民，甚盛举也。"但"约章未明，冒险前进，交绥之际，锋镝堪虞"。没有"约章"的保驾护航，贸然深入战地，无法得到交战双方的保护。

夏敦复所说东三省红十字普济善会是1904年3月7日沈敦和、施则敬等在上海发起成立的"专以救济该省（东三省）被难人民为事"的慈善组织。尽管东三省红十字普济善会在运作方式上力图遵行国际红十字运动的基本规则，但"善会"二字，使其不可避免地带有浓厚的传统善会善堂色彩，不伦不类，很难取得交战双方的认可，更不要说享有红十字会本应享有的权利了。因此，一周之后沈敦和不得不改弦易辙，并在李提摩太的积极斡旋之下，于3月10日在沪另行组建由中、英、法、德、美五国爱心人士共同参与的上海万国红十字会。该会"在中国地方创始承办，中国遂永有红十字会主权"。上海万国红十字会的成立标志着中国红十字会的诞生。

　　成立中国红十字会已在朝野达成共识，而要取得创建红十字会的资格，必须加入《日内瓦公约》。考虑到上海万国红十字会的成功组建，补办加入"原议"手续的时机已经成熟。4月25日，清政府外务部综合各方面的意见和建议，上奏朝廷，称"中、英、法、德、美五国合办上海万国红十字会，各举总董，分筹款项，惟须转商日俄两国政府，并须知照瑞士总会方能承认"，因此请朝廷"全权敕谕"驻英公使张德彝补签《日内瓦公约》，以便能够顺利执行人道救援行动。朝廷准奏，"敕谕"张德彝补签原约："兹特命尔为全权大臣，办理入会事宜，会商大瑞士国驻英使臣，知照总会补行画押。尔其敬谨将事，毋负委任。特谕。"张德彝奉到"敕谕"，即启程前往瑞士日内瓦，6月29日补签《日内瓦公约》。中国红十字会完成"补签"手续，向"合法席位"的获得迈出关键一步。

　　8月12日，清政府外务部收到红十字国际委员会回复，告知"贵国附入日内瓦万国红十字会一节，事已成就"，瑞士政府也"已按照万国公例，于七月八号备文将贵国入会一事，布告在约各国矣"。不过，复函同时强调"深望贵国设立红十字会"。这就意味着中国虽然补办入会手续，瑞士政府虽然将中国入会一事通报缔约各国，但中国只是《日内瓦公约》的"签约"国，只是取得了开办红十字会的资格。中国要获得红十字国际委员会的正式承认，必须拥有自己的红十字会。上海万国红十字会毕竟是"五中立国权宜联合"的临时性救助组织，非中国独自拥有，不符合"统一性"的基本要求。可见，获得合法席位，依然路漫漫。

"自立"之后的努力

　　1907年，上海万国红十字会以"成绩昭著，中外同称"的丰功伟绩走完了其光辉的历程。中国红十字会由此迈上独立自主的发展道路。随后，在沈敦和等创会董事的苦心经营下，中国红十字会总医院、医学堂于1910年拔地而起，为事业发展奠定初步基础。2月27日，清廷"着派盛宣怀充红十字会会长"，从国家层面给予中国红十字会大力支持。毫无疑问，中国红十字会已成长为一个全国统一的红十字组织，具备了被红十字国际委员会"承认"进而获得合法席位的基本条件。

遗憾的是，盛宣怀出任会长不久即奏请将"中国红十字会"易名"大清红十字会"（1910年6月5日"大清帝国红十字会"关防正式启用），上海总会的地位被否定，引起沈敦和等的强烈不满。1911年辛亥革命爆发后，10月24日，沈敦和抛开大清红十字会，另起炉灶，在沪发起成立中国红十字会万国董事会。1912年9月29日，中国红十字会首届会员大会通过《中国红十字会合并条议》，"京会""沪会"合并。

在救援行动中，"沪会"扮演着主导角色——建立分会构建救护网络体系，征集会员积聚能量，筹款募捐为救护行动提供后援保障，争取日本红十字会救护队来华臂助以增强救护力量。凭借卓有成效的人道行动，"沪会"取得辉煌业绩，各界交口称赞。

中国红十字会声誉鹊起，也引起国际社会的关注，争取"承认"、获得合法席位的条件已具备。

风雨过后见彩虹

1911年11月30日，沈敦和专门致电吕海寰会长，强调中国红十字会一直没有得到国际红十字组织的承认而取得合法席位，章程也不完备，希望与红十字国际委员会建立联系并解决该问题。

但吕海寰对沈敦和的致电不以为意。12月1日，吕海寰致电沈敦和，称"中国现已入会，刻下无须再事介绍，亦无须托人联合"。吕海寰所说"中国现已入会"，是指前述1904年张德彝补签《日内瓦公约》之事。

沈敦和没有气馁。他委托日本红十字会顾问、法学博士有贺长雄及日本红十字会牵线，与红十字国际委员会进行沟通，表明中国红十字会获得合法席位的愿望。

　　有贺长雄回国后，立即与日本红十字会会长松方侯爵接洽，得到支持。1911年12月26日，松方侯爵致信红十字国际委员会主席阿铎尔，介绍中国红十字会加盟，请求各国予以承认。他在信中说："中国红十字会已开办，设总会于上海地方。该会组织完全，办理合法，愿具保结，请即知照万国承认，以利进行。"简言之，中国红十字会已经符合国际红十字运动规则中关于接纳为会员国的"承认条件"。

　　阿铎尔表示赞赏，并通告"寰球入会各国"。1912年1月12日，阿铎尔致函沈敦和，告知中国红十字会已得到红十字国际委员会的正式承认，享有与各国红十字会同等的待遇，函称："俱征贵大臣善与人同，友谊克敦，遵即分电寰球入会各国，皆已一律承认，合电奉告。"中国红十字会由此取得合法席位，正式成为红十字运动大家庭中的一员。多年的期待，终于变成现实。

　　4个月后的5月7日至17日，在美国首都华盛顿举行的第九届国际红十字大会上，中国政府代表团和中国红十字会代表团首次走上国际舞台，应邀参会，为"全场所极注意"。这对中国红十字会而言，具有里程碑意义。

（原载《中国红十字报》2022年7月29日）

中国红十字会在辛亥革命中的历史功绩

1911年10月10日，在孙中山的领导下，改变中国历史命运的辛亥革命爆发。战争呼唤人道关怀，1904年诞生于日俄战争、以博爱恤兵为天职的红十字会走到了救护行动的前台。辛亥革命爆发后，中国红十字会迅即派遣救护医队驰赴武汉、南京等地，实施人道救援，救伤瘗亡，恪尽天职，在辛亥革命的救护行动中建立了卓越的功勋，受到社会各界的普遍赞誉。

战地救护，展现人道本色

武昌首义后，两军鏖战，"血飞肉裂，肢缺骸残"[1]，惨不忍睹。中国红十字会立即组织救援队，开赴战地，实施救护。

武汉战场

10月25日，以中国红十字会总会医院英国医生柯师为领队的救护医队30余人，分编为甲、乙、丙三队，乘"襄阳丸"，由上海溯江西上。30日抵汉口，租借俄商新建洋房"作为战地本会事务所并养病院"。救护医队一到武汉，"布置尚未粗定，即有两军伤兵纷纷界来求治"[2]。柯师、峨利生、王培元、杨智生诸医生立即实施救治。同时，派出担架队，"前往战线内抢救伤兵，往返以数十次计，足茧肩肿，惫困万状"。汉口、汉阳交战时，"特备红十字小轮驶入襄河，于硝烟弹雨中争救伤残，尤为

---

[1] 《敬募红十字会捐款》，《申报》1911年10月29日。
[2] 《红十字会医队战地来书》，《申报》1911年11月5日。

冒险"。伤兵入院后，"复为裹伤敷药，晨夕罔懈"。[1]受伤士兵，人人感激。

战场的险恶环境，造成救护行动的险象环生。处于救伤第一线的红十字队员常常冒着生命危险抢救伤兵。救治伤兵，他们更是不遗余力，把许多垂危伤兵从死神手中夺回。有"神医"之称的峨利生因积劳成疾，不幸逝世，为辛亥革命的战地救护献出了宝贵的生命。

武汉救伤，持续月余。据统计，汉口医愈病兵576名、伤兵415名、病民31名、伤民106名，医治无效而死者34名；武昌治愈病兵860名、伤兵562名、病民18名、伤民116名，医治无效而死者25名；汉阳治愈病兵571名、伤兵120名。这是辛亥战时救护的重要成果。

南京战场

1911年11月24日，中国红十字会及时派出由侯逸如诸医士组成的救护医队赴南京，并于沪宁铁路沿线的镇江、常熟、苏州、吴淞等处，设立临时医院，红会总医院"亦已预备一切"[2]，随时准备接纳伤兵。同时，采取了一系列应急举措：（1）与美国红十字会江宁分会、旱西门金陵医院、螺丝湾贵格医院、鼓楼基督医院联手，救治伤兵、病民；（2）商请沪宁铁路医长齐福果医士、总办朴爱德，"特备红十字医车数辆，由宁镇一带往来驶救，一遇伤兵，即行抢救至伤车内，随到随医"；（3）以南京尧化门车站为战地医院，收治伤兵；（4）商借镇江金鸡岭医院为临时救护机关，以便救护医车运送伤兵留养；（5）雇工百人编为担架队，"专供抬送伤兵之用"。[3]南京大搏战期间，中国红十字会首次使用的救护医车发挥了特殊的作用，据载，大战之时，由医车救治之伤兵共约

---

① 《辛亥革命时中国红十字会暨各分会活动成绩》，见中国红十字会总会编：《中国红十字会历史资料选编（1904—1949）》，南京大学出版社1993年版，第288页。

② 《辛亥年中国红十字会大事记》，见中国红十字会总会编：《中国红十字会历史资料选编（1904—1949）》，南京大学出版社1993年版，第287页。

③ 《辛亥革命时中国红十字会暨各分会活动成绩》，见中国红十字会总会编：《中国红十字会历史资料选编（1904—1949）》，南京大学出版社1993年版，第290页。

500人。[1]

葬尸瘗亡，彰显人性关怀

救伤固然重要，"葬亡"也是红十字会的分内之事。

自武汉开战以来，"死亡甚众，忠魂义骨，暴露郊原，肢骸残缺，狗雀争食，蝇蚋聚集，弃尸五六千具，不特目击者下泪，耳闻者酸鼻。热血男儿，陈尸不葬，足灰勇士之心，隳从军之志"[2]。有鉴于此，中国红十字会从会费中凑足银洋万元，采办芦席、绳索、石炭、酸喷壶、铁铲、竹篓、抬杠等工具，并从会员中遴选年富力强的热心会友组成掩埋队，驰赴武汉葬亡。11月20日，掩埋队乘日清公司"大元丸"赴汉，25日驶抵汉口。据统计，"武汉掩埋队收葬及改葬之尸，合汉口、武昌、汉阳而共计之约二千二百具"[3]。

南京之役，争战激烈。血战之余，伏尸遍地。中国红十字会理事总长沈敦和急电南京都督府、民政部及联军司令请派员专事掩埋外，在《申报》登载《急聘南京掩埋队》启事，"聘请年富力强、热心慈善之干事员十余人，克日成队赴宁"[4]。12月8日，中国红十字会南京掩埋队在于少彰、宋培之的带领下起程赴南京。据史料记载，"该队在宁共约葬七百具，均立本会石碑，永留纪念"[5]。

中国红十字会掩埋队恪尽职守，葬尸瘗亡总计不下3000具，为惨烈的

---

① 《辛亥革命时中国红十字会暨各分会活动成绩》，见中国红十字会总会编：《中国红十字会历史资料选编（1904—1949）》，南京大学出版社1993年版，第288页。

② 《聘请掩埋队干事董》，《申报》1911年11月19日。

③ 《辛亥革命时中国红十字会暨各分会活动成绩》，见中国红十字会总会编：《中国红十字会历史资料选编（1904—1949）》，南京大学出版社1993年版，第291页。一说2500余具："掩埋队在汉阳一带埋葬两军阵亡兵士二千五百余具。"（《红十字会研究大会志》，《新闻报》1911年12月13日）

④ 《急聘南京掩埋队》，《申报》1911年12月4日。

⑤ 《辛亥革命时中国红十字会暨各分会活动成绩》，见中国红十字会总会编：《中国红十字会历史资料选编（1904—1949）》，南京大学出版社1993年版，第291页。

革命涂上了一抹人性的色彩。

分会助力，汇聚人道力量

武昌首义成功，各省纷纷响应，革命洪流，汹涌澎湃，席卷全国。

烽烟四起，战火燎原，救护任务艰巨。1911年11月2日，中国红十字会万国董事会发出通电，呼吁各通商口岸教会医院改设红十字会临时医院，组织分会，进行协助。[①]这样，除武汉、南京及总会所在地上海，其他地方的救护任务主要由分会来承担。

在上海，11月4日，革命军猛攻制造局，由后院破门而入，双方激战，造成人员伤亡。沈敦和闻讯后，立即派2辆汽车，请洋医亨司德，华医侯光迪、周光松、王吉民、陈家恩及看护李安登女士驰赴现场救护，受到国民军的欢迎和优待，制造局大厅作为红十字会临时医院，紧急救护，另以徐家汇路中国红十字会总医院、天津路分院为养病所，收治伤兵。[②]

在镇江，11月8日，守将林述庆发动起义，镇江独立并成为苏浙沪联军进攻南京的基地。月底，联军围攻南京，救护无人。镇江近在咫尺，中外慈善家发起成立镇江红十字会，推举瑞记洋行大班址茂生为董事。11月26日，镇江红十字救护队21人、担架队78人随都督林述庆军开赴南京，在马群设立临时医院。南京光复时，镇江红十字分会救治伤兵数百人。[③]

在杭州，11月4日，浙江光复，5日杭州红十字分会成立。实际上，在4日的激战中，杭州的慈善家就组织了两支救护队，一赴城西，一赴城东，从事救护。分会成立后，救伤葬亡，不遗余力。南京光复，负伤军士30余人返回浙江，得到杭州红十字分会的呵护。

安徽滁州，江苏江阴、常熟、苏州，湖南长沙，湖北宜昌，福建福

---

① 《辛亥年中国红十字会大事记》，见中国红十字会总会编：《中国红十字会历史资料选编（1904—1949）》，南京大学出版社1993年版，第287页。

② 《红十字会医队救伤》，《申报》1911年11月5日。

③ 《辛亥革命时中国红十字会暨各分会活动成绩》，见中国红十字会总会编：《中国红十字会历史资料选编（1904—1949）》，南京大学出版社1993年版，第292页。

州，江西南昌等地的红十字分会，以及"京会"组织的救护队，以张竹君女士为会长的中国赤十字会，留学日本的医学生回国效力在沈敦和支持下组织的"留日医学界红十字团"，也都竭尽全力，救死扶伤。其救护成绩，足以彪炳史册。

赈济难民，播撒博爱甘霖

救伤、葬亡之外，中国红十字会还对战区难民进行赈济。战争与难民可谓一对孪生兄弟。居民无家可归，嗷嗷待救。中国红十字会伸出援手，给予力所能及的人道救助。南京开战后，难民"食粮告匮，日有饿死，甚至鬻子卖女以谋升斗"①。有鉴于此，中国红十字会"先行拨洋数千元，特发赈济队，定二十人，到宁挨户查放，施当其急"②。随后，联系旅沪南京绅商于12月20日成立"绅办南京急赈会"，扩大赈济范围。③

鉴于"南京、汉口难民遍地，无衣无褐，饥寒交迫，惨苦万状，即留养本会医院受伤兵士人数尚多，衣服、被褥需用尤众，除陆续在沪赶制装运济急外"，红十字会发布"劝募棉衣裤"的启事，呼吁"仁人君子如有旧存之棉衣棉裤，不拘男女，不拘单夹皮棉，慨赐捐助"④，连同其他用品，寄送灾区，统一放赈。

"发轫于俄日之战，而大彰于武汉之师"

辛亥革命是中国近代史上开天辟地的重大历史变革，在短短的几个月中，旧貌新颜，飙转豹变。而中国红十字会在这场急剧变革中立下了不可磨灭的功绩。救护伤病兵、葬尸瘗亡、赈济难民，谱写了一曲可歌可泣的人道主义赞歌，赢得社会各界的认可与信赖，这是救护行动成功的保障。

① 《南京难民延颈待赈》，《申报》1911 年 12 月 17 日。
② 《南京难民延颈待赈》，《申报》1911 年 12 月 17 日。
③ 《绅办南京急赈会成立》，《新闻报》1911 年 12 月 23 日。
④ 《中国红十劝募棉衣裤》，《申报》1911 年 12 月 28 日。

而红十字人道行动的推进，不断扩大其社会影响，为红十字事业的未来发展奠定了更加坚实的社会基础。

辛亥救护的卓越功绩也为其自身的蓬勃发展创造了条件。据统计，辛亥革命期间，先后设立分会60余处，分会医院30余所。这是前所未有的，难怪有人说中国红十字事业"发轫于俄日之战（日俄战争），而大彰于武汉之师"①了，而中国红十字会"善功所及，非特鄂省一役而已"②了。正因为在辛亥救护中功绩卓越，中国红十字会获得了社会各界的普遍认可，并于1912年1月12日得到红十字国际委员会的正式承认。也正因为如此，在中华民国诞生之始，中国红十字会就得到新政当局的推崇与呵护。1月23日，孙中山特电黎元洪请予"立案"，并对红十字会救伤葬亡功德高度赞扬，谓"民国军兴以来，各战地将士赴义捐躯，伤亡不鲜，均赖红十字会救护、掩埋……救伤掩亡，厥功尤伟……该会热心毅力，诚不可无表彰之处，应即令由内务部准予立案，以昭奖劝"③。2月28日，北洋政府内务部正式为中国红十字会办理了"立案"事宜。中国红十字运动在孙中山等政要的直接关怀之下，平稳过渡，迈上健康发展的轨道。

（收录于《红十字运动研究》2022年卷，合肥工业大学出版社
2022年版。与郭进萍合作）

---

① 沈敦和：《中国红十字会杂志·弁言》，《中国红十字会杂志》创刊号（1913年5月）。
② 《武昌黎副总统转孙大总统致总会的电文》，见中国红十字会总会编：《中国红十字会历史资料选编（1904—1949）》，南京大学出版社1993年版，第57页。
③ 《复黎元洪电》，见孙中山：《孙中山全集》第2卷，中华书局1982年版，第125页。

中国红十字会首届会员大会研究

　　民国肇建不久，1912年9月，中国红十字会召开首届会员大会，规范自身建设。那么，首届会员大会何以在建会8年之后召开？大会取得了哪些积极成果？还有哪些问题没有解决？对红十字运动影响如何？如此等等。学界成果虽有所涉及[①]，但并未深究。本文的专门考察，或能弥补相关研究之不足。

发展会员：自身建设的现实需要

　　众所周知，会员大会或会员代表大会为社团组织的权力机关，定期召开。然而，很长一段时间中国红十字会连会员都没有，更谈不上会员大会了。

　　1904年3月10日，为救助日俄战争中的中国难民，沈敦和、李提摩太联络英、法、德、美旅沪爱心人士，联合发起成立了上海万国红十字会（"万国"即"国际"之意）。虽然"此会系中、英、法、德、美五中立国联合倡办，由中国政府知照两战国政府，转告战国军队将帅士卒，皆知此会，其名曰'上海万国红十字会'"[②]，但因"在中国地方创始承办，

---

① 相关成果参见池子华：《红十字与近代中国》，安徽人民出版社2004年版；张建俅：《中国红十字会初期发展之研究》，中华书局2007年版；周秋光：《红十字会在中国（1904—1927）》，人民出版社2008年版；马强、池子华主编：《红十字在上海，1904—1949》，东方出版中心2014年版。

② 《上海万国红十字会暂行简明章程》，《申报》1904年7月29日。

中国遂永有红十字会主权"①。正因为如此，人们才有理由把1904年3月10日上海万国红十字会创建日视为中国红十字会的诞生日。②上海也因此成为中国红十字运动的发源地和大本营。③

上海万国红十字会采取董事会制，最初由45名中外人士组成董事会，其中西董35人、华董10人，并从45名董事中推举9人作为"办事董事"，"各项办法归办事董事酌定，并劝令捐输"，即具体负责上海万国红十字会各项事务的执行。④上海万国红十字会所设各分会也都以此为"模板"。董事会根据救护需要招募夫役而不是发展会员。在这种管理体制下，自然无所谓会员大会了。

五国合办上海万国红十字会是临时性的人道救助组织，1907年完成使命而终结，中国红十字会于是走上了独立自主的发展道路。随后，中国红十字会在沪开办医院，兴建医学堂，初步奠定红十字运动"以垂永久"的基础。发展会员亦为自身建设的题中应有之义。1910年2月27日，吕海寰、盛宣怀、吴重憙联衔会奏《酌拟中国红十字会试办章程请旨立案折》："请仿照日本赤十字社办法以醵资之多寡为会员之阶级较为轻便。查日本该社初亦设于战地，战役既讫，永远设立，与臣等创办情事正同。其平时资金除由国家特赐外，有社员之年醵金、志士之助金及生自本社执行事业之特别收入。众擎易举，良可仿效。"⑤大意是，向日本赤十字社（日本红十字会组织）学习，大力发展社员（会员），拓宽会费来源渠道，为事业可持续发展提供保障。但这个愿望并没有实现，直到辛亥革命爆发。

---

①　《晚清关于红十字会开创之奏折》，见中国红十字会总会编：《中国红十字会历史资料选编（1904—1949）》，南京大学出版社1993年版，第9页。

②　池子华：《中国红十字会成立于一九一二年说质疑》，《光明日报》2007年9月21日。

③　池子华、樊翠花：《中国红十字会何以首先诞生于上海》，《历史教学》（下半月刊）2016年第10期。

④　《施君肇基笔译上海创设万国红十字支会会议大旨》，《申报》1904年3月14日。

⑤　《晚清关于红十字会开创之奏折》，见中国红十字会总会编：《中国红十字会历史资料选编（1904—1949）》，南京大学出版社1993年版，第11页。

1911年10月10日，辛亥革命首先在号称"九省通衢"的武汉爆发，接着，湘、陕、赣、晋、滇、沪、黔、苏、浙、皖、桂、闽、川等省纷起响应，形成声势浩大的革命洪流，冲击着清朝的封建统治，使之摇摇欲坠。

战场日益扩大，伤亡与日俱增，"伤者无人救治，困苦万状"①。10月23日，沈敦和接到由汉阳某国兵轮发来的无线电报，"以两军死伤过多，请即亲率红十字会中西医队迅速前来战地，普救同胞"②。沈敦和立即"用洋文电复"，表示"当率甲乙丙丁四医队，备足药品、棚帐，初四启行，招商局特派江轮专送汉口。本会慈善性质，两军伤兵一视同仁"。③24日，沈敦和在工部局议事厅召开特别大会，中外来宾达700余人。会上宣布成立"中国红十字会万国董事会"，采用董事会的管理体制，推举古柏、麦尼尔、施则敬等为董事，沈敦和、英国按察使苏玛利为总董（又称理事总长、董事部长）。特别大会决定立即组织甲、乙、丙三支救护医疗队驰赴战地救护，同时劝募捐款，采办药品、食物等。④据报道，特别大会当场收到捐款合计银洋8339元，白银4082两，药品、衣物不计其数。⑤但这远远不够，征集会员"以裕捐款"⑥，遂提上日程。

11月1日，理事总长沈敦和在《申报》刊登《红十字会征集会员广告》，以广招徕。该广告称：

> 武汉战事，风云日紧，本会业派甲乙丙医队驰赴战地救援，并续成丁队，专赴四川。援照红十字会万国条例，得征集名誉会员、特别会员、正会员三项，赞助会务。日来热心同志咸愿入会，兹经草定章

---

① 《红十字会发现》，《新闻报》1911年10月23日。
② 《红十字会医队定期启行》，《申报》1911年10月24日。
③ 《红十字会医队定期启行》，《申报》1911年10月24日。
④ 《红十字会大会志盛》，《申报》1911年10月25日。
⑤ 《红十字会大会志盛》，《申报》1911年10月25日。
⑥ 中国红十字会总会编：《中国红十字会历史资料选编（1904—1949）》，南京大学出版社1993年版，第455页。

程，即日发刊。拟即先行征集特别会员、正会员，共谋进行。除将会员徽章速电欧洲加工制造外，凡纳会费二百元以上作为特别会员，二十五元以上作为正会员。先赠暂用徽章（以理事部及医队所用之金钱徽章暂代），佩带（戴）此章得以出入战地，认为红会人员，加以保护。凡愿入会诸君，向三马路新闻报馆楼上办事处索取介绍单式，妥觅当地公正绅商一人介绍，会费一次交足。除掣给会员费收条外，随时照赠暂用徽章、凭照，以昭郑重。一俟正式徽章由欧寄沪，再行掉换。特此布闻。①

"广告"对征集会员的依据、会员的种类、会费标准、入会程序、会员待遇等做了说明。征集会员的目的，如沈敦和所说，正在于"群策群力，以期一致进行"②，最大限度地满足辛亥战事救护的人道需求。

上海本埠入会较为便捷，外埠则"会员费兑汇不便，上海亦苦无熟人介绍"。有鉴于此，征集办法略加变通："外埠入会诸君觅商会、学堂主任图章为凭，会费由邮政局保险信汇寄"，即可认定入会成为会员。③

从1911年11月1日起至次年1月下旬，2个多月的时间，中国红十字会先后征集3届会员，入会人数逾千，效率不可谓不高。这种情形，对救护队员也是一种激励，如沈敦和所言，"会员亦争先入会，风声既树，至派往战地之中西救护员亦谓诸大善士既不惜才，我辈何敢惜命，故日在枪林弹雨中拼死抢救伤残，虽危险万状不稍退怯"④。征集会员的积极影响于此可见。

---

① 《红十字会征集会员广告》，《申报》1911 年 11 月 1 日。
② 《红十字会理事总长沈敦和报告》，《申报》1911 年 11 月 19 日。
③ 《外埠入会诸君鉴》，《民立报》1911 年 11 月 26 日。
④ 《沈君演说词》，见中国红十字会总会编：《中国红十字会历史资料选编（1904—1949）》，南京大学出版社 1993 年版，第 257—258 页。

情与势：首届会员大会的筹备与召开

会员的征集为会员大会的召开准备了条件，而会员大会的召开，与当时的情势是分不开的。

首先，从国际方面说，1912年1月12日，瑞士日内瓦国际红十字联合会会长阿铎尔致函中国红十字会万国董事会董事部长沈敦和，告知中国红十字会已得到国际红会的正式承认，享有与各国红十字会同等的待遇。① 中国红十字会由此正式成为红十字"国际联合会"②大家庭的一员。多年的诉求终于变成现实，同时也为中国红十字会走上国际舞台铺平了道路。1912年5月7日至17日在美国首都华盛顿举行第九届国际红十字大会，中国政府代表团和中国红十字会代表团首次"亮相"，为"全场所极注意"。③这对中国红十字会而言，具有里程碑意义。

其次，从国内方面说，1912年1月1日，孙中山在南京就任临时大总统，庄严宣告中华民国诞生。中国历史开始了新纪元，中国红十字会面临新的转折。旧王朝已不复存在，中国红十字会理当争得新政当局"立案"，以确立它的合法性。为此，沈敦和向黎元洪提出立案请求，并于2月17日致电袁世凯，吁请"维持保护"④，得到积极回应。2月19日，袁世凯回电称"维持保护，责无旁贷"⑤。黎元洪目睹红十字会武汉救护情形，感受颇深，他曾偕夫人前去慰问救伤队员，给予物质和精神上的鼓

① 《中国红十字会特别广告》，《申报》1912年2月7日。

② 红十字会与红新月会国际联合会的前身国际红十字会协会于1919年5月5日才宣告成立，这里所说的"国际联合会"，是清末民初对红十字国际委员会（1875年由瑞士民间团体"伤兵救护国际委员会"演变而来）的习惯称呼，此处一仍其旧。红十字国际委员会在当时又译为万国红十字联合会、红十字会国际联盟等。其职责之一即承认符合条件的新成立或改组的红十字会，并通告他国红十字会或红新月会。

③ 《万国红十字会在美京华盛顿开第九次联合大会中国红十字会特派驻美公使张荫棠参赞容揆留美学生监督暨本会顾问福开森诸君为代表赴会事毕报告》，见中国红十字总会编：《中国红十字会历史资料选编（1904—1949）》，南京大学出版社1993年版，第392页。

④ 《公电——红十字会电》，《申报》1912年2月22日。

⑤ 《北京袁内阁电》，《申报》1912年2月22日。

励。[①]民国初建，黎元洪对中国红十字会极表关心，2月21日致电孙中山，为红十字会美言，恳请予以立案。[②]孙中山是中国红十字启蒙运动的有力推动者之一[③]，对中国红十字会立案自然支持。2月23日，孙中山特电黎元洪，"准予立案"，并高度赞扬中国红十字会在辛亥之役中的救伤葬亡功德。电文说："查民国军兴以来，各战地将士赴义捐躯，伤亡不鲜，均赖红十字会救护、掩埋，善功所及，非特鄂省一役而已，文实德之。兹接电示，以该会前在武汉设立临时病院，救伤掩亡，厥功尤伟。复经日本有贺氏（有贺长雄）修改会章，已得万国红十字会公认，嘱予立案等因。该会热心毅力，诚不可无表彰之处，应即令由内务部准予立案，以昭奖劝。"[④]2月29日，《临时政府公报》第25号发布了《大总统令内务部准予中华民国红十字会立案文》，认为中国红十字会"热诚毅力，殊堪嘉尚，应予立案，以昭奖劝"[⑤]。中国红十字会在孙中山等民国政要的直接关怀之下，完成身份上的转变并确立了合法地位。

最后，国际国内双重承认，也要求中国红十字会加强自身建设，以适应新的形势。而且在辛亥革命救护中，中国红十字会在"东西南各省，均设立分会，（共）五十余处，所费不赀，其功甚巨"[⑥]。这些分会无疑促进了中国红十字会自身力量的壮大，为其事业发展奠定了坚实的基础。如何进行规范，理顺体制，也需要公商解决。召开会员大会乃势所必然。

总之，"该会既然为全国之慈善事业，凡一切水旱兵灾，实力救护，

---

① 《辛亥革命时中国红十字会暨各分会活动成绩》，见中国红十字会总会编：《中国红十字会历史资料选编（1904—1949）》，南京大学出版社1993年版，第289页。

② 《武昌黎副总统致南京孙大总统电》，见中国红十字会总会编：《中国红十字会历史资料选编（1904—1949）》，南京大学出版社1993年版，第57页。

③ 池子华：《孙中山与中国红十字运动》，《光明日报》2006年1月6日。

④ 《复黎元洪电》，见孙中山：《孙中山全集》第2卷，中华书局1982年版，第125页。

⑤ 《大总统令内务部准予中华民国红十字会立案文》，《临时政府公报》第25号（1912年2月29日），第2页。

⑥ 《武昌黎副总统致南京孙大总统电》，见中国红十字会总会编：《中国红十字会历史资料选编（1904—1949）》，南京大学出版社1993年版，第57页。

责无旁贷，拟此次大会后益求进行，以巩固红会之基础"①，正是首届会员大会召开的深层意蕴。

在会员大会召开之前，还有一个遗留问题需要处理，那就是解散中国红十字会万国董事会。作为应急而设的临时机构，中国红十字会万国董事会在完成自己的历史使命之后理当解散。1912年7月16日，万国董事会董事、名誉董事数十人在英国按察使署举行"报告大会"，决定解散董事会，从原董事中挽留沈敦和、李佳白、朱礼琦、亨司德、朱葆三、儿玉、施则敬等7人办理会务，以便交接。②之后，沈敦和等"留守"人员投入会员大会的筹备工作中。8月7日、14日，"筹备组"即红十字会事务所在《申报》刊登广告，郑重宣告中国红十字会首届会员大会即将召开，深望全体会员与会，共襄盛举。③会员大会关系到中国红十字事业的前途和命运，意义重大，理所当然受到社会各界特别是会员的关注。

会期迫近，"因各种印刷品赶办不及"，原定的9月15日会期推迟两周，即在9月29日举行。④为方便外埠会员莅会，中国红十字会与沪宁铁路公司相商，允半票乘车。⑤外埠会员"不拘客车、通车、特别快车，均可乘坐"⑥。人们期待着这一天"中外慈善家联袂偕临，同襄盛举也"⑦。

9月29日下午3时，中国红十字会首届会员大会在上海隆重开幕。来自各地的1352名会员，欢聚英租界大马路议事厅，"雍雍穆穆，喜气一堂，为近来所罕见"⑧。大会主席沈敦和报告开会宗旨并发表演说，追溯了辛亥革命以来中国红十字事业发展的可喜局面——会员近2000人、纳捐善士

---

① 《红会预备大会之手续》，《新闻报》1912年8月10日。
② 《红十字报告大会详志》，《申报》1912年7月18日。
③ 《中国红十字会第一次会员大会广告》，《申报》1912年8月7日、14日。
④ 《上海中国红十字会大会改期广告》，《申报》1912年9月12日。
⑤ 《中国红十字会商允沪宁铁路公司发给半价车票》，《申报》1912年9月12日。
⑥ 《中国红十字会阳历九月二十九日旧历八月十九日开会广告》，《申报》1912年9月21日、25日。
⑦ 《中国慈善事业之发展》，《新闻报》1912年9月26日。
⑧ 《红十字大会志盛》，《新闻报》1912年9月30日。

数千人、捐款155270余元、分会60余处，面临的挑战——重建家园、自然灾害的频发，以及未来发展的愿景——超越日本，并对会员和志愿者寄予厚望。①接着，王培元用白话演说武汉战地救护情形，"谐正相生，娓娓动听，鼓掌如雷"②。施则敬报告收支账目，会员没有异议。

推举常议员为此次会员大会的中心议题。经讨论，推举施则敬、洪毓麟、朱佩珍等34人为常议员。大会通过了《中国红十字会章程》，推举英国按察使苏玛利、日本总领事有吉明、日本赤十字社外务顾问有贺长雄、尚贤堂监院李佳白和福开森"五君为顾问"。③

由于会议议程较多，"事毕已金乌西坠矣"④。会员大会圆满结束。

分与合：运行机制的转换及影响

毫无疑问，会员大会的召开，在中国红十字运动史上具有极为重要的意义。这不仅因为它是首届，影响深远，更重要的是，它确立了中国红十字会新的运行机制，具有鲜明的转型特征。

其一，会员大会的召开结束了"京会""沪会"分庭抗礼的局面，实现了"合并"。

中国红十字会原本是统一的整体。1910年2月27日，清廷降旨"着派盛宣怀充红十字会会长"⑤。盛宣怀成为清政府任命的首任会长后不久，为了迎合清廷，将中国红十字会易名为"大清帝国红十字会"（一般称为"大清红十字会"）。6月5日，"大清帝国红十字会"关防正式启

① 《红十字会开会纪》，《申报》1912年9月30日。

② 《红十字大会志盛》，《新闻报》1912年9月30日。

③ 《红十字会移北京》，《民立报》1912年10月15日。

④ 《中国红十字会第一次会员大会记》，见中国红十字会总会编：《中国红十字会历史资料选编（1904—1949）》，南京大学出版社1993年版，第257页。

⑤ 中国第一历史档案馆编：《光绪宣统两朝上谕档》第36册，广西师范大学出版社1996年版，第15页。

用。① "易名"之举引起中国红十字会创始人之一的沈敦和的强烈反对，认为此举使红十字会蜕变为官方的附庸机构，与国际红十字运动的"中立"宗旨背道而驰。②而总会由上海移设京师，动摇红十字事业的基础，更使沈敦和等人无法接受，但他们也无力改变。1911年辛亥革命爆发后，沈敦和不顾一切，抛开大清红十字会，在沪组建"中国红十字会万国董事会"。由此出现"京会"（大清红十字会）、"沪会"（中国红十字会万国董事会——中国红十字会为其名，万国董事会为组织架构，即董事会由中外人士组成）并立的局面。10月26日，大清红十字会会长盛宣怀因"铁路风潮"被革职；11月13日，清廷颁发谕旨，"命前外务部尚书吕海寰充中国红十字会会长"③。"大清红十字会"重新正名为"中国红十字会"，希图兼并中国红十字会万国董事会，但遭到沈敦和的坚决抵制。④沈敦和在红十字旗帜下，自行组织辛亥革命的战事救护，取得令人瞩目的救护业绩，赢得国际国内双重承认。

"京会""沪会"自行其是，并展开多个回合的博弈，触目惊心。⑤而在第九届国际红十字大会代表人选问题上，二者更是针锋相对，各自选派代表，违背国际红十字运动"统一性"（一个国家只能有一个全国统一的红十字会或红新月会）的基本原则。"京、沪两会各派代表报告成绩，显有异同，不特贻笑邻邦，尤足为红会之玷"；面对尴尬，沈敦和致电吕海寰，表示"大局定后，京、沪两会本须合并也"。⑥国际红十字大会结

---

① 《盛宣怀致各国驻华公使、驻沪领事照会》，见上海图书馆编：《盛宣怀档案选编》第1册，上海古籍出版社2014年版，第46页。

② 《吕海寰往来申函录稿·沈仲礼观察自上海来电》，见沈云龙主编：《近代中国史料丛刊三编》（574），文海出版社有限公司1990年影印本，第605—606页。

③ 池子华、郝如一主编：《中国红十字会历史编年（1904—2004）》，安徽人民出版社2005年版，第16页。

④ 《吕海寰往来电函录稿·上海沈观察来电》，见沈云龙主编：《近代中国史料丛刊三编》（574），文海出版社有限公司1990年影印本，第643页。

⑤ 池子华：《中国红十字运动通史》第1卷《近代的红十字运动历史变迁》上册，合肥工业大学出版社2018年版，第104—110页。

⑥ 《吕海寰往来电函录稿·上海沈仲礼来电》，见沈云龙主编：《近代中国史料丛刊三编》（574），文海出版社有限公司1990年影印本，第715—716页。

束后，京沪双方就合并问题进行磋商。9月19日，沈敦和与"京会"代表福开森在上海达成《中国红十字会合并条议》，计有12款：明确"将中国红十字会总会设在都城，以合各国办法"；"公请袁（袁世凯）大总统、黎（黎元洪）副总统为名誉总裁"；"公请吕公海寰为正会长，福开森君为顾问官，冯恩崑君为秘书长，驻于都城总会办事"；"总会设在都城，专与政府及各部接洽会务并办外交各事"；"公请沈敦和君为副会长，常驻上海管理会务"；"上海会所改名为中国红十字总会办事处，设在上海。举江绍墀君为理事长，以一事权而专责成"；"公举会员及输捐者三十人为常议员，举副会长为领袖，管理一切会务、医务、筹款等事，所有沪会从前所办之事，以及与西医所订合同、哈佛医学堂所订办法，又各省所设之分会，所置之地产、房屋，一切悉仍其旧，毫不改动。惟总会设在都城，上海总办事处应将寻常之事每月报告会长一次，其重要事件随时报告会长或商明而后施行"；等等。[①]"合并"的实现、矛盾的化解以及新的运行机制的确立，自然有利于红十字会事业的协调发展。这是首届会员大会取得的重要成果。

不过，"合并"并不彻底，北京、上海相互妥协让步，形成国际红十字运动史上独特而少见的"二元结构"——总会设在北京，总办事处设在上海；会长驻京，副会长驻沪，主持总办事处工作；红会具体工作由总办事处负责实施。"身首异处"，貌合神离在所难免。这不能不说是一种遗憾。

其二，经会员大会通过的常议会制度安排，同样具有转型意义。

10月6日，根据《中国红十字会合并条议》，34位常议员履职。这就意味着中国红十字会的运作机制由此前的董事会制向常议会制转变。作为决策和执行机构，常议会在顶层设计、会务管理、财务监督等方面都发挥着举足轻重的作用。

---

① 《直隶巡警道为奉札发中国红十字会合并条议通饬知照文》，《大公报》1912年11月3日。

10月6日，常议员集会，参照《中国红十字会合并条议》及西方各国定章，公举大总统、副总统为名誉总裁；选举吕海寰为正会长，沈敦和为副会长兼常议会议长，江绍墀为理事长。10月9日，34位常议员联名公电政府，请以明令宣布正副会长。电文称："北京袁大总统、武昌黎副总统钧鉴：上海中国红十字会开办九年，成绩优美，商约二十九号全体大会遵万国红会章程，由会员公举常议员三十四人，复由常议员公举总裁会长等以符定制而固基础。日昨常议会成立，敬举大总统、黎副总统为本会名誉总裁，吕海寰君为正会长，沈敦和君为副会长。全体欢跃，尚乞俯准，宣布正式任命，昭示中外，策励将来。至总会仍设都城，沪会为总办事处暨议事部，悉遵京沪合并章程办理，谨禀。"10月14日，国务院奉大总统令复电称："中国红十字会成立九载，声誉日隆。现在京沪合并，璧垒一新，诸君惨淡经营，成斯伟举，曷胜钦佩。承举鄙人为名誉总裁，愧不敢当。吕君海寰、沈君敦和为正副会长，尤足为本会得人庆，应即如法宣布，昭示中外。"①10月18日"大总统令"："派吕海寰充中国红十字会正会长、沈敦和充中国红十字会副会长。"②至此，中国红十字会的组织架构臻于完备。

要说明的是，首届会员大会，吕海寰没有出席。大总统任命颁布后，10月20日，34位常议员电报吕海寰致贺："大总统正式任命钧座为本会正会长，全体欣幸，谨贺。"21日，吕海寰回电感谢，并谓"此次本会得邀袁大总统、黎副总统为总裁，声望愈隆，日后事更顺手。弟叨会长，何其荣幸，此皆诸君之力也。嗣后会事正繁，尚祈不分畛域，匡充不逮，是祷"③。吕海寰被重新任命为会长，无疑是官方对中国红十字会合法性的再次强调与确认。

其三，首届会员大会通过了"办事章程"——《中国红十字会章

---

① 《红十字会之公电》，《申报》1912年10月18日。
② 《临时大总统令》，《政府公报》1912年第171期。
③ 《红十字会电报》，《新闻报》1912年10月25日。

程》，形成新的运行机制。

《中国红十字会章程》是中国红会史上第一个正式会章。《中国红十字会章程》共6章20条，对红十字会的宗旨、会员、职务、议会、分会都有明确规定。[①]会员大会作为权力机关，如何召集、运作，自然应该明确，《中国红十字会章程》规定："本会应每年开会员大会一次，报告一年间之会务，统核上年收支账目并决议下年预算"；"会员莅会，或亲临，或函托其他会员代表，每会员一人有一选举权，惟代表者除本人外，以三选举权为限"；"会时应公举会长、副会长暨顾问、秘书长、理事长各职员，任期均以三年为限，又可由会员公举声望卓著者为名誉总裁"。如此等等。其中，"每年开会员大会一次"等规定尚不成熟，实际上直到10年后的1922年才召开第二次全国会员大会。这虽然受多种因素影响，但制度缺陷也是不能忽视的。

首届会员大会的召开，尽管存在不尽如人意之处，但毕竟结束了南北对峙的局面，通过建章立制使红十字会的运行机制、组织架构出现了新的面貌，其影响积极而深远。有评论指出："红十字会于我国为创举，乃数年之间会员多至三千人，于此见我国人之慈善心，揆之欧美无多让也。"[②]

（第二届"道·器江南"学术论坛暨第十五届江南社会史国际学术研讨会参会论文）

---

① 《中国红十字会章程》，见池子华、李欣栩主编：《中国红十字运动史料选编》第6辑，合肥工业大学出版社2016年版，第1—3页。

② 《中国红十字会第一次会员大会记》，见中国红十字会总会编：《中国红十字会历史资料选编（1904—1949）》，南京大学出版社1993年版，第257页。

上海国际红十字会与伤兵难民救助

1937年8月13日，沪战爆发，中日双方在淞沪地区展开激烈鏖战，上海这座中国最大的都会，被硝烟炮火所笼罩。淞沪会战中难民如潮，引起严重恐慌，社会各界纷纷行动起来，给予救助。在各慈善团体中，上海国际红十字会成为伤兵难民救助的主导力量，尤其是在上海沦陷后的"孤岛"时期，上海国际红十字会以其人道关怀谱写了一曲国际主义的赞歌。

上海国际红十字会的组建

上海国际红十字会的组建，最主要的考量为伤兵难民救助。

淞沪会战持续时间长，战事惨烈，加之日机的狂轰滥炸，繁花似锦的上海转瞬间成为一座人间地狱。"呜呼！战时民众苦。飞机掷炸弹，人民遭涂炭。只炸得，妻孥散，父母不周全。衣物与财产，俱都被摧残。尸骨已载道，目睹好心酸。战区难民扶老携幼逃难真可惨。"[1]他们涌入租界，如猬之集。有报道称，"在炮火下避至租界者，总数在二十万人以上"[2]。不仅如此，上海周边的难民也纷纷流入上海，流向租界或在租界边缘徘徊，最多时可达"七十万人左右"[3]。一时间，"上海几乎成为难民世界"[4]。

---

① 《难民歌》，《中国红十字会月刊》总第 33 期（1938 年 3 月），第 54 页。

② 上海社会科学院历史研究所编：《"八一三"抗战史料选编》，上海人民出版社 1986 年版，第 395 页。

③ 马强、池子华主编：《红十字在上海，1904—1949》，东方出版中心 2014 年版，第 285 页。

④ 瞿寡东：《救济难民的刍议》，《中国红十字会月刊》总第 32 期（1938 年 2 月），第 92 页。

　　社会各界立即行动起来，组织难民救助，诸如上海市救济委员会、上海慈善团体联合救灾会、上海国际救济会、各地的旅沪同乡会等，都在难民救助中发挥重要作用。尤其是上海市救济委员会，从8月13日至9月30日，一个半月中设立难民收容所104处，收容难民8.4万余人，成绩卓著。①

　　不过，淞沪难民救助毕竟是一项庞大的系统工程，如何整合各方力量，开展卓有成效的人道救助，就是一大难题。在此背景下，上海国际红十字会诞生了。

　　9月18日，在中国红十字会前会长颜惠庆的奔走联络下，中外名流在国际饭店举行会议，达成"亟望有一国际红十字委员会之组成"②的共识，筹组上海国际红十字会被提上日程。颜惠庆显然是这一动议的主心骨。

　　颜惠庆（1877—1950），字骏人，上海人，著名政治家、外交家。早年毕业于上海同文馆，1895年赴美留学，1900年毕业于弗吉尼亚大学。回国后出任圣约翰大学英文教授，兼任商务印书馆编辑。1908年，随伍廷芳出使美国，任驻美使馆参赞。次年回国，任外交部股长，1910年，兼任清华大学总办。1912年，任外交部次长。1913年，任驻德国、丹麦、瑞典三国公使。1919年，任中国出席巴黎和会代表团顾问。1920年回国，先后出任外交总长、内务总长、国务总理等职。1926年，以国务总理摄行总统职务，不久被奉系军阀张作霖逼下台，移居天津，任天津大陆银行董事长、自来水公司董事长等。南京政府成立后，先后任驻英大使、驻苏大使，出任国际联盟大会首席代表。抗日战争爆发后，在上海从事慈善及教育事业，并于1924—1934年担任中国红十字会会长，1931—1935年出任中国华洋义赈救灾总会会长。凭借在政治、外交、慈善等领域的号召力与影响

---

① 马强、池子华主编：《红十字在上海，1904—1949》，东方出版中心2014年版，第286页。

② 《上海国际红十字会报告（民国二十六年十月至二十八年三月卅一日）》，上海图书馆馆藏，旧档信字第109号。

力，颜惠庆成为上海国际红十字会的当然发起人。

9月18日国际饭店举行的会议，事实上是一个筹备会，会议商定成立一个执行委员会加以推进，并推举颜惠庆、白赛德（Major A. Bassett）、邓纳（J. Donne）、马晓尔（Robert Calder-Mershall）、蔡增基、冯炳南、安献金（G. Findlay Andrew）、普兰特（W. H. Plant）、礼德（B. E. Read）、饶家驹（R. P. Jacquinot）、李劳生（Rev. R. Rees）、颜福庆、施思明、劳白生（R. C. Robertson）、钟思（J. R. Jones）、田伯烈（H. J. Timperley）等16人为执行委员会委员。①9月24日，执行委员会在冯炳南府邸举行会议，"对于中国红十字会所提供于该会之章程作原则上之通过"，同时成立5个分委员会：会章起草由颜惠庆主持，难民救济问题由饶家驹神父主持，防疫事宜由劳白生医师主持，救济伤兵事务由颜福庆院长主持，医务用品由施思明博士主持。②

10月2日，执行委员会在国际饭店召开会议，讨论会章及人事安排，公推颜惠庆为主席，饶家驹、钟思、普兰特为副主席，施思明为秘书，贝诺德（C. R. Bennett）为司库，贝铁德（C. W. Petitt）、朱友渔为执行干事。会议的召开标志着该组织的成立，只是正式名称尚未确定。鉴于"亟待举行各项工作之繁重，该委员会向中国华洋义赈救灾总会要求该会同仁之义务合作。当由华洋义赈总会予以接受"。该华洋义赈总会总干事贝克不久出任中国红十字会上海国际委员会总干事。6日，执行委员会决定向中国红十字会总会申请许可证，并请求拨款万元作为办公经费。8日，中国红十字会总会同意该委员会许可证申请。12日，执行委员会会议正式通过组织章程，并推任施肇基为宣传与征募分委员会主席，不久成立财务委员会，推选贝诺德为主席。16日，国际红十字委员会正式接受中国红十字会授权，并正式定名为中国红十字会上海国际委员会（Shanghai

---

① 《上海国际红十字会报告（民国二十六年十月至二十八年三月卅一日）》，上海图书馆馆藏，旧档信字第109号。

② 《上海国际红十字会报告（民国二十六年十月至二十八年三月卅一日）》，上海图书馆馆藏，旧档信字第109号。

International Committee of the Red Cross Society of China），简称上海国际红十字会（Shanghai International Red Cross，缩写为S.I.R.C.），设会址于国际饭店内。[①]

11月23日，在会章基础上正式出台《中国红十字会上海国际委员会组织大纲》。该大纲共13条，明确"本会定名为中国红十字会上海国际委员会"，"本会以办理善举为宗旨，尤注重于筹募款项，用以救济伤兵难民，并协助与本会主旨相同之各种慈善事业，但各项事工以与市政当局及其他慈善团体已经实施者不相妨碍为限，并力谋与之合作"，"本会执行委员会定额十九人，由中国红十字会特聘之，主持各项会务"。[②]换句话说，上海国际红十字会是中国红十字会指导下的由中外人士共同发起、从事伤兵难民救济的国际性慈善组织。它的成立，为淞沪会战伤兵，尤其是无家可归的难民，带来生的希望。

多渠道筹款募捐

伤兵丛集，难民蜂拥，数十万之众，需款甚巨，不难想象。因此，筹款募捐，成为摆在上海国际红十字会面前的巨大难题。

救助伤兵难民，政府当然不能袖手旁观。据《新闻报》报道，"中国红十字会国际委员会为各国领事及中外慈善界人士所组织，以筹募捐款、救护伤兵难民为务，经呈请孔财长由政府拨款倡导，当允拨给救国公债八十万元，现币二十万元，共计一百万元"[③]。政府的表率值得肯定，但无法从根本上解决问题。因此，上海国际红十字会成立后，先后在《中国红十字会月刊》《新闻报》《时报号外》等报刊发布募捐启

---

① 《上海国际红十字会报告（民国二十六年十月至二十八年三月卅一日）》，上海图书馆藏，旧档信字第109号。

② 《中国红十字会上海国际委员会组织大纲》，《中国红十字会月刊》总第30期（1937年12月），第51页。

③ 《红会国际会财部拨助款》，《新闻报》1937年10月29日。

事，"向中外热心人士作将伯之呼"。①

上海国际红十字会的呼吁，得到爱心人士的热烈响应，"中外团体、个人自动输助者颇为踊跃"②。但要达到千万元的既定筹款目标，必须拓宽筹资渠道。为此，上海国际红十字会无论在国内，还是在国外，均采取了多样化的募捐方式筹募捐款，其中以下方式颇具特色。

其一，举办"募捐运动周"（或称"红十字募捐周"）。

经筹备，上海国际红十字会拟定于12月1日至8日"在上海举行募捐运动周，吁请本埠各界人士踊跃捐输，共襄善举"③。在这一周之内，"该会将派红十字女子至各商店、各事务所募捐，不论多寡，均所欢迎"④。同时征求赞助员，"分年捐一元，普通捐五元，赞助捐十元，补助捐二十五元，特别捐不等"。募捐周的筹款目标是10万元。⑤

募捐周原定8日闭幕，因"南京路事件（12月3日日军举行入城仪式——引者）中辍数十小时，特延长二日，至本星期六（11日）闭幕"⑥。

募捐周期间，"自一日至八日，已募得五万二千三百余元。八日至昨晚（11日），确数未结，惟当在二万元左右，故总数当在七万元以上"⑦。虽然没有达到既定的10万元募款目标，但在动荡的时局中，能取得如此成绩，已属不易。

其二，成立"三元救命会"（亦称"一角救难运动"）。

短期的"募捐运动周"结束不久，1938年1月7日，上海国际红十字会在国际饭店举行会议，决定创立"三元救命会"，以为长久之计。颜

---

① 《中国红十字会上海国际委员会为难民伤兵请命》，《中国红十字会月刊》总第 29 期（1937年 11 月 1 日），第 76 页；《中国红十字会上海国际委员会筹募救济费》，《新闻报》1937 年 12月 13 日；《红会函请各界宏施输助》，《时报》（号外）1937 年 12 月 16 日。
② 《经收捐款报告》，《中国红十字会月刊》总第 30 期（1937 年 12 月），第 80 页。
③ 《红会国际会定期举行募捐运动》，《申报》1937 年 11 月 26 日。
④ 《国际红会一周募款活动》，《新闻报》1937 年 11 月 28 日。
⑤ 《国际红会红十字募捐周开幕》，《新闻报》1937 年 12 月 2 日。
⑥ 《红十字运动捐展期闭幕》，《申报》1937 年 12 月 9 日。
⑦ 《红十字捐运动周今日结束》，《新闻报》1937 年 12 月 12 日。

惠庆、施肇基、贝克等10余人"首先加入，并组织委员会。不论何人，只须月纳三元，即可为该会会员"①。办事处设于河南路505号华洋义赈会4楼，由干事骆传华具体负责。会费规定为月捐3元，"盖以难民口粮日需一角，每月三元，即可维持一人之生命，故取此义而定会名"②。月捐3元，等于日捐1角，故又称"一角救难运动"。③"三元救命会"显然取法于上海国际救济会1937年11月开始实施的每日"一角捐运动"④。对"三元救命会"，上海国际红十字会充满期待，"该会发起人颜惠庆、施肇基、刘湛恩、郑莱、郭承恩、罗公侠、陈逵夫人、富文寿、杨少南夫人、骆传华、J. E. Baker、G. Findlay Andrew、C. R. Bennett、R. Calder Marshall、J. Hers、Mrs. Dana Nance、G. W. Pettit、W. H. Plant、Mrs. Arthur、N. Young等，均属沪上中外名流，业经函请各界广劝入会。沪多善士，行见踊跃参加，惠济灾黎也"⑤。

"三元救命会"一经成立，即发布启事，"敬请鼎力赞助"⑥。

"三元救命会"的"救命"吁请，得到了广泛响应，"加入三元救命会者亦甚踊跃"⑦。据报载，"中国红十字会上海国际委员会，前鉴于本埠各慈善团体收容难民数在二十万以上，给养浩繁，开支巨大，维持匪

① 《红会国际会创三元救命会》，《新闻报》1938年1月8日。

② 《三元救命会成立》，《中国红十字会月刊》总第32期（1938年2月），第63页。

③ 《上海国际红十字会报告（民国二十六年十月至二十八年三月卅一日）》，上海图书馆藏，旧档信字第109号。

④ 上海国际救济会启事称："敬启者：查沪战发生以来，难民多至三十万人，虽蒙各慈善团体竭力设法救济，但人数众多，给养浩繁，我社会热心人士，务恳竭力济助。兹照本市保险界服务团发起每日一角捐建议办法良善，本会决议施行。自即日起，征求此项一角捐，每人日捐一角，积成三元为单位，一俟足数，即交本会。凡团体公司机关或店号职员，可将总收汇集每月缴一次，并恳节俭膳食，节省费用，每月凑三元，即能救难民一人一个月之生活。聚沙成塔，集腋成裘，唯我各界仁人体念灾民之困苦，慨解仁囊，热心济助，不胜感盼之至。"（《上海国际救济会为救济难民征募每日一角捐运动启事》，《申报》1937年11月21日）

⑤ 《中国红十字会上海国际委员会纪事》，见马强、池子华主编：《红十字在上海资料长编（1904—1949）》下卷，东方出版中心2015年版，第217页。

⑥ 《中国红十字会上海国际委员会征求三元救命会会员》，《中国红十字会月刊》总第31期（1938年1月），第88页。

⑦ 《红会国际委会讨论难民给养问题》，《新闻报》1938年1月15日。

易。经成立三元救命会，请各界人士，月节三元，共襄善举。兹悉加入会员极为踊跃，迄现在止，已有八百余人，共纳捐三千八百余元云"[1]；"征求以来，加入会员颇形踊跃，闻已有千人以上云"[2]；"国际红十字会发起之三元救命会，现加入会员已达一千余人"[3]。从媒体的这些报道中，足见上海各界对上海国际红十字会难民救助事业的支持。最终，上海国际红十字会使命完成，"三元救命会"共收会费592300元[4]，对解决难民衣食之需，起到一定作用。

其三，海外劝募。

上海国际红十字会筹款募捐，"不仅在国内进行，而且在海外各地进行"[5]。

上海国际红十字会由中外人士共同发起，具有国际性，且如颜惠庆、施肇基，都曾出任驻外大使，这种人脉关系，使上海国际红十字会海外募捐成为可能。

上海国际红十字会成立后，主席颜惠庆、宣传征募主任施肇基、总干事贝克等，即电请中国红十字会会长、驻美大使王正廷，"通知美国各慈善机关、华侨团体，将捐款汇寄该会，以便集中分配，调剂各地救济费用。此外，驻英、法等国大使处，亦有相同之电发出"[6]。各友邦亦"纷纷汇寄捐款，协助救济"[7]。如美国，"自战事发生以来，美国各善团抱救灾恤邻正义，募助中国救济难民经费，为数甚巨"；总统罗斯福特

---

① 《三元救命会已有会员八百余人》，《中国日报》1938 年 5 月 28 日。

② 《三元救命会会员达千名》，《生活日报》1938 年 3 月 10 日。

③ 《红会三元救命会，新会员参加踊跃》，《申报》1938 年 11 月 10 日。

④ 《上海国际红十字会报告（民国二十六年十月至二十八年三月卅一日）》，上海图书馆馆藏，旧档信字第 109 号。

⑤ 颜惠庆：《颜惠庆自传：一位民国元老的历史记忆》，吴建雍等译，商务印书馆 2003 年版，第 303 页。

⑥ 《红会国际会财部拨助百万——分向海外劝募并演剧筹捐补助各善团救济伤兵难民》，《申报》1937 年 10 月 29 日。

⑦ 《友邦捐款续有汇到》，《中国红十字会上海国际委员会救济月刊》第 1 卷第 1 期（1938 年 6 月），第 4 页。

函请美国红十字会"向全国人民捐募百万美金，以为救济中国战区难民之需"。①对此，"我国朝野对美国人民此种同情之援助及罗斯福提倡之美意，深为感激"；行政院院长兼财长孔祥熙致电罗斯福，"表示诚恳之谢意"。②据统计，截至1938年11月10日，救济中国战时难民团体中国教会赈济委员会、美合众国中国灾赈会、中华人民赈救联会等，共募集美金775598元，"其中以上海所收到之美国捐款为最巨"，计美金57164元、国币484410元。③再如英国，在英国红十字会、英国教会联合会、伦敦中国社会等团体的呼吁下，"英国人士闻风兴起，踊跃输将，慨助金钱、衣服及医药用品，为数颇巨"。其中英国华灾救济会"为上海国际红十字会及全国救济难民团体之重要捐助者"④，捐助上海国际红十字会达法币32万余元⑤。此外，澳大利亚、加拿大、意大利、法国、荷兰等国红十字会或政府、民间团体也都有赞助。

在海外劝募中，特别值得一提的是饶家驹的美国之行。

饶家驹（1878—1946），法国天主教神父。1913年来华传教，曾在圣心堂管理外侨教徒，并担任法国驻沪陆海军与公共租界"万国商团"随军神父、上海天主教所办各外侨子弟学校童子军指导员。因在沪失去右臂，人称"独臂神父"。他热心慈善事业，并于1926年出任华洋义赈会会长。作为上海国际红十字会执委会副主席，饶家驹负责难民救济问题，"奔走救济工作，厥功甚伟，为中外所同钦"⑥。为筹集难民救济经费，1938年4月，"红会国际委员会，爰推饶氏赴美一行，借与彼邦慈善界取得密切

---

① 《美国各善团助华》，《申报》1938年12月20日。

② 《美募金救济我难民由詹森等负责》，《申报》1938年1月28日。

③ 《美人救济中国难民》，《申报》1938年11月24日。

④ 《英国华灾救济会之创立与其工作概况》，《中国红十字会上海国际委员会救济月刊》第1卷第4期（1938年9月），第6页。

⑤ 《上海国际红十字会报告（民国二十六年十月至二十八年三月卅一日）》，上海图书馆藏，旧档信字第109号。

⑥ 《饶神父赴美联络美国慈善界推进在华救济事宜》，《新闻报》1938年5月4日。

联络而宏救济"①。饶家驹表示万苦不辞。

5月2日，饶家驹搭乘加拿大"皇后"号赴美。按照计划，饶家驹"将访谒罗斯福总统及美国红十字会各高级职员"，"请求美国人民慷慨捐助"。② 25日，饶家驹抵达美国首都华盛顿。据美联社电，"饶神父此行，目的在往各处演说，俾美国民众了解中国方面救济问题之严重，希望筹捐款项，国务院方面已请白宫准备饶神父与总统会晤事宜，预料于数日之内，即可竣事云"③。26日，作为上海红十字会国际委员会代表，饶家驹前往白宫"晋谒罗斯福总统"。他对于中国难民之痛苦，描述甚详，云"余曾将上海方面之情形，告知罗总统，总统对于吾人之工作，颇为嘉许，并谓对于中国难民之情形，亦甚了解"；事后，饶家驹向报界发表谈话，"描述中国难民痛苦情形，并谓罗斯福总统告以美国亟愿以全力赞助救济工作云"。④

旅美期间，饶家驹为中国难民筹款募捐，奔走呼吁，声嘶力竭，尤其是"一碗饭"运动，轰轰烈烈。6月17日，在中国难民救济会会长小西奥多·罗斯福（Theodore Roosevelt, Jr.）的支持下，饶家驹在纽约唐人街组织了"旧中国之夜"大型募捐晚会，"由此在美国全国范围内发起了一系列被称为'一碗饭'晚会的宣传活动"，即举办简单招待餐会，邀请各界人士参加，自由捐款，数额不定，"介于买一碗米饭与买一顿正餐的费用之间"。⑤据报道，"美国境内为人道主义而举行之运动，当以此次规模最大"⑥。这使饶家驹颇感自豪，"现在美国进行之募款援助中国难民运动，颇得当地人民之热烈响应，上月在美国各州一千六百余城市

① 《饶神父赴美联络美国慈善界推进在华救济事宜》，《新闻报》1938年5月4日。
② 《饶神父赴美将访美总统及红会当局》，《大美晨刊》1938年4月28日。
③ 《饶神父抵美谒罗总统》，《时报》1938年5月27日。
④ 《饶神父为我国难民请命》，《新闻报》1938年5月28日。
⑤ [美] 阮玛霞：《饶家驹安全区：战时上海的难民》，白华山译，江苏人民出版社2011年版，第128页。
⑥ 《二千城市举行一碗饭运动》，《申报》1938年7月17日。

举行之'一碗饭'劝募运动，所得捐款共达美金百万元"[①]，"成绩至为美满"[②]。使命完成，饶家驹"乃整束行装，由温哥华乘亚洲皇后号轮回华"[③]，8月1日抵达上海。

在多方努力之下，海内外各界人士爱心涌动。至1939年3月31日，上海国际红十字会计收中外捐款及国民政府协款共3129926.74元[④]，保障了伤兵难民救助工作的有序开展。

伤兵难民医疗救助

上海国际红十字会"由中外慈善界同人及各国领事所组织，以救护伤兵、收容中外难民为职务"[⑤]。因此，伤兵救护为其重要职责。

伤兵救护由上海国际红十字会下设的伤兵委员会专门负责。鉴于战地救护由中国红十字会救护队、急救队力任艰巨，上海国际红十字会遂偏重于医疗服务。但其本身没有伤兵医院，而是以合作的方式，对伤兵实施医疗救助。据《上海国际红十字会报告》，"在上海国际红十字会名义下，设立医院五处，其费用之大部份多由私人支持"[⑥]。其中，4所伤兵医院均由私人开设，上海国际红十字会给予资助，每一伤兵每日津贴5角，至1938年10月共计拨助款171616.97元。[⑦]第五伤兵医院则由上海新药业公会筹办，所有医药给养均由新药业公会自理，并函请上海国际红十字会"赐

---

①　《饶神父在美电告一碗饭捐得美金百万》，《生活日报》1938 年 7 月 7 日。

②　《副委员长饶神父返沪》，《中国红十字会上海国际委员会救济月刊》第 1 卷第 3 期（1938 年 8 月），第 3 页。

③　《副委员长饶神父返沪》，《中国红十字会上海国际委员会救济月刊》第 1 卷第 3 期（1938 年 8 月），第 3 页。

④　《红会经募捐款三百余万》，《申报》1939 年 5 月 29 日。

⑤　《万国红十字会成立伤兵医院》，《申报》1937 年 10 月 28 日。

⑥　《上海国际红十字会报告（民国二十六年十月至二十八年三月卅一日）》，上海图书馆馆藏，旧档信字第 109 号。

⑦　《上海国际红十字会报告（民国二十六年十月至二十八年三月卅一日）》，上海图书馆馆藏，旧档信字第 109 号。

予番号，并派员指导"①，得到上海国际红十字会允准而"列入第五伤兵医院"②。据报道，该院于1937年12月21日正式宣告结束，虽然只存在了一个多月的时间，但收治伤兵170余人，"办理成绩，极为优良，深得社会各界之称许"。③

特别值得一提的是，除上述伤兵医院外，上海国际红十字会还专门开办残废伤兵医院。

残废伤兵医院"本来是上海商界组织的第十七救护医院，后来为了经费的关系，改为中国红十字会上海国际委员会残废伤兵医院"④。1938年1月10日开办，2月1日迁至蒲石路、古拔路口原第十七救护医院，美籍外科医师单惠泉（Dr. Thornton Stearns）任院长，虞心炎任副院长。⑤"除了正、副院长，还有沈、李诸医师，女看护十六七人。教师是市商会童子军庄瑶卿女士、刘明传先生等十余人。虽都是义务，然而他们的工作，是有条不紊，精神都很饱满。"⑥医院宗旨"在予伤兵以德智育之指导与职业训练，教以轻便工作，冀出院后能自食其力，成为社会生产之一份子"⑦。

残废伤兵"为了争取民族的独立与解放，在罗店以迄闸北的一线上受了光荣的重伤，当他们在战地上昏睡过去，再在后方睁开眼睛的时候，一部份的肢体已离开了他们，从此他们只有个残缺的胴体了"⑧。对这些抗日英雄，上海国际红十字会给予格外的人道关怀，不仅为其安装假肢⑨，

---

① 《新药业伤兵医院开始收容伤兵昨函国际红会编定番号》，《申报》1937年11月9日。

② 《新药业公会热心救护》，《中国红十字会月刊》总第30期（1937年12月），第81页。

③ 《第五救护院结束》，《社会朝报》1937年12月22日。

④ 苏迅：《残废伤兵医院》，《中国红十字会月刊》总第35期（1938年5月），第56页。

⑤ 《上海国际红十字会报告（民国二十六年十月至二十八年三月卅一日）》，上海图书馆馆藏，旧档信字第109号。

⑥ 苏迅：《残废伤兵医院》，《中国红十字会月刊》总第35期（1938年5月），第56页。

⑦ 《中国红十字会残废伤兵医院报告摘要》，《中华医学杂志》第24卷第7期（1938年7月），第563页。

⑧ 《遗留沪滨的残废战士》，《中国红十字会月刊》总第34期（1938年4月），第76页。

⑨ 《国际红会成立残废伤兵医院》，《晶报》1938年2月17日。

"抑且予以适宜之娱乐"①，"施以职业训练"②，使他们残而不废，对未来的生活充满信心。

残废伤兵医院从1月10日开办至10月31日正式宣告"完满结束"③，10个月内共收治残废伤兵403名。"鉴于此等残废伤兵出院后不能与常人同样谋生，故教以特种手艺技术，俾出院后得谋生自立。"④

除了伤兵医疗救助，对难民的医疗救助也体现了上海国际红十字会的人道情怀。数十万难民中，有不少受伤者罹患各类疾病，需要及时救治。上海国际红十字会"设有医药委员会，由施恩明医师为主席"⑤，整合各方资源，根据难民需要，陆续设立各类医院25家⑥。

各类医院为难民提供周到的医疗服务，上海国际红十字会则向各类难民医疗机构提供经费支持。据记载，上海国际红十字会除创办第一、第二等难民医院外，还采取合作的方式，为难民构建起安全保障体系。例如，与"广仁、同仁、宝隆、仁济、公济、时疫等医院；中华麻疯（风）、难民肺病等疗养院特约治疗难民，分别门诊、住院，按月给与相当津贴；而其它善团所办难民医院，如救世军交通大学医院、广东难民医院、上海工人医院、难童医院等，亦均受该会之补助。总计全埠二十四处，至本年（1938年）一月底止，共拨助国币五万七千三百余元"⑦。

---

① 《残废兵士百余接骨》，《华美报》1938年5月12日。

② 《上海国际红十字会报告（民国二十六年十月至二十八年三月卅一日）》，上海图书馆馆藏，旧档信字第109号。

③ 《红会国际会终止直接救济工作》，《新闻报》1938年9月25日。

④ 《上海国际红十字会报告（民国二十六年十月至二十八年三月卅一日）》，上海图书馆馆藏，旧档信字第109号。

⑤ 《红会国际会注意难民医药事项》，《新闻报》1938年5月23日。

⑥ 《国际红十字会发表难民医院一览表》，《中国红十字会月刊》总第35期（1938年5月），第27—29页。

⑦ 《难民医院之组织与补助》，《中国红十字会月刊》总第32期（1938年2月），第66页。

南市难民区——难民救助的典范

淞沪会战中，难民蜂拥，数量庞大，难民救助无疑是一个巨大的系统工程。难民收容、管理、供养、安置等等，牵一发而动全身。上海国际红十字会殚精竭虑，专设难民委员会，由饶家驹神父主持难民救济工作。

1937年10月4日，难民委员会举行首次会议。是时难民人数约10万人，在公共租界中者62425人，在法租界者29568人，其余为散处街头者，"盖除数千难民无法觅得收容所者外，所有难民均住入收容所内。各收容所皆由本市各善团所设立或为所主持者。诸慈善团体有一部分为旧有之善团，一部分则为战事发生后所设立"①。在此种情况下，上海国际红十字会之功能，"实需精准之规定"。几经讨论后，其功能定位为："一、上海国际红会不拟直接自办或管理任何收容所；二、上海国际红会拟设法使收容所之状况，管理及费用均标准化；三、上海国际红会拟于诸已成立之善团不胜负担时予以援助；四、给予诸善团之援助将采取物质或劳务之方式，直接提供于各收容所，而不以现金补助金之方式给予收容所或各善团。"②为有序开展救助工作，难民委员会特设视察组、房舍组、衣服组、运输组、食粮管理组、难民工作组、职业介绍组等7个小组，各司其职，相互配合。

在难民救助中，南市难民区的设立是一大创举，在世界范围内亦堪称难民救助的典范。

南市是难民最为集中的区域，但难民的安全毫无保障。为此，上海国际红十字会成立后即"从人道的动机，近向中日双方提议，将毗连租界的南市北段划为难民收容区。在这区域以内，双方军队避免作战"③。这一动议，经过饶家驹神父的不懈努力，最终得以"落地"。11月4日，上海

---

① 《上海国际红十字会报告（民国二十六年十月至二十八年三月卅一日）》，上海图书馆馆藏，旧档信字第 109 号。

② 《上海国际红十字会报告（民国二十六年十月至二十八年三月卅一日）》，上海图书馆馆藏，旧档信字第 109 号。

③ 《南市难民区的建议》，《申报》1937 年 11 月 4 日。

市政府批准设南市难民区；6日，日本方面亦表示认可。南市难民区最后确定的范围为旧城厢北部约三分之一区域，南至方浜路，东、西、北至民国路，呈半圆形，东西间距约1.5千米，南北间距约0.5千米。①对于该区域的权属，南市难民区管理委员会发表声明："难民区设立之提议，纯出于人道动机，决不损害中国主权。"②

11月9日，南市难民区正式运行，由南市难民区监察委员会管理。监察委员会由饶家驹、工部局董事麦克诺登、法租界公董局董事巴布德以及法租界公用事业司库贾斯帕、柏韵士、安献金、普兰特等7人组成。救助事务为上海各有关慈善团体协同参与，如卫生工作，由中国济生会、中国红十字会担任；医药治疗，由中国红十字会及中华医学会主持办理；掩埋尸体，由普善山庄负责；难童收养，由中华慈幼协会办理；区内秩序，由上海国际红十字会派外籍警士维持；另设草绳工场和板刷作坊；等等。难民区的经费主要靠捐助，这些款项直接汇给上海国际红十字会，由其调拨使用。③

据报道，"难民区内共有大小收容所一百一十八所，收容难民八万八千余人，住户要求面包救济已登记者三万八千余人，未登记者六万余人，尚未收容餐风露宿之难民约三千余人，难民总数不下二十万人"④。他们被汇聚到上海国际红十字会旗帜下，得到人道关怀与救助。1940年6月30日，南市难民区完成使命圆满收官。其中，饶家驹不辞劳瘁，奔走维持，厥功至伟。如英国著名记者田伯烈所言："成千成万的难民，为死亡所威胁，为黑暗所包围，他们的一线曙光，只是希望能够达到一个外国人管理的安全区域。去年十一月间，上海饶神父曾在南市设立难

①　郑少民、沈士伟：《抗战时期的南市难民区》，见吴汉民主编：《20世纪上海文史资料文库》第9册，上海书店出版社1999年版，第309页。

②　航僧：《南市难民区之筹设及战区人民罹劫惨况》，《中国红十字会月刊》总第30期（1937年12月），第74页。

③　池子华、徐璐：《"孤岛"时期上海国际红十字会的人道救济事业》，见苏智良主编：《饶家驹与战时平民保护》，广西师范大学出版社2015年版。

④　《沪市成立难民区》，《国际劳工通讯》第4卷第12期（1937年11月），第118页。

民区，容纳二十五万人，这是一个不可掩饰的功绩。"①

南市难民区是在上海国际红十字会支持下，由饶家驹主持设立的，是上海国际红十字会难民救助的有机组成部分。正因为难民区由饶家驹主持，故南市难民区亦被称为"饶家驹区""饶家驹安全区"②，而其坚强的后盾则是中国红十字会授权的上海国际红十字会，"难民区所悬旗帜为中国红十字会及上海国际救济委员会（即中国红十字会上海国际委员会——引者）会旗"③，正是难民区的"安全保障"。

饶家驹的人道之举，赢得国际社会的交口称赞。1938年3月9日，蒋介石亦特专函致谢："饶家驹神父道席：寇氛张盛，淞沪沦陷，我同胞锋镝余生，重遭茶毒，蔽无片瓦，储无斗粮，饥寒待毙者，二十余万人。乃荷贵神父及难民救济委员会诸同仁抱己饥己溺之怀，施解衣推食之仁，奔走勤劳，迄今不懈。中正忝主戎行，缅怀弥感，用特专函，代表全民，敬致最诚挚之谢忱！"④

南市难民区从1937年11月9日开办直至1940年6月30日结束，不到3年的时间，使30万生灵免遭涂炭。⑤饶家驹因此被誉为"难民之父"⑥。

南市难民区救助战争难民，卓有成效，形成"上海模式"，并得以在南京、杭州、汉口、吴江、香港、广州、福州等地得到"复制"，50万余难民得到救助。⑦这一模式作为战时保护平民的成功范例，写入1949年8月12日订立的《关于战时保护平民之日内瓦公约》（《日内瓦第四公约》）。该公约第十五条"一般背景"中明确指出："1937年中日战争期

---

① [英]田伯烈：《外人目睹中之日军暴行》，杨明译，江西人民出版社1986年版，第1页。
② [美]阮玛霞：《饶家驹安全区：战时上海的难民》，白华山译，江苏人民出版社2011年版。
③ 《南市难民区定明日起实行》，《申报》1937年11月8日。
④ 《蒋介石致饶家驹神父的信》，见南市难民区监察委员会编：《中国上海"饶家驹区"的故事》（英文版），上海别发书局1939年版，"附录"。
⑤ 苏智良：《上海二战难民救助与〈日内瓦第四公约〉》，《中国社会科学报》2015年12月8日。
⑥ 苏智良：《"难民之父"饶家驹》，《光明日报》2015年10月8日。
⑦ [美]阮玛霞：《饶家驹安全区：战时上海的难民》，白华山译，江苏人民出版社2011年版，第117页。

间，一个中立区也在上海建立起来……它被称为饶家驹区，是为了纪念成立这个区的人。"①《日内瓦第四公约》是国际人道法的重要组成部分。"上海模式"作为战时难民救助成功的典型案例，被国际人道法所吸收，既是饶家驹的创举，也是上海国际红十字会的贡献。

上海国际红十字会于1939年3月31日宣告结束，在将近一年半的时间里，无论是伤兵救护，还是难民救助，上海国际红十字会都全力以赴。此外，该会还先后成立近郊救济委员会和支配赈款顾问委员会，向南京、汉口等地提供经费支持和医护人员支持。②毫无疑问，上海国际红十字会在淞沪会战救难中创造了不可磨灭的历史功绩。

（收录于《红十字运动研究》2022年卷，合肥工业大学出版社
2022年版）

---

① ［美］阮玛霞：《饶家驹安全区：战时上海的难民》，白华山译，江苏人民出版社2011年版，第180—181页。
② 池子华、崔龙健主编：《中国红十字运动史料选编》第7辑，合肥工业大学出版社2017年版，"前言"。

中国红十字会党建史上的壮举

——从上海红十字会煤业救护队队员到新四军战士的华丽转身

1938年1月，上海红十字会煤业救护队在中国共产党领导下，百余名队员在江西南昌集体加入新四军。这一壮举被载入史册，并在历史的长河中熠熠生辉。

星星之火：煤业地下党筹组救护队

上海红十字会煤业救护队是"经过党的长期培育、锻炼，发展成为以党的抗日民族统一战线为指导，在抗日烽火中诞生的抗日群众团体"。

1937年全面抗战爆发后，社会各界爱国热情高涨，纷纷响应中国共产党号召，"有钱出钱，有力出力"，支援抗战。有着光荣的革命传统的上海煤业界，也积极投身抗日救亡运动。

早在1925年第一次国共合作期间，以陈云为代表的老一辈革命家在上海建立起"国民党第一区党部第二十五分部"，领导了包括煤业界在内的上海职工运动，发展了一批党员。虽然随着1927年第一次大革命失败革命力量受到摧残，但已播下"红色"种子，以叶进明为核心的地下党员成为传承"红色基因"的"星星之火"。

叶进明原名叶晋康，1927年"四一二"政变不久，在白色恐怖笼罩下，他毅然加入中国共产党，并改名叶进明，抱定在党的领导下追求进步和光明，矢志不渝。他曾两度被捕入狱，但初心不改。

1936年夏初，日本加快侵华步伐。刚出狱的叶进明立即与地下党员孙鹏飞等组织煤业职工中的骨干参加"公民训练"——军事操练以及中国红十字会主导的战地救护技能培训，以应对不断恶化的局势。当年举办三期"公民训练"，每一期都有上百名煤业进步青年参加，为煤业救护队的筹建奠定了基础。

义无反顾：在党领导下投身战地救护

1937年"七七事变"后，以叶进明、余继良、毛纪法等为核心组成的煤业地下党支部团结煤业界上层爱国人士，于8月9日组织建立"上海煤业救护队"，分编15个中队和分队，并请红十字会定期训练。党领导下的上海煤业救护队由此诞生。

8月13日淞沪会战爆发后，处于临战状态的上海煤业救护队立即行动，开赴前线救护伤兵，闸北、宝山、月浦、罗店、真如、浏河以至昆山一线，都有煤业救护队活跃的身影。每车5人编成一个救护分队，出动汽车一二十辆，多时达到四五十辆。

鉴于救护伤兵和车辆出入租界多有不便，从8月16日起，煤业救护队正式并入中国红十字会系统，定名"上海红十字会煤业救护队"，挂红十字旗帜，佩戴红十字臂章。汽油及汽车修理费用由中国红十字会负担。此后，"煤业救护队随军西撤到皖南，从浙江、江西、湖南运伤兵，以至接运闽、赣、粤红军下山为新四军服务，一直打着红十字会旗号，克服了许多困难"。

淞沪会战的三个月中，在中共煤业地下党支部组织的协调和领导下，煤业救护队员出生入死救护伤民难民。根据红十字会救护队、急救队"各队救回伤兵总数一览表"，煤业救护队总计救回伤兵1.4万人，位列榜首。毫无疑问，煤业救护队是淞沪会战中"规模最大，人车最多，实力最雄厚的一支救护队"。

重大抉择：集体加入新四军

1937年11月5日，日军突然从金山卫登陆，战局急转直下。国民党军队沿沪宁铁路西撤，煤业救护队何去何从，必须做出抉择。以叶进明为代表的共产党人，"鼓励队员们继续坚持抗战，答应他们的工资照发，家庭生活由公家照顾"，解除了队员的后顾之忧。

11月12日，上海沦陷。煤业救护队出动100余人、20多辆卡车参与随军救护，经苏州、宜兴、高淳、宣城至皖南屯溪附近待命。因物资供应和生活来源出现严重困难，人心恐慌，叶进明等和上级党组织负责人刘宁一取得联系，决定"充分发动党员和救国会员，带汽车去武汉参加八路军（当时上海还不知道有新四军）"。

淞沪会战的硝烟已经散去，但煤业救护队的使命尚未完成，数千名伤兵滞留上海，亟待运往后方。中国红十字会总会交通股派乐时鸣（中共地下党员）率第十九救护医院孟燕堂、施奇等去宁波会同市商会童子军建立接运站，专门接运和医治从上海撤往内地的伤兵。为加速接运伤兵，1938年1月，中国红十字会总会和上海煤业公会决定将交通股接运站和煤业救护队合并，改称中国红十字会总会交通股，正、副主任由红十字会派金芝轩、煤业公会派田萼芳担任。原交通股接运站和煤业救护队分别改称交通股一、二组。乐时鸣任一组组长，忻元锡任二组组长（不久出任煤业救护队大队长）。第二组对外仍沿用"上海红十字会煤业救护队"名称，亦称"中国红十字会总会交通股二组"。两组并肩战斗，辗转接运伤兵。

1938年1月，煤业救护队历经波折到达江西南昌。在得知南昌设立新四军办事处的消息后，叶进明、王公道、忻元锡立即前往陆象山路明德里新四军办事处，表达集体加入新四军的愿望。中共中央东南局统战部部长黄道、组织部部长陈少敏表示"热情欢迎"。百余人集体参加新四军，"开创了成建制的、有规模的、群众团体集体参军的第一个例子"。这一壮举，也意味着煤业救护队淞沪会战救护使命完成。

初心如磐：惊涛骇浪中的坚守

在中国共产党的领导下，新四军煤业救护队党支部成立，叶进明任支部书记，王公道、余继良为委员。组织关系转到新四军军部，由新四军政治部主任袁国平直接领导。根据新四军军部的安排，从1938年1月至4月，煤业救护队担负起接运南方八省游击队转赴皖南的任务。

煤业救护队的"转型"并非一帆风顺。1938年2月，国民党一名上校军官在前线身负重伤，要求煤业救护队派车到指定地点接运到后方医院。救护队立即执行任务，但该军官因失血过多，于运送途中死亡。伤兵管理处（其觊觎救护队人多车多且为新四军服务，多次希图"吞并"，但遭到拒绝）于是借此挑起事端，暴打救护队大队长忻元锡。双方发生冲突，伤兵管理处扣押忻元锡。王公道带领救护队员冲到江西省政府抗议，救出忻元锡。叶进明从上海回到南昌后，立即电报中国红十字会申诉，中国红十字会副会长、煤业界领袖人物刘鸿生即与江西省政府交涉，这场风波才算平息。

3月9日，叶挺军长、项英副军长等军部首长在南昌"张勋公馆"举行宴会，招待全体煤业救护队员，肯定救护队员为新四军服务、机智勇敢地担任接运游击队工作的成绩，鼓励队员到皖南岩寺继续为前线抗敌服务。队员备受鼓舞。随后，煤业救护队在党组织的领导下离开江西，进驻皖南。

在党组织的坚强领导下，煤业救护队坚定了政治方向，最终"从一个群众性的救亡组织，发展成为一支抗日革命队伍"。

建功立业：红十字旗下的使命担当

中国红十字会总会交通股一组在党的领导下，克服重重困难来到皖南，与二组胜利会师。在这里，一组谢丽华、梁洁莲、梁钧铤、朱文奎、沈志英和煤业救护队郭步洲等11人前往长沙中国红十字会战时卫生人员训练所学习，随后编入中国红十字会救护总队第61医疗队，转战华北前线，为八路军服务。其中在长沙加入地下党的郭步洲、梁洁莲、梁钧铤、朱文奎的组织关系转到西安八路军办事处。一组其余人员在皖南参军，继续为新四军服务。

煤业救护队人多车多，"红十字"受人尊重，具有得天独厚的优势。根据新四军军部首长"红十字会煤业救护队群众团体的名义还要继续保持，这是统一战线的极好方式"的指示精神，党支部开展了一系列工作，如：

1938年4月，中国红十字会总会交通股金芝轩、田尊芳两位主任经南昌到达岩寺，煤业救护队党支部组织隆重欢迎大会，叶挺军长、项英副军长等特别宴请，席间聘请金芝轩为新四军交通运输顾问，田尊芳为新四军医疗卫生顾问。

1938年6月，上海地下党动员大批爱国青年和失业工人参加新四军。煤业救护队派出车辆人员，把近千名爱国青年接运到岩寺参军。

1938年11月，煤业救护队以"战地文化服务社"名义筹建印刷所，担负印制军报《抗敌报》等任务。筹建经费由金芝轩、田尊芳向中国红十字会和上海煤业公会争取。煤业救护队大队长忻元锡为印刷所第一任所长，副大队长陈昌吉为第二任所长。

救死扶伤："三十年代青年的光辉榜样"

煤业救护队出生入死，救死扶伤，成为中国红十字会淞沪会战中的一支重要力量。据记载，从1937年8月至1938年4月，各救护队先后救运受伤兵民共计44389名，其中党领导下的上海红十字会煤业救护队功不可没，而百余名队员集体加入新四军，为人民军队注入新鲜血液，"对新四军建军初期的后方勤务有极大贡献"。

煤业救护队能取得骄人成绩，党的领导起到关键作用。如忻元锡所说，"煤业救护队是一支比较大、比较强、比较正确、比较有生命力的群众团体。依靠什么呢？依靠共产党的领导和影响"。从煤业救护队的筹建到投入淞沪抗战救护，到转运伤兵，再到集体加入新四军，以叶进明为核心的党组织力挽狂澜，才使这支特殊的队伍坚定了政治方向，书写了中共党史和中国红十字运动史上永不磨灭的壮丽篇章。

煤业救护队为抗击外敌，穿梭于枪林弹雨之中，很多人为此献出生命。在皖南事变中牺牲的有杨志华、叶梧影、毛中玉、田经纬、邵延鸣、施奇、洪德生、周玉寒、王心渊等。董纯道在苏北牺牲。参加新四军部队后作战牺牲的有金克华、毛纪法、黄飞熊、毛梅卿、缪凤楼、陆稼穑、周山等。他们为抗日战争而牺牲，为党的事业而献身，如新四军苏中军区政委陈丕显所说，他们不愧为"三十年代青年的光辉榜样"。

（原载《中国红十字报》2021年8月13日）

"到敌人后方去"

——一支红十字救护队的红色征途

1938年，中共地下党领导的上海红十字会煤业救护队百余人集体加入新四军，轰动一时。这支队伍来自中国红十字会交通股二组，而与之合作的红十字会交通股一组，有的队员选择加入新四军，有的队员选择奔赴延安为八路军服务。选择不同，但殊途同归，都是在党领导下投身民族解放事业的英雄之举。

地下党员临危受命

红十字会交通股一组负责人是中共地下党员乐时鸣。

乐时鸣（1917—2015），浙江定海（今舟山）人。1935年12月参加中国共产党领导的抗日救亡运动。1937年9月经中共地下党领导人顾准介绍加入中国共产党。淞沪会战爆发后，乐时鸣作为煤业界的一员，立即参加煤业救护队赴大场前线救运伤兵，一个人带一辆卡车，从前线救护所把伤兵连夜送到昆山，再送到苏州。

1937年10月初，乐时鸣进入中国红十字会总会交通股。11月12日，上海沦陷，4000名伤兵（一说6000名）滞留上海，亟待转运后方救治。乐时鸣临危受命，以总会交通股事务长的名义前往浙江。在上海市商会童子军第50团教练、淞沪会战中国红十字会第11急救队队长蒋传源的协助下，乐时鸣终于征得浙江军医署同意，在宁波设转运站，上海运来的伤兵先在宁波落脚，然后送永康、金华等地，再转运后方。安排甫定，第二天，12月24日，杭州沦陷。

延安的召唤

彼时，中国红十字会第十九救护医院"有许多同志迫切希望到延安去"，"到敌人后方去"。

1938年1月，中国红十字会第十九救护医院医师马仁源，护士戴婉芝，助产士谢丽华，助理护士梁洁莲、梁钧铤，以及工作人员朱文奎、施奇，在孟燕堂的率领下来到宁波。上海华华中学事务主任杨梦雁，上海地下党员杨志华和毛中玉、毛薇卿、黄豪等进步青年前来加盟。连同已在宁波的蒋传源、张渭清、张文彬、张文焕、杜柏青等，交通股的王富兰、苏逸尘及司机、修理工，加上乐时鸣和侯若隐、徐若冰等，集合成一支30人的队伍，在宁波西郊龙华寺（后迁至翰香小学），办起伤兵接运站。为提高接运伤兵效率，中国红十字会总会和上海煤业公会决定将交通股接运站和煤业救护队合并，改称中国红十字会总会交通股，将原交通股接运站和煤业救护队分别改称交通股一组、二组。乐时鸣任一组组长，忻元锡任二组组长。第二组对外仍沿用"上海红十字会煤业救护队"名称。两组协力同心，并肩战斗。至1938年6月，转运伤兵任务圆满结束。

伤兵接运使命完成后，一组前往皖南与二组会合。二组已集体加入新四军，原本打算去延安（这里的"延安"已经超越地域界限而具有象征意义，即参加八路军）的一组思考接下来何去何从。有的认为新四军、八路军都是共产党领导的人民军队，现在新四军近在眼前，没有必要舍近求远，杨志华、毛中玉、施奇、毛薇卿等于是参加新四军；孟燕堂则一心去延安，坚持把他带出来的中国红十字会第十九救护医院的人都带去延安。乐时鸣将没有参军的以及准备去延安的队员，一起带到南昌。安排停当后，乐时鸣重新回到皖南加入新四军。

为党的事业奋斗终身

1938年7月，乐时鸣带领一组的队员到新四军南昌办事处报到。南昌办事处对一组的到来表示热烈欢迎。黄道等办事处领导也极为关心队员的政治成长，他和陈丕显、黄知真、李家庚分别为队员作了关于三年游击战争、《论持久战》等辅导报告，提高了队员的思想觉悟。煤业救护队地下党组织领导人叶进明在救护队建立党组织，侯若隐第一个入党。接着，侯若隐动员青年骨干梁洁莲、梁钧铤姐妹和郭步洲写自传和入党申请书，由"侯大姐转交给党组织"。他们"欣喜若狂，高兴之极"，立即找了间教室，点着油灯，连夜写自传。梁洁莲、梁钧铤文化水平低，郭步洲帮助她们誊写直到东方发白。

1938年6月，中国红十字会救护总队部已在长沙创建战时卫生人员训练所（简称卫训所），培训战地卫生救护人员。根据总会要求，7月底，一组的郭步洲、梁洁莲、梁钧铤、谢丽华等13人到卫训所参与集中培训。郭步洲、梁洁莲、梁钧铤带着南昌新四军办事处的信与长沙八路军办事处徐特立取得联系。8月，叶进明来到长沙，介绍他们三人与长沙地下党接上关系，由长沙地下党组织正式接收他们加入中国共产党。他们"激动得热泪盈眶"，表示要"做一个真正的共产党员，为党的事业奋斗终身"。

中共地下党特别小组的建立

1938年8月底，上述13名学员从卫训所毕业，除医师马仁源和其临产的爱人戴婉芝，其余11人写信给中国红十字会救护总队总队长林可胜，"坚决要求去敌后游击区为八路军服务"。

林可胜毫不迟疑地答应了他们的请求，并决定筹建中国红十字会救护总队第61医防队，服务晋东南游击区。虽然目的地不是延安，但同样是为八路军服务，队员们满心欢喜。第61医防队除前述11名队员，另有黄淑筠医师等加入，共20人。因要求为八路军服务的人员较多，林可胜另行组建第13医疗队同往。

临行前，郭步洲、梁洁莲、梁钧铤办理组织关系结转手续。根据长沙地下党区委的指示，郭步洲担任第61医防队地下党特别党小组组长，梁洁莲、梁钧铤和新入党的朱文奎为成员。特别党小组的建立，标志着原交通股一组党建工作取得新的飞跃。

前路漫漫，砥砺前行

1938年9月底，第61医防队在中国共产党的领导下，踏上了红色征途。队员们先乘火车到汉口，再由平汉路往郑州转西安，可是车行至东篁店时武胜关失守，交通中断，火车不得不驶回汉口。

在汉口八路军办事处，叶剑英为队员举行了欢迎会，分析了抗战形势，激励他们不畏艰难勇往直前，并派出徐光庭副官做向导，陪同去西安。队员们乘火车折回长沙，换乘中国红十字会救护总队卡车，10月10日从长沙再出发，几经周折，于11月初到达目的地。随后，郭步洲、梁洁莲、梁钧铤和朱文奎等4位党员到八路军办事处将党组织关系材料交给伍云甫主任，12月中旬离开西安时转八路军总司令部政治部杨尚昆主任。车到河南渑池，胡服（刘少奇）接见了他们，鼓励大家"克服游击区的各种困难，一刻也不要离开群众"。

4位党员不负所望，带领队员们从渑池渡过黄河，到达山西垣曲，翻越中条山，长途跋涉500里，终于到达太行山北村八路军总司令部，受到朱德总司令、杨尚昆主任的热情招待。随后，全体队员被派往沁县南仁村八路军野战医院开展医疗服务，他们兢兢业业工作，受到广泛赞誉。

1939年7月，4位党员回到西安，朱文奎加入中国红十字会救护总队第23医疗队，被派往延安；梁洁莲调陕南褒城卫训分所；梁钧铤和郭步洲参加新成立的中国红十字会救护总队第40医疗队，前往晋北五台山白求恩医院。

1940年秋，第40医疗队扩充，郭步洲等4位党员一起加入，继续为抗战救护事业无私奉献，直到抗战全面胜利。

（原载《中国红十字报》2021年8月17日）

长津湖战役中的人道力量

——中国红十字会国际医防服务队略记

近日，电影《长津湖》热播，再次使公众感受到抗美援朝战争的惨烈。长津湖战役只是朝鲜战争的冰山一角。在整个战争中，有一支人道力量不容忽视，那就是中国红十字会国际医防服务队。这支开展战地服务的医防服务队，被朝鲜人民誉为"高贵的生命之恩人"。

国际主义和革命人道主义的辉煌标志

1950年朝鲜战争爆发后，在"抗美援朝，保家卫国"的感召下，全国各地医务工作者纷纷自发组织医疗手术队，要求奔赴朝鲜，以实际行动抗击美军。对此，中国红十字会因势利导，为"有统一组织与领导起见"，决定以各地红十字会为"支点"，发动全国医务工作者，组织国际医防服务队。

1951年1月，总会关于组建国际医防服务队的通知发出后，不到一个月的时间，全国各地报名参队人员达833人。总会原拟上海、南京、汉口、重庆、万县、广州、南宁和西安各组一队，但是从西北甘肃的平凉到山东滨海的青岛，从河北峰峰矿局到边陲云南建水，全国各地、各阶层都动员起来了，响应热烈，远远超出预期。如，山东即墨，马锡仁、汪济源等7位开业的医师决心停止营业，争赴朝鲜；开滦林西煤矿的寇用礼大夫表示，"国家利益高于一切，前方志愿军将士在流血，我是人民的医生，救死扶伤是我们的天职"。

国际医防服务队以白求恩大夫为榜样，伤病员需要什么，他们就给什么。郜静霞，割开手臂上的肌肉献血抢救朝鲜伤员。没有蒸锅，队员们用废弃的油桶改装；开处方用的纸张不够，用树皮替代；没有安全的手术室，队员们挖掘坑道，建起能容纳1000多人的地下室；没有取暖和保暖设备，队员们上山打柴烧炕，在漫长的冬季维持20℃以上的室温。

在救护工作中，队员们坚持无差别地对待伤病员。国际医防服务队第一大队给在定州被俘的韩国二等兵李恒宗注射青霉素，挽救其生命。在俘虏营，尽管当时条件十分困难，医院仍尽最大的可能，为伤俘和病俘准备了很多贵重的药品，包括治疗梅毒的"914"针剂、治肺病的链微素、治痢疾的依米丁和消炎用的青霉素等。一名美军病俘说，他在被俘前也很少看到美军在朝鲜有这样好的医院。

国际医防队员本着"人道、博爱、奉献"精神，成为爱国主义、国际主义和革命人道主义的坚定践行者，"是国际主义和革命人道主义最辉煌的标志"。

战地一支重要的志愿救护力量

朝鲜战争时期，国内共组织159个志愿医疗队（团）、动员5377人奔赴战地参加卫生工作，包括医生以上人员1792人、护士2154人、技术员596人。159个队（团）大小不等，有的大队（团）分成几支，实际上共有308个能独立工作的医疗队。深入朝鲜战地服务的55个队（包括中国红十字会国际医防服务队），总计1438人，其中医师387人、护士550人、技术员121人。

据中国人民解放军总后勤部卫生部统计，中国红十字会前后共派出670人（一说666人）参与志愿医疗服务（即国际医防服务队），约占志愿医疗队总数的12.5%。1951年，全国共派出23个志愿医疗队，共计1866人，国际医防服务队占其总人数的39.5%。深入朝鲜战地服务的国际医防服务队共419人，约占入朝志愿医疗队55个队总人数的29.1%。可见，国际医防服务队是一支实力雄厚的救援队伍，是深入战地服务的一支强大力量，为当时的战地救护力量提供了有力支撑与有效增援。

国际医防服务队在朝鲜协助控制住了疫情的蔓延，打败了美国发动的细菌战，接办过朝鲜医院，救护了大批伤病员，还为朝鲜培养了一批医护后备力量，做出了巨大的成绩，书写了无数的感人故事。1952年，朝鲜最高人民会议决定授予中国红十字会国际医防服务队30名队员功劳章，这是具有伟大国际意义的特殊荣誉。

和平与友谊的使者

国际医防服务队的任务"包括中国人民志愿军、朝鲜人民军战伤医治及朝鲜难民医疗防疫工作"。国际医防服务队队员在朝鲜前后方忘我地工作，获得朝鲜军民的信赖。朝鲜一位青年军官致信说："你们的正确治疗和亲切关怀，增强了我工作的决心，我愿早日重上前线打垮美帝，来答谢你们的辛劳。"第一大队第十队离开驻地时，朝鲜人民为他们举行热烈的欢送仪式，并赠送纪念品。第一大队进入朝鲜仅两个多月，就收到了锦旗50多面、感谢信200多封，赢得了朝鲜军民的衷心感谢和交口称赞。

在对待俘虏方面，国际医防服务队通过人道救护行为，深刻地转变了俘虏们对这场战争的认识，并通过俘虏，向国际社会展示了新中国的新风貌。被俘的李恒宗伤愈后说："我对中国医防队表示深深的感谢，但是我无从表达，请求委员长允许我再上前线打击中朝两国共同的敌人——美帝国主义，我今后愿站在人民的立场，永远为人民服务。"

在俘虏营，国际医防服务队进驻以后，一面对伤病俘虏进行治疗，一面改善环境卫生和营养状况，以实际的表现来教育与改造战俘们的思想，消除他们不正确的观点，转变了战俘们的观念、态度。美俘施里治特认为，被俘后能在朝中部队的战俘营里得到这样好的治疗，是他预想不到的。战俘汤姆生说："我一生一世也未见过美国医生有像中国医生这样负责任的；更未见过对俘虏这样宽待的军队。"英俘哈洛宾写信表示"将把许多愉快的回忆带回去，告诉我们英国人民；并且把中国人民的高尚品德和善意也告诉他们，中国人民对任何人都没有宿恨，我希望他们在未来的年代里将继续进行这种对世界人民的良好工作"。在遣返时，许多战俘称国际医防服务队是"再生父母"。

对战俘施以人道主义关怀是一项琐碎的日常活动，国际医防服务队以"润物细无声"的方式，逐渐改变了他们"对伟大新中国的认识"。俘虏们通过各种方式表示厌弃战争，表达了拥护和平、维护和平的愿望。被美军抛弃、被志愿军从枪林弹雨中救回的重伤战俘贝克说，"中国和美国人民都是爱好和平的，要战争的是美国华尔街的大老爷"。英美俘虏还请求转告全世界人民，"进一步地起来迫使美国政府迅速结束这个血腥的可怕的战争"。许多战俘表示，"从此将结束我的军队生活"，"回国后不只我不再当兵，如果我儿子被征时，我将要把他藏到山里去"。这些事实争取了世界舆论，为朝鲜战争的早日结束奠定了社会基础。

正如新中国红十字会首任会长李德全所说，抗美援朝的国际医防服务队，是与全世界人民保卫和平、反帝斗争运动密切联系着的任务；同时也是新中国红十字会在国际主义精神下必须进行的事业。抗美援朝的胜利是与国际医疗工作成绩分不开的，在朝鲜战争胜利的军功章上，永远镌刻着国际医防服务队的勋劳！

（原载《中国红十字报》2021年10月19日。与吴佩华合作）

抗美援朝中的常州"红十字人"

今年是中国人民志愿军抗美援朝出国作战70周年,先辈们秉持国际人道主义精神,投入战争前线,救死扶伤,书写了可歌可泣的传奇。

在他们之中,就有11名常州"红十字人",他们是真正的勇士,是"最可爱的人"。

江苏省志愿赴朝手术队临行留影,其中有常州队员2人

在50多个分会中第一个到达北京

朝鲜战争爆发后,中国红十字会紧急动员,号召各地开展筹款募捐,提供后援保障,并积极组织战地救护。各地红十字会员、医务工作者热烈响应,纷纷报名"参战",有的甚至血书"请战",令人动容。

常州外科医师萧益民第一个"请战"，前黄服务站主任杨迪群等10人也相继报名。医护人员刘毓秀、任志勤二人本来就要求赴朝鲜前线工作，知道红十字会组队赴朝后也积极报名。

1951年2月10日下午，常州卫生科、常州市红十字会联合举行欢送会，欢送参加中国红十字会援朝医防队的13名同志北上。当天晚上11点，40多名各界代表欢送到火车站，目送13人登车。

全国共有50多个分会向总会报名，人数达833人，常州分会是第一个到达北京的分会。经中国红十字会初步审核批准，常州、洛阳、济宁、青岛、广州、南京、北京等分会共计283人（男181人、女102人）赴北京报到，接受政治学习和业务培训两个方面的短期教育。

经过总会的培训后，刘毓秀、杨迪群、任志勤、萧益民、韩文娟、柴元庆、陈忠文、张冠英、萧东明等9名来自常州的同志被编入中国红十字会国际医防服务队第一大队，其中杨迪群任第一大队大队部行政组副组长，萧益民任第十队副队长。殷友泉、孔繁芬、王俊、杨学濂等4名同志未能赴朝鲜，改为参加支淮运动。

中国红十字会国际医防服务队第一大队出征

1953年3月，常州人韩蕴华、孔吉霞参加第二批抗美援朝医疗队，次年2月回国。在极其艰苦的条件下，队员们不负重托，完成使命。

活跃在朝鲜战场的常州红十字人

前线的护理工作极其艰苦，护士们每天给伤病员洗澡、漱口、喂水、喂饭，并在寒冷的夜间为他们烧火取暖。在国际医防服务队第一大队中，常州的几位女性忘我工作，勤勤恳恳。

做防疫工作的护士张冠英，在一户朝鲜家庭里看护病人，将其当作自己的亲人一样照顾，家中老太太感动落泪，将她视作亲生女儿一般对待。

任志勤除了做好本职化验工作，也经常做护理工作，空余时间还帮助同志们拆洗缝补，有一次带动大家洗了300多件衣服。她抓住每一个宝贵的机会向朝鲜老百姓介绍中国人民以及世界爱好和平的人民对朝鲜人民的关心。任志勤在工作中始终保持高度警惕性，有一次，她发现一名"伤员"说话前后矛盾，举止也不甚友好，于是对他格外注意。最终这个冒充伤病员的特务被成功逮捕。

红十字队员在朝鲜战场开展救护

护士韩文娟工作一向积极热情，因人员不足，她一个人接过看护重伤员的任务，从早到晚照料伤病员生活，毫无怨言。一次，她负责护理一个名叫崔春圭的朝鲜女战士，对方患了急性肝脏周围炎，病势极重，昏迷不醒，经韩文娟两整夜的抢救和看顾，终于挽回了生命，并很快恢复了健康。韩文娟视伤病员如兄弟姐妹，把自己分得的慰劳品都分给他们。

历久弥新的不朽精神

国际医防服务队第一大队在朝鲜工作半年多，139名队员于1951年10月24日返回国内。中国红十字会总会进行通报表扬，17人获得表彰，其中柴元庆、任志勤、韩文娟为常州人。

1952年12月19日，朝鲜驻华大使权五稷在北京代表朝鲜民主主义人民共和国最高人民会议常任委员会，以功劳章授予曾为朝鲜军民服务的中国红十字会国际医防服务队第一和第七两大队的模范工作者30人。参加授奖仪式的有中国红十字会副会长彭泽民及外交部亚洲司副司长何英等。常州分会柴元庆等人出席受奖，受表彰者中4人为常州人，分别是柴元庆、任志勤、韩文娟、刘毓秀。

朝鲜驻华大使权五稷将功劳章授予模范工作者柴元庆

战争虽然已经远去，但是那段历史应当被铭记。11名参加国际医防服务队的常州人，他们为维护国际正义、捍卫世界和平、保卫新生共和国所建立的不朽功勋，跨越时空、历久弥新。

（原载"学习强国"2020年10月26日。与张涛、赵雪煜合作）

人物春秋

"非常之人"的非常善举

——盛宣怀的慈善人生

在中国近代史上，盛宣怀是一个极具传奇色彩的人物。他的一生中，创造了11项"中国第一"：1872年参与创办中国第一家民用洋务企业——轮船招商局；1894年创办最大的纺织厂——华盛纺织厂；1880年创办中国第一个电报局——天津电报局；1886年创办中国第一个内河小火轮公司——山东内河小火轮公司；1895年办成中国第一所正规大学——北洋大学堂；1896年接办汉阳铁厂，并将之逐步打造成真正的钢铁联合企业——汉冶萍煤铁厂矿公司；1896年督办中国第一条铁路干线——卢汉铁路（卢沟桥至汉口，后称平汉铁路、京汉铁路，1906年全线通车）；1897年创建中国第一家银行——中国通商银行；1897年在南洋公学（上海交通大学的前身）首开师范班，这是中国第一所正规的高等师范学堂；1902年创办中国勘矿总公司。他被誉为"中国实业之父""中国商父"。就是这位"非常之人"，还参与创建红十字会，并担任中国红十字会首任会长，成就了他第11项"中国第一"的美誉。他与中国公益慈善结缘之深，超乎想象。

从洋务干将到慈善先锋

盛宣怀（1844—1916），字杏荪，又字幼勖，号愚斋、止叟，江苏武进人，出身于一个官宦之家。虽然"幼慧，有深沉之思"，但科举之路颇不平坦，没有取得功名。1870年，经杨宗濂推荐成为李鸿章的幕僚。盛宣怀之父盛康与李鸿章有交情，加上盛宣怀精明能干，因此他深得李鸿章赏识，受到重用。1873年，任轮船招商局会办（后升任督办）；1880年，筹办中国电报局，任总办；1893年，筹办华盛纺织总厂，任督办；1896年，从湖广总督张之洞处接办汉阳铁厂、大冶铁矿，经办芦汉铁路；1897年，在上海成立中国铁路总公司，开设中国通商银行。他一跃成为当时屈指可数的洋务企业家。

盛宣怀的才干不仅表现在经商办企业上，在慈善领域，同样出类拔萃，连孙中山也对他赞不绝口，说他"热心公益"。

早在1871年，盛宣怀就开始涉足慈善救济事业，当年他28岁。这年夏秋之交，直隶（河北）发生特大水灾，永定河、海河、南北运河、拒马河先后决堤漫溢，一片汪洋，生命财产损失惨重，成千上万的百姓陷入水深火热之中。面对数十年未遇的大饥荒，盛宣怀之父盛康心急如焚，一口气捐出棉衣2万件，并且命盛宣怀到上海、苏州、扬州、镇江等地劝捐，集资购粮，由上海雇轮船去天津放粮，不少灾民获得救助。慈善赈灾有功，盛康被李鸿章奏请朝廷赏给布政使衔。盛宣怀也从初次的救灾实践中获得了宝贵的经验。

5年后，一场更大的灾难降临，这就是发生在1876—1879年的一场罕见的特大旱灾。受灾地区有山西、河南、陕西、直隶、山东等北方五省。大旱使农产绝收，田园荒芜，饿殍遍地，白骨盈野，饿死的人竟达千万以上！由于这次大旱以1877年、1878年为特别严重，而这两年的阴历干支纪年属丁丑、戊寅，所以人们称之为"丁戊奇荒"；河南、山西旱情最重，故又称"晋豫奇荒""晋豫大饥"。这场特大旱灾，是中华民族历史上的一场大劫难！

盛宣怀肖像

　　旱魃（中国古代汉族神话传说中引起旱灾的怪物）肆虐，大地龟裂，寸草不生，饥民流离，乃至发生人吃人的惨剧。"奇荒"面前，盛宣怀怎能坐视？"生命中的贵人"李鸿章当时在直隶总督任上，直隶是重灾区，救灾任务繁重。1878年，李鸿章在天津设立了直隶筹赈局，特派盛宣怀处理赈务。盛宣怀不负所望，前往献县等地调查灾情。史书上说他走村串户，徒步而行，有一次在东光县某乡竟露宿一夜，回来后生了一场大病。这年，盛宣怀的夫人董氏去世，继室刁夫人知道盛宣怀要筹集巨款救济灾民后，把值钱的珍贵之物典卖，并把自己的积蓄都拿了出来，交与盛宣怀，支持他的善举。

　　1879年，饥荒缓解了，可是劫后余生的孤儿寡母众多，无依无靠，抚养成了一大问题。出任署理天津河间兵备道（通称"天津道"）的盛宣怀责无旁贷，奉李鸿章之命，在天津设立了慈善机构"广仁堂"（中华人民共和国成立后改为天津儿童福利院），加以留养。

　　1886年，盛宣怀出任山东登莱青兵备道兼烟台东海关监督，一干就是6年，直到1892年调任天津海关道。这期间，除了忙于轮船招商局的经营、电话电报线路的铺设、烟台工业的发展之外，慈善事业也是他倾注很多心血的"要务"。1891年春，他在烟台建成广仁堂，这是胶东地区最大的慈善机构，里面设置慈幼所、施医所、庇寒所、养病所、备棺会等慈善场所，有房舍数百间，众多贫病之人得到救助。此外，小清河的治理也让他"上心"。

小清河，黄河流域山东中部渤海水系河流，源自济南，流经历城、章丘、邹平、高青、桓台、博兴、广饶、寿光8县，于羊角沟东注入渤海，全长237千米，流域面积万余平方千米。自明代以来，河道失修，屡屡酿成水灾。1889年，盛宣怀受山东巡抚张曜之命，负责小清河治理。盛宣怀马不停蹄，亲自到沿河村镇，详细调查，筹划治理方案，采用裁弯取直、疏浚旧河、开挖新河等几种办法进行整治。

治理小清河，工程浩大，而经费又不足，如何兴利除弊，让老百姓受益？盛宣怀动足了脑筋。多年的慈善救灾实践，带给他灵感，他创造性地采取了"劝捐筹款，以工代赈"的策略。所谓"劝捐筹款"，就是由盛宣怀在江南发动募捐，筹集治河经费。所谓"以工代赈"，就是让受灾民众参加治河工程，付给工钱。此举既救济了灾民又兴修了水利，可谓一举两得。

小清河治理历时3年，征调民工数十万人，开支白银70多万两，疏通河道200多千米。长期淤废的小清河摇身一变成为黄金水道，不仅消除了水患，使两岸农田受益，而且借水行舟，使航运以及沿河城乡经济迎来发展契机。

小清河治理，盛宣怀功德无量，山东人民不会忘记。矗立在小清河畔的石碑，镌刻着由盛宣怀撰写的《修浚小清河记》，向人们述说着治理小清河的难忘岁月。

盛宣怀《修浚小清河记》石碑

盛宣怀办慈善是经常性的，凡有灾情的地方就有他的身影。1871—1896年，盛宣怀参与的慈善赈灾活动达27次之多。毫无疑问，他是慈善先锋，是首屈一指的慈善家。考虑到这一身份以及他在工商界、政界的影响力，他成为中国红十字会创建者以及担任中国红十字会首任会长，是那样的顺理成章。

创建中国红十字会

盛宣怀对红十字会并不陌生。上海是盛宣怀的大本营和活动舞台，也是红十字会"登陆"中国的桥头堡，尤其是甲午战争后，红十字启蒙运动在上海兴起，各大报刊宣传介绍红十字会，盛宣怀不可能没有耳闻。不过，盛宣怀与红十字的接触，是在1900年。

1900年义和团反帝爱国运动在北方兴起。八国联军以此为借口，发动侵华战争，攻占北京，慈禧太后带着光绪皇帝出逃。战争期间，盛宣怀主导"东南互保"，鼓动两江总督刘坤一、湖广总督张之洞与驻沪各国领事订立《东南互保章程》，规定上海租界归各国共同保护，长江及苏杭内地均归各督抚保护，避免与八国联军发生正面冲突。"东南互保"虽然与清政府向八国联军开战的旨意相违背，但的确使长三角地区免遭战争的过度摧残。事后，慈禧太后称赞盛宣怀是"不可缺少"的栋梁之材。1901年，清政府任命他为会办商约大臣、办理商税事务大臣，协助吕海寰在上海与各国进行增加关税、改订商约的谈判。他由此与红十字会结缘。

也是在1900年，为了救助北方难民，上海慈善家在盛宣怀的领导下，在李鸿章的支持下，发起成立了东南济急善会、中国救济善会，开展了大规模的救助行动。尤其是浙江湖州著名绅商陆树藩联络江浙人士在上海发起成立的中国救济善会，虽然还不是真正意义上的红十字会组织，但它遵照国际红十字会的基本精神，救护伤兵难民。这是国人自办红十字会的开端。不仅如此，陆树藩高举红十字旗帜，亲自前往京津地区救援，把绅商难民通过海路载回上海，所用"爱仁""安平""公平""协和""泰顺""新裕""普济"等号轮船，都是盛宣怀所办的轮船招商局派出的，而且不收取任何费用。在盛宣怀看来，这是人道盛举，自己义不容辞。正是有盛宣怀的支持，中国救济善会救回落难同胞5000余人。通过这次救援行动，盛宣怀对红十字会的"庐山真面目"，有了新的认识。

1904年2月8日，日俄战争爆发。东北大地，炮声隆隆，狼烟四起。懦弱无能的清政府不仅无力阻止在中国领土上展开的这场帝国大战，还在日、俄和其他西方列强的蛮横干涉下，宣布"局外中立"，并将辽河以东划为交战区，放任两军蹂躏践踏。

日、俄两军对垒厮杀，无辜同胞惨遭荼毒，走死逃亡，流离失所。

清政府宣布"局外中立"不能直接插手，中国传统的慈善组织如善会、善堂能力弱小，有心无力，也没有资格进入战地。在战争状态下，只有红十字会这一中立性的人道救援组织能得到交战双方的认可、尊重与保护，而中国没有红十字会，如何是好？

情急之下，以沈敦和为首的上海慈善家登上了历史舞台，把创建红十字会提上了日程。在沈敦和以及英国传教士李提摩太的奔走联络下，1904年3月10日，中、英、法、德、美五国人士会集于上海英租界公共工部局，发起成立上海万国红十字会（"万国"就是"国际"的意思）。她的成立标志着中国红十字会的诞生。这是中国慈善界"第一伟举"①。

不过，细心的人会发现，上海万国红十字会组建的时候，官方没有"出场"。所谓五国"合办"，中国方面，沈敦和等纵有豪气，未经清政府授权，也无法代表"中国"。难怪德国商人、禅臣行总理在成立大会上发出疑问："中国政府亦将合力办理否？"李提摩太马上作了解释："中国政府未便与闻，盖恐违犯局外之义也。"②意思是说，中国政府不方便出面，因为宣布了"局外中立"，不能说话不算话。

清政府有难言之隐，只能采取灵活变通的策略，充当"幕后英雄"。红十字会史书记载说，"钦差"驻沪商约大臣吕海寰、盛宣怀和会办电政大臣吴重熹，遵照清政府的指示，与沈敦和、施则敬、任锡汾等上海绅商保持"热线"联系，鼓动沈敦和等与在沪的英、法、德、美四国的官商合力组建红十字会。明眼人一看就知道，上海万国红十字会的发起成立，有清政府的"幕后"指挥。上海万国红十字会迈出的每一步，都在朝廷的"掌握"之中。显然，吕海寰、盛宣怀、吴重熹"三大臣"就是清政府的代表。

上海万国红十字会及其分会，救助日俄战灾，历时三载，救护难民出险、收治伤病人数、赈济安置灾民，总人数达46.7万人，谱写了一曲感天动地的人道主义赞歌。作为上海万国红十字会的领袖人物之一，盛宣怀付出了巨大的心血。

华洋义赈会开山"鼻祖"

1905年9月5日，日俄在美国朴次茅斯签订《朴次茅斯条约》，日俄战争结束。但战后赈济工作还在继续，盛宣怀等还不能就此收手。祸不单

---

① 《普济群生》，《申报》1904 年 3 月 11 日。
② 《施君肇基笔译上海创设万国红十字支会会议大旨》，《申报》1904 年 3 月 14 日。

行，新的灾难再次降临，盛宣怀不得不有所兼顾。

1906年夏，江苏发生严重水灾，其中苏北徐州、淮安、海州地区受灾最重，房倒屋塌，庄稼颗粒无收，上百万灾民流离失所，处境凄惨。

灾情发生后，清政府拨银十万两用于赈灾，但这远远不够。饥荒在持续，江苏各地官绅纷纷向盛宣怀乞援，还派出代表到上海拜见盛宣怀，希望他发动赈灾，拯救饥民于水深火热之中。英国商人、卜内门洋碱公司（帝国化学工业公司的旧译）总经理李德立也游说盛宣怀这位慈善界的大佬"出山"，合力救助灾民。作为实业家的盛宣怀，虽然事务缠身，虽然还有上海万国红十字会的东北救援，但灾难就在眼前，江南各地，包括上海，到处晃动着饥民的身影，他不能坐视不管。

如何救济饥民？上海万国红十字会就是现成的样板——中外联手，共襄盛举。

1906年12月3日，经过多方联络，一个名叫"华洋义赈会"的慈善组织在上海横空出世了，发起者不是别人，正是盛宣怀和李德立。为了壮大声势，盛宣怀把钦差大臣吕海寰抬了出来担任会长，他本人和江海关总税务司的英国人好博逊担任副会长，李德立任干事部长。中、英、法、德、美、日合办。上海万国红十字会发起人沈敦和、施则敬和任锡汾，都是其中的核心成员，看上去简直就像上海万国红十字会组织形式的"复制"。这也难怪，上海万国红十字会成功的经验就在那里，"顺手"拿来，合情合理。1920年为赈济华北五省大旱灾组织的华洋义赈会（全称中国华洋义赈救灾总会），直到1949年才解散，是那个年代中国最大的民间慈善组织，它的直接源头就是盛宣怀创建的华洋义赈会。从这个意义上说，盛宣怀该是华洋义赈会的开山"鼻祖"了。

华洋义赈会成立后，中外人士广泛发动募捐，组织赈济，热火朝天。盛宣怀在上海设立的广仁堂，是这次慈善赈灾的主赈机构，刊印启事、发布广告、寄发捐册、派员巡视调查、收取善款、开具收据、编制账册、散放赈款赈衣、编印征信录、义赈事务总汇，都由广仁堂经手办理，发挥了

"首脑"作用。

这次水灾的慈善救济工作持续半年，募集善款银160万两，救助了无数的饥民。虽然赈灾行动是在华洋义赈会旗帜下展开的，但谁也不会否认盛宣怀的"头功"。他是灾民心目中的"救星"。

"二次革命"救护慷慨解囊

1910年2月27日，清政府发布上谕，"着派盛宣怀充红十字会会长"。盛宣怀因此成为清廷"钦命"的第一任会长。作为慈善界的领袖人物和中国红十字会创始人之一的他，可谓实至名归。可是，1911年10月辛亥革命爆发后，他成了"替罪羊"，被罢免包括会长在内的一切职务，"永不叙用"[1]。成为众矢之的的盛宣怀，不得不走上逃亡之路，从北京经由济南、青岛、大连，出逃日本，直到1912年10月才回到上海。

在盛宣怀逃亡期间，1912年中华民国建立，中国历史翻开新的一页。中国红十字会也华丽转身，迈向新时代。1912年1月12日，中国红十字会得到红十字国际委员会的正式承认，成为国际红十字大家庭中的一员。2月28日，内政部为中国红十字会正式"立案"，确立了其合法地位。5月7日至17日，第九届红十字国际大会在华盛顿举行，中国红十字会代表团首次"亮相"国际舞台。9月29日，中国红十字会在上海召开首届会员大会，通过了章程，公举吕

盛宣怀肖像

海寰为会长、沈敦和为副会长兼常议会议长。中国红十字事业出现了新的局面，虽然盛宣怀没有机会经历，但作为开创者之一的他一定乐见其成。

好景不长，"二次革命"不久爆发。盛宣怀再次与中国红十字会"建

---

[1] 《宣统政纪》第62卷，辽海书社1934年版。

立联系"。

　　原来，袁世凯自从接替孙中山出任临时大总统后，很快把发扬共和精神的誓言抛到九霄云外，走上专制独裁的道路。1913年3月20日，在上海火车站刺杀国民党代理事长宋教仁，接着在6月9日、14日、30日相继免除江西都督李烈钧、广东都督胡汉民、安徽都督柏文蔚职务，公开向革命党人宣战。在袁世凯的步步进逼之下，孙中山决定发动"二次革命"，捍卫共和。

　　"二次革命"以江苏战场争战最为惨烈。从7月15日到8月11日，不到一个月的时间里，南京经历了三次独立起义，讨袁军与张勋、冯国璋部北军展开激战。成千上万的民众被困城中，饱受战火的灼烤，逃生无路。8月21日，如皋、镇江绅士杨鸿发、李耆卿、焦霭堂等也向沈敦和副会长发出乞援电报，"乞速借轮船"①，驶往南京，救护无助的难民脱离险境。

　　正是在南京之战的难民救助中，盛宣怀"出场"了。8月23日，沈敦和副会长打算租用英国太古洋行商轮"大通"号作为红十字救护医船，不过租船费用很高，每天750两白银，经沈敦和反复沟通，最后减价至500两，租用9天，租费多达4500两。红十字会一时拿不出这么多钱，沈敦和只好请盛宣怀解囊相助。一个月前的7月23日，盛宣怀应沈敦和之请，捐洋银500元，用于"二次革命"战事救护。现在红十字会又遇到新的困难，盛宣怀依然是二话不说，将租船费用全部包下，并分两次将银票转交。

　　前会长盛宣怀的慷慨支持，解了红十字会的燃眉之急。8月24日、29日，"大通"号两度开赴南京，救护难民3000余人出险，救护伤兵伤民160余人。9月2日后，南京的炮声终于停了下来，"大通"号功德圆满。沈敦和等红十字会同仁以及南京市民交口称赞，认为盛宣怀"恩德如山"。

---

① 《如皋、镇江绅士杨鸿发等来电》，见中国红十字会总会编：《中国红十字会历史资料选编（1904—1949）》，南京大学出版社1993年版，第68页。

"身后"的慈善情怀

"二次革命"的救护刚刚告一段落，"狼"烟又起——"白朗起义"引发豫皖兵灾。1914年1月11日、15日、16日，白朗军连克光山、光州、商城三个县城，接着兵进安徽，24日克六安，2月6日攻进霍山，鄂豫皖三省震动。

战火蔓延，生灵涂炭。盛宣怀特向中国红十字会捐款1万两救急。这是一笔巨款，他写信给沈敦和副会长，请他安排专人前往六安、霍山等地救济难民。沈敦和与安徽旅沪同乡会联系，委托同乡张瑞臣、朱星五、周谷生携带善款、药物、食品等奔赴六安、霍山，在分会和地方官绅协助下，散放急赈。

"狼"烟散去。不久之后日德青岛之战的救护、水旱灾害的赈济，盛宣怀都很关注，但已心力不济。经过罢官之后的流亡、家产充公等一系列变故的打击，他已是身心俱疲。1914年，随着第一次世界大战的爆发，全球经济危机加重，他经营的工商企业受到冲击。为此，他总觉得愧对红十字会。他在给任锡汾的信中倾诉衷肠：对红十字事业，"自问热心何减昔日"。虽然不再是红十字会的领导人，但作为"老红会"，他与红十字会有未了之情，他仍热心红十字事业，并尽力而为。

1916年4月27日，73岁的盛宣怀病逝于上海，走完了他跌宕起伏的人生之路。

斯人已去，留下偌大的财产，如何处置？

盛宣怀是红极一时的中国"首富"，虽然辛亥革命后家产"流失"很多，但他还是大富豪。盛宣怀同时也称得上中国"首善"，一生都在从事慈善公益，包括矢志不渝支持红十字事业。他会因为生命的终结而放弃他一生钟爱的事业吗？盛宣怀生前考虑再三，立下遗嘱：百年之后，遗产的一半由子女继承，一半设立"愚斋义庄"。"愚斋"是盛宣怀的号。"义庄"是过去救济族人的田庄，还做一些公益慈善。换句话说，设立"愚斋

盛宣怀暮年

义庄"的目的，就是救助盛氏族人、贫苦人家及支持慈善公益事业。

盛宣怀去世后，李鸿章之子李经方受托执行盛宣怀遗嘱，为此专门成立了盛氏财产清理处，清理盛宣怀名下的所有财产。1917年6月1日，他主持召开盛氏家人参加的亲族会，宣布成立"愚斋义庄"。又经过两年半的努力，财产总算清理完毕，确认盛宣怀遗产总额为白银1160多万两。1920年，依据盛宣怀遗嘱，由盛氏亲族会议做出议决，一半分给5个儿子，一半捐入愚斋义庄，各得580多万两。盛氏五房子孙将580多万两银子平分，每房各得遗产116万两。

愚斋义庄的财产管理，是一件大事。作为财产监督人，李经方召集盛氏五房及亲族会议，商定成立董事会，订立章程，要求董事会遵照章程办事，只准动用利息（本金不动），不得变卖义庄财产，以其中四成作为慈善基金，四成作为盛氏公积金，两成留作盛氏家族公用。这样的安排，兼顾盛氏家族利益和社会公益慈善的需要，得到盛氏亲族和社会各界的好评。1921年10月31日，北京政府还颁发了嘉奖令。

1924年9月、1925年1月，接连爆发两次江浙战争，长三角地区深受其害。中国红十字会总会总办事处及各分会竭力救护。盛宣怀遗孀庄德华继承盛宣怀遗志，给予红十字会力所能及的支持。

1925年2月1日，中国红十字会常州分会会长伍玑（字琢初）致信庄德华，告知常州地方兵灾严重，常州分会不遗余力进行救助，只是经费困难，恳请其解囊相助。2月17日，庄德华回信，捐助3000元，并在上海开办一处收容所，尽绵薄之力。

遗憾的是，盛宣怀的遗产没能发挥更大的作用。1927年庄德华离世后，盛氏子孙无视盛宣怀遗嘱，为瓜分"愚斋义庄"六成的慈善基金遗产，闹上法庭。江苏省政府趁机插手，命令把愚斋义庄财产的四成上缴国库，充作军需。"愚斋义庄"至此夭折，也断送了盛宣怀的慈善之路。为了慈善事业，盛宣怀煞费苦心，精心勾画"愚斋义庄"蓝图，可是竟成泡影，令人惋惜。

盛宣怀是一个不折不扣的传奇人物。著名史学家、《盛宣怀传》的作者夏东元先生说他是"处非常之世，走非常之路，做非常之事的非常之人"。他所创造的11项"中国第一"，就是"非常之人"的最好说明。他至死不忘慈善公益的精神，令人感佩，也告诉人们：为官之道，为商之道，不能没有博爱胸怀，不能不尽一份社会责任。

（收录于《江苏慈善人物》，南京大学出版社2021年版）

"义声闻天下"的慈善家

——施则敬的善行懿德

在1929年7月8日出版的《申报》上,《红会为创始者建塔记功》标题非常抢眼。消息称,为了弘扬人道,"昌大会务",中国红十字会准备为"四公"建立纪念塔,表彰他们的创始之功。"四公"就是已故"红人"、前副会长沈敦和,首席常议员施则敬,常议会银钱董事朱佩珍,常议员汪龙标。他们"皆披荆斩棘,筚路蓝缕,支持会务,始终如一,至今十数年而永不能忘者也"。施则敬就是"四公"之一。

投身慈善事业,"义声"远播

施则敬肖像

施则敬(1855—1924),字临元,号子英,1855年11月6日出生于江苏吴江震泽县,后随父迁居上海,经营商业。施则敬是上海丝业董事,赫赫有名的慈善家。

施氏祖籍浙江泾溪,清初迁居震泽,繁衍生息200余年,枝繁叶茂,成为当地望族。施则敬就出身在这样一个书香门第、"积学好德,急公好义"的大家族中,在"敦行积学,勤于施济"的家风沐浴下成长。施则敬好学上进,1875年中举,初任知县,后因赈灾有功升任知州、知府、道员。在他的慈善生涯中,父亲施善昌对他的影响巨大。

　　施善昌（1828—1896），又名邦庆，字少钦，好行善事。1849年苏南水灾，震泽、吴江饥民遍地，嗷嗷待哺，惨不忍睹，此情此景，使施善昌寝食难安，于是他慷慨解囊，尽己所能救济饥民。1876—1879年，华北地区发生一场罕见的特大旱灾。1877年干支纪年为丁丑年，1878年为戊寅年，史称"丁戊奇荒"。这场被称为"古所未见"的大饥荒，波及山西、直隶（河北）、陕西、河南、山东等省，造成千万人饿死。面对如此奇灾，施善昌联络江南绅商，筹集款物，全力赈灾。施善昌的义举，深深感染着施则敬。施善昌举办的各种义赈活动，施则敬均积极参与。有资料说，直隶、山东、山西、河南、安徽等省水灾旱灾，他们无不全力相助，"父子躬其役，不惮劳勤，所募金以数十百万计，义声闻天下"①，受到李鸿章的赏识。1890年，直隶暴雨连绵，永定河决口，一千数百里间一片汪洋。灾情发生后，李鸿章急请施则敬北上办理赈务。施则敬不辞劳苦，千里奔驰，到了灾区后不分昼夜救济灾民，尽心尽力。

　　值得注意的是，施则敬的仕途与他热心慈善公益事业有着密切关系，这从《笠泽施氏支谱》对他履历的记述中清晰可见："在国难民灾之际，赴山东堵筑黄河漫口出力，保升知州加四品衔；又筹办顺直工赈出力，特旨以知州留于直隶补用；堵筑永定河南七工漫口出力，保俟补缺，以知府用加三品衔；又助办晋边义赈出力，保俟补缺，以道员用；为劝办江南海防捐输出力，保俟归道员，后加二品顶戴。历办山东、顺直、江苏、河南、安徽等地抗洪劝捐义赈，并修筑房山县煤道工程出力有功，先后九次奉旨嘉奖。"这段话并不难懂，先后"九次奉旨嘉奖"，说明他的善行得到了朝廷的肯定。而这些慈善活动，使他赢得了巨大的社会声望，成为上海滩慈善界领军人物之一。他参与中国红十字会的创建，绝非无根之木。

① 《施氏义庄子英公长生建龛记》，见《笠泽施氏支谱》，http://y177914.51host.net/00jp04.htm。

合力同心创红会

施则敬的事业在红十字启蒙运动的中心上海。在这里，他把父亲的事业发扬光大，如其父有仁济善堂之设，他则开办了慈善机构普善山庄；同样在这里，他领略到红十字的魅力，并积极将红十字理念付诸人道实践。1900年庚子之役（八国联军侵华战争）爆发，他参与了"中国济急善局"慈善组织的发起并按红十字会规则行事，救助落难同胞。这拉近了他与红十字的距离。

历史往往有惊人的相似之处。国际红十字会的诞生得自战争的强力推动，那场战争就是众所周知的1859年发生在意大利的索尔弗利诺之战；瑞士人亨利·杜南途经此地，立即组织救护，拉开国际红十字运动的序幕。中国红十字会的诞生，同样得自战争的强力推动，这场战争就是发生在中国领土上的日俄战争。

日俄战争是一场"奇怪"的战争。说它奇怪，是因为日本和俄国之间的战争，战场既不在日本，也不在俄国，而是在中国。原因很简单，日俄欲壑难填，俄国有"黄俄罗斯"计划，日本制定"大陆政策"，双方都想独占东北，进一步扩大在华侵略利益，为此明争暗斗，剑拔弩张。说它奇怪，还因为懦弱无能的清政府非但不能阻止战火在自己国土上燃烧，而且将辽东划为交战区，任凭两国在那里厮杀；不仅如此，清政府还宣布"局外中立"，意思是说这场战争与其无关。这简直就是世界战争史上的奇闻。

1904年2月8日，日俄战争爆发。硝烟弥漫，难民潮涌，东北同胞背井离乡，走死逃亡，牵动人心。战争中，日本、俄国红十字会救护队穿梭往来，救护伤兵。可是东北难民呢？清政府宣布"局外中立"不能直接插手，中国传统的慈善组织如善会、善堂能力弱小，有心无力，也没有资格进入战地。战争状态下，只有中立性的红十字会才有资格出入战场进行救护。可是中国没有红十字会，如何是好？情急之下，以沈敦和（1866—1920，字仲礼，浙江宁波人）、施则敬为首的上海绅商登上了历史舞台，把创建红十字会提上了日程。

1904年3月3日，在施则敬的推动下，"东三省红十字普济善会"在上海成立。《申报》报道说："昨日（3月3日）午后三下（点）钟时，由施子英观察在英界六马路，邀集东三省红十字普济善会同志诸君，商议开办之法。先由沈仲礼观察表明泰西红十字会缘始及会中一切章程，既而在座诸君以次各抒己见。"根据章程，"本会援泰西红十字会例，名东三省红十字会普济善会，专以救济该省被难人民为事"。[①]意思是，按照西方红十字会办法设立救济善会，其正式名称为东三省红十字会普济善会，是一个专门从事东三省难民救助的慈善组织。东三省红十字会普济善会采取董事会制，作为发起人的施则敬，是当然的董事。

问题是，东三省红十字普济善会不是统一的红十字组织，尽管其运作方式力图遵行国际红十字的基本规则。同时，"善会"二字，使其不可避免地带有浓厚的传统善会善堂的色彩，外来的"红十字"与本土慈善组织"善会"搅和在一起，不伦不类。这种"山寨版"的红十字会，根本无法取得交战双方的认可、尊重和保护。东三省红十字普济善会刚一成立，就遇到了自身无法克服的难题。

东北难胞亟待救援，刻不容缓，新成立的东三省红十字普济善会爱莫能助，而离开了"红十字"，又无法接近战场。幸而李提摩太及时伸出援手，使尴尬的局面出现了转机。

李提摩太（Timothy Richard，1845—1919）是一位英国传教士，1870年来到中国，先后在山东、天津、山西等地传教，是有名的"中国通"。他热心公益慈善，在"丁戊奇荒"中前往山西赈灾，发放赈银不少于12万两，救活了不少饥民。山西人至今对李提摩太心存感恩。施则敬之父施善昌是"丁戊奇荒"救灾活动的积极推动者。二人虽然各自行动，但目的是一样的，都是救活更多的饥民。因此，他们彼此欣赏也在情理之中。李提

---

① 《记普济善会初次议事情形》，《申报》1904 年 3 月 4 日。

摩太是在华传教士中的代表性人物，与李鸿章、张之洞、左宗棠、曾国荃、梁启超等上层人物都有交往，与来华西方人士交往更加频繁。这种人脉关系，使他左右逢源。

李提摩太受施则敬等东三省红十字普济善会同仁重托，游说英、法、德、美等国驻沪领事，苦口婆心，希望联合组建一个具有国际性的红十字会组织。幸运的是，他的提议得到积极响应。

1904年3月10日，也就是光绪三十年正月二十四，施则敬、沈敦和等慈善家的建会之梦终于变成了现实。这天下午五时一刻，中、英、法、德、美五国人士在英租界公共工部局集会，郑重宣布联合组建红十字会，暂名上海万国红十字支会（3月17日正式定名上海万国红十字会）。"万国"就是"国际"的意思。上海万国红十字会虽为五国合办，但因在中国创办，由中国承办，因此中国"永有红十字会主权"。也正因为如此，它的成立，同时宣告了中国红十字会的诞生。3月10日，历史将永远记住这一天。

上海万国红十字会采取董事会制，由45名董事组成，其中西董35人，华董有沈敦和、施则敬等共10人。又从这45名董事中推出9名组成办事董事（相当于常务董事或执行董事），其中西董有李提摩太等7人，华董只有2人，不是别人，正是沈敦和、施则敬。

闪光的金质勋章

作为上海万国红十字会中方最初的2名办事董事（后增任锡汾为办事董事），地位举足轻重，施则敬深感责任重大。第二天他便邀请各华董集会于丝业会馆，决定"先行筹备五万金，以期及早开办"。接着，他又与其他华董一起筹集款项。施则敬的父亲开办的仁济善堂"代收捐款"，他主持的丝业会馆"设立总收发所，所有华董办事、劝捐等事，即以丝业会馆为总汇之区"①。他把家族的仁济善堂、丝业会馆无私"奉献"出来作为筹款募捐、办公之处。至于善款如何使用、难民如何救济,他也与中西董事达成共识。3月17日,上海万国红十字会董事初次集议时,他与会议主席威金生有如下对话:"施曰:嗣后捐款,是否由华董公同允准,方可动支?主席曰:此自然之理。施曰:目前东三省办理此举,自须仰仗西国教士偏劳,惟中国善士愿往者甚多,宜亦派往。西董曰:前往与西教士合力更好。施曰:如不派华人前往同办,恐华人捐款,不能源源踊跃。威曰:请于牛庄设一分会,亦举中西董事合办。"透过这段并不难懂的文字,一位办事周全、老成练达的施则敬呈现在人们面前。

上海万国红十字会的成立,得助于清政府的"幕后"支持,时任驻沪商约大臣吕海寰(1842—1927,字镜宇,又字镜如,号敬舆)、盛宣怀(1844—1916,字杏荪,又字幼勖,号愚斋)和会办电政大臣吴重熹(1841—1921,字仲怡、仲怿,号蓼舸、石莲)均与沈敦和、施则敬保持密切联系。上海万国红十字会诞生后,清政府的支持公开化,5月24日,清政府还拨出帑银10万两,资助上海万国红十字会的人道行动。这使施则敬等深受鼓舞。

3月29日,为筹集救济日俄战灾赈款,由钦差大臣吕海寰领衔,通电各省将军、督抚、海关,呼吁"拨助捐款"。这通"元电",与吕海寰联名者,除盛宣怀、吴重熹、沈敦和等之外,当然少不了创始人之一的施则敬,他担起"会计"的繁重事务。

"元电"发出后,各省纷纷响应,在物资或道义上给予广泛支持。上海万国红十字会在沈敦和、施则敬等的积极努力之下,开始有序、高效运转起来,直到1907年救护日俄战灾的使命完成。在这3年多的时间里,上海万国红十字会和其分会通力合作,救助总人数多达46.7万人。特别难能可贵的是,施则敬等中西办事董事及救难人员不拿薪水,完全是志愿服务,他们

---

① 中国红十字会总会编:《中国红十字会历史资料选编(1904—1949)》,南京大学出版社1993年版,第25页。

以崇高的奉献精神，救死扶伤，扶危济困，默默承担着红十字赋予的人道职责。他们的业绩，在白山黑水的映照下，熠熠生辉。

日俄战争救护，施则敬等红十字会同仁竭尽全力，建立了卓越的功勋，理应受到表彰。1907年7月21日，吕海寰、盛宣怀在联名上奏朝廷的《沥陈创办红十字会情形并请立案奖叙折》中，提出表彰有功人员的请求，请朝廷责成东三省总督徐世昌办理请奖事宜。朝廷同意。徐世昌领旨照办。

1908年4月28日，《申报》登出《东督等奏保红十字会名单》，公布受到表彰的人员有"创始及办事人"，中方共12人荣获"中国红十字会一等金质勋章"。施则敬赫然在列。这是对他献身人道事业的褒奖。作为中国红十字会创始人之一和人道行动的推动者，施则敬获此殊荣，实至名归。

值得一提的是，施则敬的长子施振元、堂弟施肇基在他的影响下也参与上海万国红十字会的志愿服务。我们今天看到的《上海创设万国红十字支会会议大旨》这一重要文献，就是施肇基翻译的。作为首任驻美大使，施肇基于1937年出任中国红十字会上海国际委员会宣传征募委员会主席，为筹款募捐奔走呼吁。1941年，他被行政院聘为中国红十字会理事。这就是"榜样"的力量。

施则敬和家人合影

为了人道事业的永恒

1907年，中、英、法、德、美五国合办上海万国红十字会功德圆满，"功成身退"，中国红十字会走上了独立自主的发展道路。作为中国红十字会的"元老"级人物，施则敬没有歇脚，而是继续协助沈敦和建医院——中国红十字会总医院，办学堂——中国红十字会医学堂。医院、学堂于1910年建成，总算为红十字人道事业奠定了些许"根基"。

1911年10月10日，改变中国命运的辛亥革命首先在武汉爆发。接着，全国多个省份纷起响应，形成声势浩大的革命洪流。清王朝摇摇欲坠。

两军对垒，刀光剑影，枪来炮往，伤亡累累，惨不忍睹。在血腥与炮火中，人们渴望红十字会从天而降。10月23日，沈敦和接到从汉阳某国兵轮上发来的无线电报，恳请速派红十字医队前来战地，救护同胞。10月24日，沈敦和在上海大马路工部局议事厅召集特别大会，宣布成立"中国红十字会万国董事会"，施则敬挺身而出，担任董事，筹款募捐，为前线救护提供后援保障。

辛亥革命是中国近代史上的重大历史变革，短短的几个月中，翻天覆地，万象更新，中国红十字会也出现了蓬勃发展的局面。据统计，辛亥革命期间，中国红十字会先后设立分会60余处，分会医院30余所，这是前所未有的。作为"总指挥"的沈敦和，堪称功勋卓著，而施则敬的协助之功，也不可忘却。

民国建立，红十字事业进入新的历史时期。1912年9月29日，中国红十字会首届会员大会召开，"财务总管"施则敬报告收支情况，账目清清爽爽，获得会员的认可。推举常议员，选出新一届领导，是这次会员大会的中心议题。施则敬众望所归，被公推为首席常议员。10月6日，中国红十字会常议会成立，施则敬等34位常议员履职。这就意味着中国红十字会由董事会制向常议会制转变。作为权力机构，常议会在顶层设计、会务管理、财务监督等方面，都发挥着举足轻重的作用。

施则敬暮年

天有不测风云。会员大会不久，政局突变，"二次革命"爆发，中国再次进入战争状态。

江苏是"二次革命"的主战场，其中自古为兵家必争之地的徐州更是烽火连天，特别是利国驿，3000户居民"无家不破，饥寒交迫，惨苦万状"。此情此景，令施则敬心痛不已，他立即采取行动，垫款万元，在中国红十字会捐款项下再拨万元，连同棉衣数千套，委托查赈员王宝槐前往赈济。"民赖以苏"[1]，渡过了难关。

接着，他又出资发起中国红十字会南京征文社，以"人道说""红十字会与宗教之关系""劝人为善文（白话体）"等为题，连续3次发起征文活动，广泛传播慈善文化。

1914年，中国红十字会迎来建会10周年，施则敬因功由陆军部授予金色奖章。但他没有就此止步：就在这一年，他在家乡震泽发起成立中国红十字会震泽分会，弘扬博爱精神。1917年，他在上海创办贫儿院，大总统袁世凯题词赠送"急公好义"匾额。1918年，年过花甲的他，又被中国红十字会常议会公举为会计董事，继续发光发热。

---

① 《红十字会纪事》，《申报》1913年12月29日。

"贞惠先生"碑亭

1924年6月30日，施则敬病逝于上海。5年后，红十字会为施则敬等4位创始者"建塔记功"的动议，没有落地，但家乡的父老乡亲不会忘记施则敬兴义学、办义庄、修水利，扶危济困、造福乡里之恩。1925年，他被乡里乡亲私谥"贞惠先生"，并在震泽施氏族祠旁建起六角亭，亭内立碑，表彰他的善行懿德。

（收录于《江苏慈善人物故事》第一辑，南京大学出版社2021年版）

观察思考

合力抗疫　共育新机

——2020年国际红十字与红新月运动新动态

2020年初，新冠疫情来势凶猛，迅速在全球蔓延。截至12月中旬，根据世界卫生组织公布的数据，全球累计新冠确诊病例达7105万人以上。与此同时，武装冲突、自然灾害等带来的人道危机，并未因疫情而减缓。在此时局下，红十字国际委员会（以下简称国际委员会）、红十字会与红新月会国际联合会（以下简称国际联合会）以及各国红会一面凝心聚力展开抗击疫情的全球行动，一面继续应对武装冲突、气候灾害等传统人道危机，并在实践中对国际人道局势、人道工作展开新的思考和行动，孕育人道事业发展的新机遇，使国际人道事业在逆境中砥砺前行。

人道危机新考验

新冠疫情发生后，国际红十字组织与各国政府及红会之间、各地区红会之间联系加强，形成了合作抗疫的良好局面。1月底2月初，中国红十字会总会分批从北京、上海、青海、内蒙古、云南、吉林等省（自治区、直辖市）征召队员，组建中国红十字会救护转运车队奔赴武汉，开展新冠患者转运工作。2月11日，国际联合会调整其针对新冠疫情发起的全球紧急募捐呼吁，将呼吁额从300万瑞士法郎增加至3200万瑞士法郎，所募款物除了用于抗击疫情，还将支持受疫情影响国家开展社区卫生活动、提高社区基础服务可及性、普及和传播公共卫生科学信息、加强国家红会能力建设等工作。5月28日，国际联合会又发起31亿瑞士法郎的捐款呼吁，紧急加大其应对全球疫情的行动力度。

对于因长年武装冲突而导致医疗系统岌岌可危的叙利亚、也门、南苏丹、尼日利亚东北部以及阿富汗等国家、地区或民族，国际红十字与红新月运动更是加大援助力度，开展了发放防护用品、开展防护宣传、呼吁紧急募捐、提供心理援助、妥善处理遗体、设法维持生计等多项人道行动。3月26日，国际联合会发起8亿瑞郎的紧急捐款呼吁，帮助全球最弱势社区遏制新冠疫情的传播并从疫情打击中恢复。6月9日，国际委员会和无国界医生组织的首次人道援助联合航班抵达喀土穆，为苏丹的新冠疫情提供人道支援。1月至6月，国际委员会在尼日利亚支持了18家初级卫生保健中心和1支流动医疗队，提供诊疗服务56.54万人次。

在抗击新冠疫情的同时，国际红十字组织与各国红会还面临着水灾、风灾、旱灾等不同灾害以及地方武装冲突的考验。4月，斐济红十字会抵达哈罗德飓风重灾区劳和坎达武群岛，与国际联合会的志愿者一起进行灾难评估、发放救灾物资。5月，巴基斯坦红新月会在卡拉奇飞机失事的地方部署了带有应急响应小组的救护车并参与当地救援行动，红十字志愿者与救援队员一起，从失事飞机的碎片中寻找遇难者尸体。

7月入汛以后，中国南方多地发生大范围强降雨，部分地区暴雨洪涝、地质灾害点多面广、损失严重。至8月初，中国红十字会总会及中国红十字基金会先后向江西、安徽、湖北、湖南、重庆、贵州、云南、广西、四川、河南、黑龙江、内蒙古等12个受灾省份调拨赈济家庭包、毛巾被、棉被、服装、单帐篷、折叠床等救助物资及紧急救灾备用金，款物价值共计4122万元。

8月4日贝鲁特港大爆炸发生后，黎巴嫩红十字会工作组即刻赶到现场，为贝鲁特及其周边12家医院提供援助，包括提供轮椅、拐杖和其他必需品。

9月27日开始，纳戈尔诺-卡拉巴赫冲突升级，冲突双方诉诸重型武器并轰炸人口稠密地区，摧毁或损坏了数百幢房屋以及医院、学校等关键基础设施，国际委员会为当地多家医院提供战伤工具包、药品、绷带、缝合工具包等应急医疗用品，为当地法医局提供尸袋并展开各地人道需求评估工作。

人道法规新进展

2020年，新冠疫情引起国际社会对人道法规的重新审视，在理论层面和实践层面都有了新的突破。

8月17日，国际委员会主席彼得·莫雷尔（Peter Maurer）在《武器贸易条约》缔约国第六次会议上指出，"《武器贸易条约》是一个降低战争人力成本的实用工具"，"只有当缔约国根据《条约》的人道目标忠实地履行《条约》规定的义务时，它才能兑现其承诺"，"新冠肺炎疫情突出表明，需要通过解决潜在的脆弱性和系统性问题来减轻和预防健康风险"，"遏制武器扩散和影响的多边机制——如《武器贸易条约》——对于解决任何国家都无法单独面对的人道问题至关重要"。11月，国际委员会法律顾问亚历山大·布赖特格尔（Alexander Breitegger）专门撰写《新冠疫苗与国际人道法：确保受冲突影响国家可以平等获取疫苗》一文，就武装冲突地区民众获得疫苗、疫情中的医务人员遭受污名化等问题作出回应。文章指出，确保不加歧视地提供疫苗是一项法律义务，接种疫苗属于受保护的医疗行动，抗击疫情中的医务人员与医疗机构、医疗物体、医疗行动均受国际人道法保护，在武装冲突中要以国际人道法为工具确保受冲突影响国家的民众能够获得疫苗。

2月，在联合国秘书长也门问题特使办公室、国际委员会的共同支持下，也门冲突各方代表通过一份详细计划，以完成冲突爆发后的第一次大规模正式战俘交换。这是冲突各方根据《斯德哥尔摩协议》向履行"分阶段释放所有冲突相关被关押者"的承诺所迈出的一步。3月6日，索马里在非洲联盟总部交存了《坎帕拉公约》，即《关于保护和救助非洲流离失所者的非洲联盟公约》的批准文件，国际委员会对此表示欢迎并呼吁各成员国批准和在国内实施《坎帕拉公约》，以确保对非洲国内流离失所者的保护和援助。8月6日，尼日利亚批准《禁止核武器条约》，标志着全球向禁止核武器的目标又近了一步。广岛与长崎核爆75周年之际，国际委员会主席彼得·莫雷尔与国际联合会主席弗朗西斯科·罗卡（Francesco Rocca）发表共同声明，呼吁更多国家加入《禁止核武器条约》，让75年前的悲剧不再重演。10月15日至16日，国际委员会派遣11架专机前往也门和沙特阿拉伯两国的5座城市，将1056名获释人员运送回国，这是该组织在这场持续5年半的战争中开展的规模最大的运送行动。

国际人道法规的修订工作也取得进展。6月，《日内瓦第三公约评注》逐条修订版召开线上发布会。修订版澄清了战俘的地位和必须赋予战俘的待遇，将俘获战俘的情况置于现代背景下加以考量，是从业人员的参考资料和指南，也是可供专家使用的手册。9月25日，在联合会第75届会议高级别会间活动"冲突、气候与环境三重风险所造成的人道影响"上，《红十字国际委员会武装冲突局势中自然环境保护指南》修订版发布。10月，"网络法工具包"发布了第一次年度更新，分析了国际人道法规则，包括对背信弃义行为的禁止和对不当使用既定标识的禁止如何适用于网络空间上的各类军事诡计行动。

人道宣传新气象

结合新冠疫情、武装冲突、朝鲜战争等进行人道工作的宣传，是今年国际红十字与红新月运动的主要着力点。

6月，国际联合会与脸书（Facebook）合作发起"与非洲一起"活动，由来自非洲各地的艺术家参与，借助网络媒体，以音乐和喜剧表演等形式在线宣传和红十字与红新月医疗卫生专家共同编制的预防信息，提醒人们继续对新冠疫情保持警惕。国际委员会还与巴勒斯坦红新月会、巴勒斯坦社交媒体达人合作，探索以不同的方式引导数字时代的民众保证其自身和所在社区的安全。

6月24日开始，国际委员会首尔任务团以一系列照片展示国际委员会在朝鲜战争中发挥的作用和开展的活动，包括法国、中国、日本和西班牙媒体在内的120余家在线和线下媒体也纷纷刊发了这些照片。8月19日，在韩国红十字会等机构的筹备下，"朝鲜战争与人道"国际会议召开。

为纪念世界人道日，8月19日至10月15日，国际委员会和13个人道组织合作，包括联合国儿童基金会、无国界医生组织、联合国难民署、世界粮食计划署、世界宣明会等，协同韩国国际协力团，联合举办了网上图片展和各类活动，有效展示了人道组织作为一个整体，为保护和援助受武装冲突及自然灾害影响的民众所做出的努力，以及各组织在不同情况下针对新冠疫情所开展的应对行动。

5月21日，奥斯卡金像奖获奖导演奥兰多·冯·艾因西德尔（Orlando von Einsiedel）执导的纪录片《白盔》上映，其中的影片《完整如初》便记录了红十字会人在南苏丹红十字假肢康复中心的经历，体现出他们对武装冲突与暴力受害者的同情与倾注的心力。6月，《国际人道法问答》经过全面修订出版。10月，弗朗索瓦·比尼翁（François Bugnion）所著的《面对堑壕炼狱：红十字国际委员会与第一次世界大战》付梓，该书根据国际委员会的官方文件、档案及一些历史材料，追溯国际委员会及红十字运动在1914—1921年如何运作和发展的历史。11月，《医疗行动：援助被武装冲突与其他暴力局势影响的民众》出版，介绍国际委员会在武装冲突地区的急救与院前急救、初级卫生保健、羁押场所医疗卫生、假肢康复、心理健康与社会心理支持等援助工作。

人道交流新热点

疫情冲击之下，各国人道主义工作者、志愿者借助网络平台，围绕公共卫生、志愿服务等开展交流活动。

6月30日，由北京师范大学、国际联合会、红十字国际学院和世界卫生组织等机构联合发起的"国际人道与可持续发展创新者计划"（简称HDI计划）之"HDI全球在线学堂"项目启动，全球多位行动领袖和前沿学者在线集聚，讨论新冠疫情响应与全球风险治理的可持续未来。这一活动结合新冠疫情下的全球局势，在"京师在线"和"学堂在线"的技术支持下，推广了一系列精选在线课程，组织了"互动答疑：公共卫生紧急事件管理中的社区角色""互动答疑：以社区为本的健康与急救"等线上研讨活动，通过组织公共卫生与紧急事件领域的专家和以社区为本的健康与急救领域的专家，就国际联合会课程相关问题进行讨论、对话和答疑，为学生、专家、工作实践者营造了共同的学习氛围。

7月13日至16日，由国际联合会和国际志愿者组织（UNV）共同主持的"为《2030年议程》重新构想志愿服务"全球技术会议（GTM2020）举行，旨在提供一个平台，推动有关志愿服务促进实现可持续发展目标（SDG）的讨论和辩论，共同塑造志愿服务的未来面貌。开幕式上，国际联合会主席弗朗西斯科·罗卡和副秘书长哈维·卡斯特利亚诺斯（Xavier Castellanos）针对为何需要以及如何重新设想在可持续发展目标十年中的志愿服务行动分享个人观点。

9月15日，国际委员会与和平与安全研究所联合举办了一次网络研讨会，商讨非洲当前的移民政策和做法、移民面临的挑战，并提出切实可行的建议，供非盟及其成员国优先考虑和实施。

10月10日，一直致力于传播红十字青年实践故事的东亚青年网络邀请中国、日本、韩国、蒙古国等国的青年志愿者，开展了新一期品牌活动"我的红十字之旅"，分享青年人的抗疫故事。

12月4日，中国公安部、应急管理部、国家卫生健康委员会、中共中央对外联络部、国务院国有资产监督管理委员会以及国际组织的专家就防范化解重大风险、提升应急处理突发事件能力、突发公共卫生事件应急管理、健全完善应急管理体系等多个专题展开讨论。国际委员会驻总部日内瓦的卫生部门负责人埃斯佩兰萨·马丁内斯（Esperanza Martinez）医生从人道视角探讨大规模公共卫生应急事件的管理和响应机制，特别强调要加强多方参与，"因为没有任何单一机构能够胜任所有的职能"。

人道工作新挑战

2020年，第五份关于"国际人道法及其在当代武装冲突中面临的挑战"的报告中增加了新内容，如围攻战、战争中人工智能的使用以及残疾人保护，同时补充了一些国际关注度较高问题的最新情况。这表明，国际红十字与红新月运动面临的挑战不只是新冠疫情。

武器危机形势严峻。2020年，核武器被再次使用的风险已达到第二次世界大战以来最严重的程度，涉及有核国家及其盟友的军事冲突频发，旨在彻底消除现有核武器的协议正遭到背弃，有些国家甚至正在研制新型核武器，导致整个世界朝着新一轮核军备竞赛这一危险方向发展；在清除全球地雷的工作中，目前全球还有33个国家（包括若干杀伤人员地雷库存规模庞大的国家）尚未加入《禁止杀伤人员地雷公约》。

网络危机不容乐观。面对新冠疫情，网络危机有加重之势。3月13日，位于捷克共和国第二大城市布尔诺的一家大医院遭到网络攻击。医院管理层表示，这次网络攻击使医务人员不得不推迟紧急的外科救助，重新安排新到的急症患者，并减少其他医疗活动。疫情期间，法国、西班牙、美国、世界卫生组织以及其他卫生部门相继遭到网络攻击，国际委员会于5月呼吁各国政府明确声明"无论是在危机期间、冲突期间，还是其他情况下，针对医疗机构的网络行动始终属非法行为，且不可接受"。

政治争议亟须解决。近年来，部分地区的政治冲突、争议导致人道工作无法顺畅进行，人道准入成为国际红十字与红新月运动的重要话题。在也门危机应对中，彼得·莫雷尔呼吁，"针对冲突，只有政治解决方案能够创造条件，持续性地改善绝望的人道处境……但要使援助服务于政治进程，就等同于将也门民众劫持为人质"，"必须根据国际人道法促进充分的人道准入"。6月9日，在联合国经济及社会理事会人道主义事务会议上，国际委员会代表再次提出"国际人道法的保护效力必须得到充分施展，以减轻战争对人产生的影响"，打破政治僵局，呼吁"将国际人道法视为达成共识唯一合理的基础，并据此制定政策，同时将政治争议置于人道关切之外"。

新冠疫情给2020年的国际红十字与红新月运动留下了不同寻常的印迹。虽有重重困难，但正如彼得·莫雷尔在11月13日的"财新峰会"上所说，"自1月以来到现在，我们的项目执行率大概已经达到了90%，保证了整体的运营水平，努力为那些受战争、气候变化或者地区冲突影响的民众和地区提供帮助"。面对疫情下的种种挑战，国际红十字组织、各国红会应进一步加强合作，树立共同体意识，推进全球人道事业的可持续发展。

（原载《中国红十字报》2021年1月1日。与李欣栩合作）

化危为机　共创未来

——2021年国际红十字与红新月运动新动态

2021年，新冠肺炎病毒引发的世纪疫情继续在全球蔓延，造成了重大的人员损失和经济损失。截至12月25日，据世界卫生组织公布的数据，全球累计确诊病例超过2.79亿人，死亡超过540万人。同时，自然灾害、武装冲突和环境问题依然严峻，由此引发的人道危机使世界发展的风险性、不确定性进一步增加。对此，红十字国际委员会（以下简称国际委员会）、红十字会与红新月会国际联合会（以下简称国际联合会）与各国红十字组织齐心协力开展全球抗疫和继续应对传统人道危机，推动国际人道事业逆势前行。

全球抗疫在行动

为应对持续肆虐的疫情，国际红十字组织与各国政府及红十字组织之间加强联系和协调，对受疫情影响的民众特别是移民和难民开展救助，形成了合作抗疫的良好局面。

1月，国际联合会与危地马拉、洪都拉斯红十字会一道，为两国边界两岸的移民提供包括饮水、口罩、防疫信息在内的援助。2月，为应对疫苗分配不公问题，国际联合会实施金额为1亿瑞士法郎的计划，支持弱势贫穷的5亿人接种疫苗，确保那些弱势、高危、孤立的个人和社区能够获得疫苗接种，并与哈萨克斯坦红新月会联合推出了一款社交媒体聊天机器人，以创新方式分享准确、可靠的信息，打消人们对注射疫苗的迟疑。

4月，印度疫情出现反弹后，在国际联合会的支持下，印度红十字会与各国红十字会合作，支持印度人民需要的氧气瓶、呼吸机、抗病药品、血液服务和疫苗接种；印度红十字会的数千名员工和志愿者，还与各地方政府协调合作，为民众提供包括救护车和血液检验在内的人道服务，以及免费的口罩、香皂和手套。5月，国际联合会和国际委员会联合呼吁各国和制药公司更快地寻求方案，解决全球疫苗分配不平等问题。6月，国际委员会、国际联合会与各国卫生部门合作，定期与当地的医院讨论保护医护人员的措施，以减少疫情期间的心理痛苦和对病毒的过度恐惧所导致的攻击医护人员和破坏人道救助设施的事件。2021年上半年，国际委员会还向阿富汗的6家医院捐赠了橡胶靴、一次性防护围裙和医用口罩等防疫物资。7月，非洲新冠肺炎确诊病例激增后，国际联合会积极向当地民众提供救护车救援服务，进行确诊者的追踪与隔离，并设置隔离帐篷及治疗区，防止病毒无限制地传播。非洲各国红十字会也提供教材，倡导正确的防疫方式，为社区提供社会心理支持以及防止虚假信息传播，并为民众发放家庭生活物资和津贴。特别是2021年以来，国际委员会、国际联合会与各国红十字组织采取全球行动来防止疫情导致的心理健康危机。如丹麦、保加利亚等国红十字会设立了电话服务，供志愿者与独自在家的人聊天；意大利红十字会安排心理学家在移民检疫船上为包括未成年人、被贩运妇女、孕妇在内的最弱势移民提供心理咨询和保护。至11月，该行动已为世界上716万受疫情影响的人提供了心理支持。12月，面对来势汹汹的奥密克戎病毒，国际委员会再次呼吁加强全球尤其是冲突地区的疫苗接种。此外，在2021年2月埃博拉病毒再次在西非暴发后，国际联合会除拨款开展救助外，还紧急呼吁募资850万瑞士法郎，为受灾地区逾42万人提供为期12个月的援助，并同时支持在其他高危地区约752万人的疾病预防行动。

值得注意的是，国际委员会在武装冲突以及难以抵达、局势动荡的地区为新冠疫苗接种工作提供支持。在波黑，支持国家红十字会为老年人、残疾人等弱势群体提供冷链运输以及市民登记接种疫苗的工作；在格鲁吉亚，支持国家红十字会帮助偏远地区的民众获取疫苗；在伊拉克，为参与疫苗接种活动的卫生部工作人员提供奖金，提供冰箱和电脑等物资以及防护用品；在毛里塔尼亚，支持卫生部在拘留场所为所有被拘留者和监狱工作人员接种疫苗。如此等等。国际委员会的相关行动为战火弥漫中的人们带来希望。

作为国际红十字运动的重要成员，中国红十字会在积极参与国内疫情防控的同时，积极与各国红十字组织合作，为全球抗疫贡献力量。3月，中国红十字会派出第四批援助布基纳法索医疗队，协助该国防控疫情，为病患诊疗疾病。5月，中国红十字会通过国际联合会向印度红十字会提供100万美元的现金援助，并将筹集的首批100台制氧机、40台呼吸机等抗疫物资运往印度班加罗尔；向尼泊尔红十字会捐赠100台制氧机、5000套防护服及268万个N95口罩和医用外科口罩等抗疫物资。据不完全统计，6月至12月，中国红十字会向埃塞俄比亚、黎巴嫩、柬埔寨、格鲁吉亚、老挝、缅甸等国援助共计145万剂新冠疫苗，向蒙古国援助5万人份新冠病毒检测试剂盒。这些行动为全球抗疫提供了"中国样板"，也为全球合作战胜危机带来了曙光。

人道救助新进展

2021年，国际人道救助工作围绕自然灾害、环境问题、武装冲突等引发的多种危机展开并取得了新的进展。

1月，马来西亚红新月会在该国受洪灾最严重的地区营救灾民和提供救济；印度尼西亚红十字会向该国地震灾区运送医疗和救援物资、派出救护人员与志愿者帮助幸存者，国际联合会也拨出46万瑞士法郎为该国直接受地震影响的2万人提供援助；国际联合会还对莫桑比克洪灾实施紧急赈济，并呼吁筹募为期一年、总额510万瑞士法郎的资金，以支持该国红十字会向大约10万受灾民众提供援助，使灾区及早摆脱困境。4月9日，圣文森特和格林纳丁斯发生火山喷发灾害后，该国红十字会协助政府撤离灾民，并提供紧急安置；国际联合会也拨款和派出专家组协助赈灾，并计划筹募200万瑞士法郎，开展安置灾民、发放重要生活物品、提供生计与基本需求等救济项目。5月，国际委员会协助刚果民主共和国救助在尼拉贡戈火山喷发及其引发的地震中受伤的民众，收容安置数百名失散儿童，支持最偏远地区的医疗服务，并向弱势群体分发食品、饮用水和卫生用品。在尼日利亚，截至8月，国际委员会为超过5万户家庭派发了农业支持物资，包括1138吨种子以及一定额度的现金。

10月，印度和尼泊尔遭遇严重洪水和泥石流袭击，国际联合会紧急发放了约32万瑞士法郎的赈灾款，为尼泊尔提供清洁水、医疗服务和避难所等救助。两国的红十字会救援队也持续展开援助工作，疏散受困居民，并为民众提供紧急救援。

12月，超强台风"雷伊"登陆菲律宾后，菲律宾红十字会积极协助政府救助伤员、转移民众。美国红十字会也为本国受飓风影响的灾民提供数以万计的救济物品，以及情感和精神支持。针对阿富汗约2280万人面临的粮食危机，国际联合会与阿富汗红新月会继续为民众提供救济和医疗保健服务，并紧急运送冬季救生包、毯子、隔热材料和加热器，扩大人道救援行动。

因战乱而无家可归的难民、移民是国际人道救助的重要对象。2月，国际委员会与埃塞俄比亚红十字会为该国难民营中超过1万户受战乱影响的家庭提供帐篷、毯子、睡垫、锅具、水桶和香皂等应急救济物资。4月，针对缅甸发生的暴力冲突，国际联合会与缅甸红十字会一道，组织1500多名志愿者和120辆救护车提供医护救助以及载运伤员等急救服务。5月，针对巴以冲突造成上万人无家可归、多人丧生的惨况，国际委员会立即在该地区增强人道援助工作，为难民提供医疗保健、心理辅导服务及生活必需品。6月，国际委员会与拉丁美洲各国合作，动员6900多名红十字志愿者，应对委内瑞拉超过500万人的大规模难民潮，以确保所有人的生命安全和尊严。2021年上半年，国际委员会与阿富汗红新月会合作，在阿富汗救治了超过4.95万名伤员，为超过7600名身处严重危机的人员发放现金援助，并为3.57万民众改善了饮水条件。7月，国际委员会继续支持南苏丹建设医疗中心救治战乱中的伤员，并与该国红十字会合作，为超过330万人发送物资，为超过520万头牲畜接种了疫苗，为300万人分发了种子和农具。海地政局动荡，海地红十字会、国际委员会和国际联合会立即投入援助海地的医疗及救援工作。8月，国际委员会继续实施"加沙地带恢复计划"，完善电力供应系统及管理，解决当地难民的用电、供水等问题。9月，阿富汗人道危机加剧，国际联合会立即发起应变行动，除拨款100万瑞士法郎赈灾外，还对外募款3500万瑞士法郎，支持阿富汗红新月会开展赈济与复原行动，以协助56万阿富汗人民渡过难关。10月，国际委员会为身处武装冲突地区的居民提供种子和医疗服务，帮助民众自力更生，并呼吁各方尊重国际人道法，确保粮食安全，预防饥饿问题。随着战斗激化，埃塞俄比亚北部各地数十万流离失所的民众面临的困难与日俱增。10月初以来，国际委员会已为埃塞俄比亚全国各地（主要是北部地区）的31.2万人提供了生活用品、临时住所和现金；为5家医院捐助了医疗用品和设备，可用于救治1300名伤者；为提格雷州的8000多名弱势民众派发了食品，包括被拘留者、儿童、孕妇和哺乳期女性、残疾人以及医务人员等；为提格雷州的6.8万人和阿姆哈拉的7万人获取用水提供了便利；帮助1.2万余人重建或保持家庭联系，为家人之间传递消息提供便利。11月，国际联合会向白俄罗斯、波兰、立陶宛三国红十字会划拨100多万瑞士法郎，并为移民提供食物、水、毛毯和维持生命的医疗援助。12月以来，为了向非洲最为弱势的群体提供援助，国际委员会不断与武装冲突各方进行沟通协调，敦促其限制暴力的延伸，尊重并保护人道工作者、平民以及学校、医疗中心等民用基础设施。

在中国，中国红十字会在投身新疆、河南、山东、江苏、浙江、安徽、湖北、陕西、四川等地灾害人道救援的同时，积极与"一带一路"国家的红十字会或红新月会合作开展"中巴急救走廊""阿富汗和蒙古国先心病儿童救助"和社区发展项目，并参与国际重大自然灾害紧急救援、向阿富汗提供人道主义援助等工作。12月21日，中国红十字会又向阿富汗红新月会捐赠价值1000万元人民币的生活和医疗物资。国际社会对此给予高度评价。

人道宣传聚能量

国际联合会、国际委员会和各国红十字组织积极与联合国、世界卫生组织等机构合作，参加各类国际和地区会议，发表宣言和研究报告，开展"世界红十字日"等纪念活动，推进国际人道法应用程序使用，举办国际人道法竞赛和培训班，全力加强人道宣传，扩大红十字运动的影响力，凝聚起越来越多的人道力量。

3月，国际委员会在联合国安理会"冲突与粮食安全"会议上强调，解决饥饿是人道救援极为重要的任务，必须防止粮食危机变为饥荒和人道事业的新挑战。6月，在博鳌亚洲论坛全球健康论坛大会期间，国际委员会举办了"实现全面健康"分论坛活动，邀请来自医疗健康和人道领域的专家、学者和企业代表与参会嘉宾进行交流和探讨。而在10月18日博鳌亚洲论坛全球经济发展与安全论坛全体大会上，国际联合会秘书长亚干·查普干（Jagan Chapagain）呼吁"应当以团结和平等为基石，为亚洲和世界打造有韧性的基层社区"。在第26届联合国气候变化大会召开前夕，国际联合会与国际委员会发表联合声明，提出确保重点关注最弱势的群体、增加针对最脆弱国家和社区的气候适应资金等5项要求，并在11月正式会议期间多次发出呼吁重视和保护生态环境并请求各方作出承诺以确保遭受冲突的国家在气候行动和资金支持方面不会继续遭到忽视。12月，国际委员会在第17次伊斯兰合作组织外长理事会特别会议期间发表声明，呼吁保障人道行动在阿富汗的开展，确保提高该国经济的流动性和向流离失所的阿富汗民众提供保护与支持。这些行动引起各国的重视并产生了积极影响。

国际委员会与国际联合会还与各国红十字组织一道，结合"国际人类博爱日""国际消除种族歧视日""世界难民日""世界人道日""国际减灾日"等开展丰富多彩的宣传、纪念活动。尤其是2021年的"世界红十字日"纪念活动，以"人道行动，势不可挡"为主题，传递了人道事业勇往直前、共克时艰的正能量，受到各国民众的广泛关注和好评。

5月12日，国际委员会、国际联合会和国际护士理事会组成的委员会评选出第48届弗洛伦斯·南丁格尔奖获得者，来自18个国家的25名优秀护士获此殊荣，不仅宣传了她们在抗疫、救灾、公共卫生等领域做出的卓越贡献，也鼓舞了更多医务工作者和各国民众参与和支持人道事业。

加强国际人道法宣传教育一直是红十字运动的重要内容。国际委员会顺应数字化时代大潮，加大对其开发的国际人道法应用程序2.0版的推广力度，使之得到广泛应用。通过该应用程序，用户可通过平板设备、台式电脑和智能手机查阅超过75部条约和其他国际人道法相关文件，并能够便捷查阅关于国际人道法当前热点话题的法律立场、出版物和网站。6月，国际委员会与中国政法大学共同举办了"复杂时代国际人道法：经典问题和新前沿"国际学术研讨会；7月，国际委员会与苏州大学红十字国际学院合作举办了第10届国际人道法暑期班，推动了国际人道法传播工作取得新进展。10月16日，红十字国际学院第2期人道事务高级研修班开班仪式在苏州大学举行。红十字国际委员会主席中国事务个人特使、东亚地区代表处主任柯邱鸣应邀出席。他在致辞中表示："红十字国际委员会鼓励通过多种方式在全球不同群体中推广和传播国际人道法。尤其支持在知名院校和培训机构开展国际人道法的教学与研究，组织并参加旨在推广国际人道法和基于原则的人道行动的各类活动。"国际委员会还在中国开展了第19届亚太区国际人道法模拟法庭竞赛、第15届红十字国际人道法模拟法庭比赛和第6届"人道之星"国际人道法网络知识竞赛。这些活动进一步推动了国际人道法融入高校课程，并培养了学生对国际人道法的兴趣。此外，国际委员会还组织了国际人道法"保罗·路透奖"和2021年人道新闻摄影金奖评选，旨在鼓励更多的人加强对国际人道法和人道救助事业的研究和宣传。

人道事业结硕果

2021年，尽管遭遇严峻挑战，但全球人道事业在逆境中砥砺前行，取得了难能可贵的成绩。

1月12日，国际联合会与联合国儿童基金会等四大国际卫生和人道主义组织宣布建立全球埃博拉疫苗储备制度，力图通过确保疫情期间处于危险之中的人群及时获得疫苗来遏制未来的埃博拉疫情。

1月22日，《禁止核武器条约》正式生效，这是世界消除最致命武器迈出的历史性一步。该条约在国际人道法的基础上明确且全面禁止核武器，是首部旨在减轻核武器灾难性人道后果的国际法规。国际委员会主席彼得·莫雷尔（Peter Maurer）表示，这是"实现核裁军和不扩散相关长期努力的起点"。目前，已有近60个国家签字确认该条约。12月13日至17日，联合国《特定常规武器公约》缔约国第6次审议大会在瑞士日内瓦召开，彼得·莫雷尔在会上发表视频演讲，呼吁"要对未来战争做出负责任的选择，包括规定明确且具有法律约束力的界限，禁止不可预测或以人类为攻击目标的自主武器系统，并严格规制所有其他自主武器系统的设计和使用"。红十字国际委员会向本次会议提出了一系列建议，旨在促进各国普遍加入公约，加强现有议定书的实施，并应对人道问题在当代的发展，强调"需要采取紧急且有效的国际应对措施，消除自主武器系统带来的严重风险"。

2021年日本"3·11大地震"十周年纪念日之际，国际联合会发布了救援进展和成效：100多个国家和地区的红十字组织以及一些政府为日本赤十字社的救援和恢复活动捐款总计约1000亿日元，为超过13万户家庭提供家用电器，开展了支持老年人和残疾人的社会服务以及当地卫生设施的重建等。目前，灾后恢复和重建工作正在有序推进。

9月，国际委员会发布了2021—2026年教育机会新战略，从2017年介入教育领域至今，国际委员会30多个代表处开展了规模不等的教育活动，10个代表处成功将教育纳入其项目周期的不同阶段，6个代表处拥有专门的教育顾问和完整的教育项目。为纪念2021年"国际教育日"，国际委员会在2021年初与多家组织联合启动了日内瓦全球危境教育中心，以携手改变受危机影响的青少年以及流离失所的青少年的教育状况。

10月，国际联合会与阿根廷红十字会商定在该国设立南美洲人道主义中心，这将有能力预先部署足够的人道主义援助，以满足多达1万名受紧急情况和灾害影响的民众的需求。

至11月，国际联合会和国际委员会共同制定的《人道组织气候与环境宪章》已有170多个签署方。该行动的目标之一是到2030年全球温室气体排放量比2018年至少减少50%。此举进一步发挥了人道主义部门在应对全球气候和环境危机方面的关键作用。

12月2日，在北京冬奥会举办前夕，第76届联合国大会一致通过由中国奥委会和国际奥委会起草的《奥林匹克休战决议》，有173个会员联署通过该决议。这给身处战乱的民众带来了慰藉和希望。此外，12月16日，刚果民主共和国正式宣布，在国际联合会的帮助下，今年（2021年）在该国发生的第13轮埃博拉疫情结束。

最困难的时候，也就是离成功不远的时候。只要我们团结在红十字旗帜下，发扬崇高的红十字精神，汇聚起磅礴的人道力量，构建起更加牢固的人类命运共同体，共同维护和促进世界和平与发展，就一定能战胜各种天灾人祸的威胁和挑战，夺取最后的胜利，开创更加美好的未来。

（原载《中国红十字报》2021年12月31日。与戴少刚合作）

集思广益　共谋发展

——红十字国际学院首期青年骨干培训班课业综述

　　2019年10月31日，由中国红十字会总会主办、红十字国际学院承办的全国红十字系统首期青年骨干培训班在苏州大学正式开班。全国人大常委会副委员长、红十字会与红新月会国际联合会副主席、中国红十字会会长陈竺用英文以"对我国红十字会工作的若干思考"为题向学员讲授第一堂课。来自全国红十字系统的70余名青年骨干，以及红十字国际学院专家咨询委员会成员、苏州市红十字会干部、苏州大学学生共180余人听课。陈竺在课上介绍了国际红十字运动和中国红十字会的发展历史，回顾了近年来我国红十字事业的改革发展成就，分析了当前国际红十字运动的发展态势和中国红十字会在国际红十字运动中的新机遇、新使命、新挑战，擘画了新时代中国特色红十字事业的发展蓝图。首期培训班为期5天。孙硕鹏、于福龙、王汝鹏、任浩、刘选国、郑庚、池子华、苏婉娴以及红十字国际组织白良、彭玉美等国内外人道公益领域的专家将先后为学员授课。课程涵盖中国红十字会第十一次全国会员代表大会精神宣讲、国际形势、人道外交、"一带一路"、红十字运动发展、人道资源动员等内容。其间，青年骨干围绕着红十字国际学院未来发展、"一带一路"以及红十字事业发展中的焦点问题进行思考，通过课业的方式表达自己的识见，不少见解颇有价值。现摘要综述如下。

关于红十字国际学院建设

田熠：红十字国际学院的定位之一是培养中国暨国际红十字会与红新月会人道主义专业人才。其中一个项目为1~2周的短期培训班，适用于已在红十字会系统有一定工作经验的在职人员。由于目的是提升员工在专业领域的技能，建议以专业领域或职能进行分类，每期专注在一个领域，如筹资专题、灾害预防专题、人力资源专题等。此外，红十字国际学院处于初创阶段，前期可以先行开展短期培训班，授课对象为中国红十字系统的在职员工。如何打造有实际效果的"中国红十字会系统短期专题培训班"，并最终实现提升中国红十字会员工专业能力的目标，可以从投入（inputs）、活动（activities）、产出（outputs）、短期目标（outcomes）和长期影响（goals）五个方面建构项目逻辑模型，实现培训效益的最大化。"中国国际公务员能力建设项目"与红十字国际学院的培训目标和针对人群有很多相似之处，可以参照借鉴。

李建华：红十字国际学院围绕建立"红十字运动专业"，一是畅通信息共享渠道，积极取得红十字国际委员会和红十字会与红新月会国际联合会的认可和帮助，与国际上各红十字运动研究中心等建立国际红十字运动信息和数据共享机制，同时建立红十字运动信息共享平台，将红十字运动信息向我国红十字系统基层，乃至向红十字系统外开放，为基层红十字人员或系统外热心人士研究红十字运动理论提供信息基础。二是建立我国红十字系统社会调查联动机制，结合红十字国际学院的理论研究需求，确定我国红十字系统社会调查项目，并组织相关人员积极参与社区入户社会调查，确保社会调查结果符合红十字国际学院关于红十字运动理论研究的实际需求。三是推动建立我国红十字运动论坛，通过论坛将零散和碎片化的红十字理论研究进行整理收集，吸引红十字系统内外具有一定红十字理论基础和学术研究能力的有识之士参与，凝聚研究队伍。

夏晓雯：红十字国际学院在建设过程中应注意五个方面。一是短期目标与长期目标相结合。短期目标主要为解决学院的生存问题，即资金和资质问题；长期目标主要解决发展问题，即师资团队建设和品牌建设问题。二是系统内收费培训解决生存问题，广泛动员社会资源，根据国内红十字系统培训需求，采取高级研修班、中短期培训班定制办班、委托办班等购买服务的形式。在课题研究方面，可以尝试各级红十字会认领的形式，谁提出，谁认领，在增强针对性的同时减轻财政负担。也可以考虑学科共建，设立分中心，与有条件的省级红十字会、地方大学及研究机构，共同建设某个专业或共同完成某个课题。三是以需求为导向，设计课题体系。在研修班和培训班的课程设计与配套服务方面，充分考虑购买服务方，即各级红十字会的需求。在学历教育设计上，逐步打通与人事体系的衔接通道。取得相关国际认证培训资格，建立国际资格认证培训体系，如救护师资国际认证、灾害评估师国际认证等，增强品牌含金量与公信力。四是充分利用互联网技术，推进IMPACT课程汉化及初级红十字业务工作课程体系网络化，降低初级培训成本，集中力量提高专业化课程质量，推进专项课题等理论研究。五是拓宽办学视野，将公益领域纳入学科体系，争取发挥更大的引领和示范作用。

黄九霞：红十字国际学院的建设，可以关注八个方面。一是加强顶层设计，为各级红十字会争取更多政策支持。总会可通过文件或制度等形式，将红十字系统干部职工的继续教育纳入各级红十字会文化建设和绩效考核体系。同时鼓励各级红十字会将干部职工的继续教育成本纳入财政预算。二是加大筹资力度，为学院运作提供稳定的资金保障；建立各类奖学金制度，鼓励各级红十字会专职干部积极参加培训和教育。三是广招人才，建立雄厚的师资库，并加强与IFRC和ICRC以及各国红十字会的交流与合作，动员他们选派一些有实战经验的师资加入师资库。四是广泛动员人才资源投入教材的研发和编写，科学合理设计教学计划。五是开拓和创新培训与教育模式，采用更多现场教学的模式，与基层红十字会和其他国家的红十字会合作，将一些培训和教育课程搬到基层或实地开展教学。六是提供学习交流和实践机会，同时有目的地选拔和培养红十字系统优秀的师资队伍，加入国际学院师资库。七是服务更多人群，建立包括应急管理、灾难医学、急救医学、老年医学、社区发展、社会工作等在内的综合性人道学科体系，提供多层次、多样化的人道行动方案，在满足广大红十字专兼职工作者综合性培养规划的基础上，面向会员、志愿者以及社会公众开展人道主义教育和社会工作技能培训。八是完善监督、考核和反馈制度，加强培训前、后的考核，培训和教育过程监督，确保不浪费教育资源。

罗凌：红十字国际学院的成立给广大志愿者带来巨大的成长空间和发展机遇。强化志愿者队伍建设，应注意三个方面。一是提供更多学习机会给优秀志愿者，再由他们把先进的理论和指导思想带到队伍中，促进红十字事业的长远发展。二是红十字国际学院作为红十字运动人才培养和国际交流的中心，拥有大量国内外专家资源，各种专业的课程资源，应长期为志愿者赋能。三是为海峡两岸暨香港、澳门的志愿者创造交流和学习的机会，也为中国志愿者与国际志愿者创造交流和学习的机会，学习操作层面的课程，提升中国志愿者的专业能力，为走出国门参与国际红十字运动，提升大国形象储备人才。

张园：加强标准化、流程化、信息化建设非常必要。作为"红十字新鲜人"，在工作体验中，接触的大多是一种老人带新人的经验式的工作方法，新入职的员工只能学习一些条款，对于实际的工作，没有一个标准的流程可供参考，只能在实际操作过程中逐渐积累经验。基于此，建议红十字国际学院研究一套具有中国红十字会特色的SOP（standard operation procedure），即工作人员工作准则，将我们的工作按照种类予以规范与说明，以达到操作的一致性与标准性。SOP使所有的工作人员按照统一的标准与流程执行，有规则可循，能提高效率、减少沟通成本，让红十字系统像一台精准的机器一样运转。

张健：在人员培训方面，应注意五个方面。一是每一至两年对参加过培训的人员按照班次进行多次轮训，使之更新知识结构、增强工作技能。二是通过总会指导全国红十字系统工作人员开展专业外语的培训，为扩大交流合作打牢语言基础。三是尽快完善学科体系，积极开展专项培训，在应急救护、备灾救灾、干细胞和遗体器官捐献、人道资源动员等方面形成专业特色，并开展学历教育。四是延长骨干培训的时间，短期班从一个月起步，以便系统化地学习各个工作领域的技能。五是摒弃"填鸭式"的教学方式，鼓励以小组为单位进行理论学习、问题分析和经验分享。

吕静楠：在授课形式方面，建议参照"YABC·青春善言行"的方式。它非常灵活地运用各种教学方法和活动方法，使学员注意力全程在线、交流互动充分、思考空间足够。在课程设置方面，可以在各省市发放调查问卷，了解大家期待的培训内容，分成"期待点"，然后在全国红十字会匹配成功经验，将之与理论知识相结合，整理成实用的"工具包"，既用于课堂讲授，也用于学员的工作中。比如，香港红十字会的品牌项目"小红星奖励计划——家中英雄"，工具包中有更多细节，包括项目策划、每一年的活动计划以及活动执行的流程等，便于因地制宜，复制到红十字会的工作中。

李双娥：红十字国际学院设在苏州，这是独特的天时、地利、人和的安排结果，是苏州大学这所百年校园应有的殊荣和担当。然而红十字的工作者、志愿者等相关人员遍布全国各地，考虑交通、食宿成本，建议学院与各省大专院校合作，积极争取高校及其教师的支持，建立红十字国际学院的分支机构，同步开展相应的主题教学，面向省内各级红十字会工作人员，传播红十字文化和业务知识。如此，成本降低，覆盖面扩大，影响力扩大，让更多的红十字人从中受益。

杨一：培训的主干围绕红十字，需要把它当作商品一样包装增值，甚至可以作为专业服务咨询产品换取我们需要的资源。这就要求有一个整体设计：普遍的通识培训突出"博"，解决红十字由来和理念等方面的知识普及问题，这是基础；骨干提高培训突出"专"，解决学习提高问题，以探索人道法和青春善言行项目为支撑，这是重点；专题研修突出"深"，解决理解人道、博爱、奉献精神深度问题，结合社会需求开展志愿服务和捐款捐献，反哺社会，这是难点；技能培训突出"用"，解决学以致用问题，以身心安全为核心的急救培训和防灾避险安全教育，这是目的。同时，针对继续教育、成人教育群体，开发红十字系列在线学习课程，适应"互联网+教育"需求，运用现代信息技术改进培养方式，推进红十字主题专业教学资源库建设和应用，建立共建共享资源平台。

薛昀：对红十字国际学院的教育培训，有两条建议。一是入学高标准，课程严要求。细致划分培训班类型，针对不同的班提出不同的入学要求，明确证明语言能力的渠道，使学员能够精准受益。培训班采用课堂小测与结业考试相结合的方式，每一次的培训都要做到高标准、严要求，让每一次的培训从报名到学习到结业都"混"不过去，提高培训结业证的含金量。二是课堂的形式更丰富，把"坐下来""走出去"相结合，增加师生互动、学员互动的环节，可以先从课堂授课方面下手，尝试不局限于灌输式教学，增加头脑风暴、分组讨论和作业、小课题研究等方式，调动学生的积极性，或可达到更好的教学效果。

董颖育：红十字国际学院的教育培训，需要注意四个方面。一是按照红十字会系统目前的组织架构，组织省级、市级、县区级红十字会工作人员进行轮训，根据每一级红十字会不同的工作范畴和发展方向，组织不同的师资有的放矢地进行培训。二是每次学习结合中国国情，研究新时期新的政治生态环境下，如何发挥红十字事业在自身领域的优势和特长，当好党和政府在人道工作领域的得力助手，为国家和人民做出更大的贡献。三是学习和传播国际红十字运动基本知识和国际人道法。四是培训工作不能以培训结束为终结。要在学院和学员之间搭建起纽带，向各届学员传达学院对于红十字事业发展的前沿研究和理论指导。在每一期培训的学员中选出工作经验丰富、理论水平高的红十字工作者作为培训学习群的管理联络员，负责联络红十字国际学院的工作人员，及时更新师资课件或者优秀论文，对各级红十字会的工作进行指导。

何家本：关于学院师资，专门研究人道相关工作的专家学者并不多。人道工作涉及法学、社会学、心理学、医学、市场营销等诸多学科。只要运作适当，广发"英雄帖"，会有大批富有挑战精神的专家学者相聚于红十字旗帜下，这些学者一旦加入，可以产生事半功倍的效果。也可以招募国际上颇有建树的学者，红十字国际学院理应有国际视野。关于学院经费筹措，除了联合发起人这一条路径之外，还要集中力量寻求具有战略眼光的企业家等知名人士的支持，争取实现双赢。

侯晓俊：充分发挥红十字国际学院的研究、交流、咨询功能，"踏实"做好红十字运动与红十字工作的理论研究。一是认真研究党的建设创新理论与红十字运动基本规律的关系问题，深刻阐释党对红十字事业领导的重要性与必要性，回答好红十字会"我是谁、为了谁、依靠谁"的问题。二是认真研究"人道、博爱、奉献"的红十字精神与中华优秀传统文化的关系问题，丰富和扩展社会主义核心价值体系。三是认真研究红十字会体制机制如何更好适应新时代要求，如何更加贴近基层、贴近群众、贴近人道需求。

王斌：在红十字运动与红十字工作的理论研究方面，需要注意六个方面。一是在课程设置上进行基层调研，摸清广大基层红十字工作者最欠缺和最渴望的提升需求，从而在培训中有针对性地提升基层人员存在的共性短板。二是将各省市的优秀案例、项目工作开展情况纳入课程进行学习、研讨和推广。三是加强基础知识特别是基本能力的训练和培养。四是将课程及教学活动做成模块，学员可根据自身需求，按不同深浅、时长定制化学习，彰显开放性。五是引进国外优秀人道服务等红十字相关工作项目案例，从具体项目案例中汲取经验，开阔思维。六是将新人"入职第一课"放在国际学院，将新媒体宣传制作、网络技术等新技术应用和了解纳入培训体系，突出应用层面能力的实训。

党琪：针对不同群体，培训要有所侧重，此次的青年骨干培训班，更多的不是学术理论培训，而是通过实用的课程，给予红十字青年干部更多启发和经过验证的方法论，让大家能够更好地在工作中解决问题与突破瓶颈，从而更好地发展红十字事业。像香港红十字会的筹资模式就很有启发意义。

孔伟珉：红十字国际学院的培训，需要关注四个方面。一是课程设计可以更为丰富，如以加强诸如语言、社会资源动员、活动实践等为主题，切实提高学员的素质和能力，从而更好地服务大局。二是课程安排可以更具针对性，全国各地发展情况不同，面临的工作挑战和需求有一定的差异。针对同类型、同需求、邻近地区的人员的培训可能具有更好的效果，更能形成区域联动效应、突出特色和优势。三是培训如能成为一种连续性、常态化方式，能更好地起到加强队伍素质的效果。四是培训方式可以增加网络授课和远程教学，充分发挥网络的优势和利用学员的碎片时间；同时，参考公务员的年度学时要求，形成红十字系统的选课和课时要求，切实提高全员素质。

王羿：国际学院培训对象首先应当着眼于红十字会系统骨干，作为红十字人分享与交流的平台，开展红十字会领导与干部初任培训，对标参考国际商学院非营利课程设置，以工作实务为主，开展非营利组织领导力、理（监）事会实务、非营利组织营销（人道资源动员）、红十字相关法规政策导论、志愿者招募与管理、非营利组织财务管理、公益伦理、红十字项目运营实务（VCA评估、基线调查方法）等模块教学。这些课程很难通过一两周短期培训的形式完成，单纯意义上的业务培训无法纳入干部教育工作计划。而按照《干部教育培训工作条例》，省部级、厅局级、县处级党政领导干部每5年应当参加党校、行政学院、干部学院或者经厅局级以上单位组织（人事）部门认可的其他培训机构累计3个月以上的培训。一般干部为90课时/年。所以，建议红十字国际学院先行取得组织部干部教育部门的认可，加挂红十字干部学院或类似牌子，并对相关的干部教育培训进行备案。同时，结合《学习贯彻习近平新时代中国特色社会主义思想课程体系和教学大纲（试行）》有关要求，设计制作一批红十字特色课程，并在党员干部现代远程教育等在线教育平台实现投放。这样，不仅各地红十字会干部在学院取得的学时能够计入当年干部教育学时，学院干部培训也能实现良性发展。

邓卓斌：国际红十字学院要对应两个范畴，即专职人员培育和公民教育。一是办公室、行动基地与学院并存。二是要有全球视野。既要让本地人才"走出去"，也要让向外地人才"走进来"。人才自然流动，才有健康发展。红十字运动本身是一个超越种族、国界的运动。三是人道的知识、技术、价值并重。没有对生命价值的正确理解，人道工作就不可能顺利进行。四是持续普及教育，使人道精神成为公民教育的一部分。

聂娜：国际红十字学院的发展，需要关注四个方面：一是利用"互联网+"，建立智慧学院，推行学员终身学习机制，线上学习为主，线下学习为辅；建立学员反馈制度，不断完善平台，实现平台升级迭代。二是建立VR虚拟人道法教室，根据不同岗位的学员、不同国家的学员、不同年龄阶段的学员的需要，开设不同的课程。三是从国内外高等院校中选拔优秀教师，负责国际红十字学院专业标准化课程的研发。四是编写与出版红十字特色教材，如《红十字制服史研究》《红十字人物传记》《世界红十字各国发展史》《中国红十字各省份志》《红十字中英文常用词典》《红十字应急管理与备灾救灾》《红十字护理学》《各国红十字风俗文化介绍》等。

关于"一带一路"国际合作交流

王蔚然：红十字参与"一带一路"建设是打造中国特色红十字事业的重要举措，是红十字会作为党和政府人道领域的助手的内在要求，是红十字开展民间外交的重要渠道，是作为国际红十字运动重要成员、履行国际人道主义义务的应有之义。中国红十字会编制的中国红十字事业

"十三五"发展规划中，提出"红十字与'一带一路'同行"战略。未来五年，中国红十字会将紧紧围绕国家"一带一路"建设的总体要求，加强与各国红十字会在应对气候变化、人口老龄化等方面的互利合作，支持发展中国家开展非紧急阶段人道发展项目，积极开展防灾减灾、社区发展、卫生健康等人道救助和服务项目，使红十字人道外交成为"一带一路"民心相通的重要力量。

张健：交流对话是加强合作、增进互信的基础。在"走出去"的同时，我们更需要做的是接轨，在加强与周边国家红十字会沟通交流的基础上，结合当地民众实际需求，共同设计开发本土化程度高、可持续性强的人道救助项目，造福当地百姓。这样不仅播撒了友谊，也收获了丰硕的果实。比如进一步加强备灾救灾体系建设，要分领域、分专业招募具备参与国际救援能力的志愿者，开展经常性应急救援实战演练活动，不断锤炼队伍，提高救援能力，确保开展国际救援时召之即来。未来，随着"红十字与'一带一路'同行"战略的不断深化，中国特色红十字事业将作为一个独具一格的品牌为国际红十字事业贡献自己的强大力量，而我们红十字人也将在这个伟大的时代洪流中，奉献力量，实现价值。

王雅琼：红十字会作为党和政府在人道领域的助手和民间外交的重要渠道，参与"一带一路"建设，是依法履职深化红十字人道外交和对外交流的使命所在，是全面实施"红十字与'一带一路'同行"战略构想的重要举措。内蒙古是"一带一路"重要节点地区，在"一带一路"建设中具有独特的地位和作用。虽然在"天使之旅——'一带一路'大病患儿人道救助计划蒙古国行动""一带一路·光明行"蒙古国行动中取得突出成绩，但仍然存在不少困难和挑战。一是受国际关系与形势的影响，赴内蒙古开展眼疾筛查经常遇到医疗团队和医疗设备无法正常通关的窘境，医疗团队也面临行医资质办理周期长、流程复杂的困扰，给医疗救助带来许多不便，希望总会能够从高层给予推动。二是受限于红十字会职能、职责，在组织公益活动时部门协调不畅的现象时有发生，比如协调外办、国安部门周期比较长，效率受影响、效果打折扣。三是内蒙古对外交流合作的发力点目前主要集中在蒙古国，希望在总会的带领下能够同其他"一带一路"沿线国家在更多领域开展更广泛合作。

邵敬懿：参与"一带一路"建设事业，是红十字事业的一个重要发展契机。搭上这班快速列车，不仅更加巩固了我们作为政府的助手的作用，也是我们中国红十字会传播人道事业的重要途径，"一带一路"倡议必将为人道事业发展带来新机遇。中国红十字基金会于2017年2月成立的"丝路博爱基金"，专门资助"一带一路"倡议背景下的红十字人道主义对外援助项目，在沿线国家的人道救助、应急救护、灾害救援及社区防灾减灾等方面发挥作用，为相关国家深陷困境的无辜百姓送去关爱。巴基斯坦、阿富汗、蒙古国等，很多例子已经能够证明传承人道主义精神，推进民心相通的人道之路、博爱之路正在修建中。关键是我们要讲好"故事"，动员更多的人道资源参与进来。

徐婧：红十字参与"一带一路"建设，一方面要"走进来"。红十字委员会和红十字会与红新月会国际联合会应该更多地"走进来"，了解中国，帮助中国深入开展红十字运动。随着"一带一路"建设的深入推进，中国的国际人口逐渐增多，外国友人的志愿活动组织、红十字服务需求等也都是红十字参与"一带一路"建设的新需求。另一方面要"走出去"。"一带一路"建设不仅是经济的长廊，更是人类共同命运的连接，和平世界的我们，有意愿、有勇气将这样的希望随着"一带一路"播撒到这条世界人民的长廊，去连通不同的世界，去救助遭遇不幸的人们。

赵景春："一带一路"，落在"五通"（政策沟通、道路联通、贸易畅通、货币流通、民心相通），重在民心相通。红十字组织有能力做民心相通的先行者和践行者。以宁夏为例，作为省级红十字组织，宁夏红十字会在战略支点的打造中应大有作为。中阿博览会就是宁夏红十字组织搭建的与阿拉伯国家红十字组织沟通交流的广阔舞台，我们应紧紧抓住这个对外交流的大平台，积极对接协调，搭建中阿博览会红十字博爱论坛，邀请国外红十字组织参与交流，既让对方了解中国，了解宁夏，也让国外红十字组织了解中国红十字事业现状，了解宁夏人道事业发展。在各国保护本国传统文化、防范文化渗透意识日益增强的今天，我国对外援助也可通过红十字组织之间合作开展，既展示了形象，也增加了各国基层民众之间的信任与好感，为"一带一路"建设打下良好的民意基础。

林永霞："一带一路"沿线各国情况复杂，资源禀赋各不相同，红十字参与"一带一路"建设，更要细化研究、分类施策，落实好重点领域和关键环节的工作。突出抓好培育发展红十字新亮点，形成示范带动效应。首先应梳理完善红十字参与建设"一带一路"项目清单，推动符合条件的重大项目纳入国家优先推进项目清单，利用各类优势，做推介和对接工作。其次是加快重大合作项目建设，比如推动红十字元素建设落地见效。防止规划建设大而全、大而空，失去特色和优势。最后是加强红十字对外服务体系和风险防范建设。针对"一带一路"沿线国家多，政策、法律法规、文化风俗各异等情况，红十字人要积极与各部门进行沟通，加强协作，不断完善风险防范机制，为在外服务的红十字人提供良好的平台服务、保险服务、信息服务、海外权益保护服务。

杨清：省级红十字会开展对外交流工作，的确面临着很多挑战。一是是在行政手续和财务手续等方面受到限制。如出入境手续办理程序的复杂性和财政经费的削减导致时间的拖延、参与人数的限制，因而无法开展有效的交流合作。二是参与的国际合作项目少。一方面，由于筹资手段较为单一，无法为在境外开展的人道援助项目提供强有力的支持；另一方面，基层工作人员和志愿者参与联合会、国际委员会项目的机会较少，无法通过与其他国家以及联合会、国际委员会工作人员的交流互鉴开拓工作思路、创新工作方式。三是对外项目实施过程中缺乏有效的督导和监理。境外项目的开展基本以拨付现金为主，工作人员无法亲赴当地在项目实施过程中做好有效的督导工作或可靠的三方评估。

王斌：我国红十字事业进入高速发展时期，但也存在一些现实的问题。比如各省红十字事业发展不平衡的问题，其中有组织建设、动员能力、求助实力以及发展理念等多方面的原因；绝大多数发达省份的红十字事业发展好于一般省份，东南沿海地区好于多数内陆地区，这与地理、经济、历史、文化等因素有关。类似于我国的脱贫攻坚战，扶贫的需求往往和人道服务的需求同时存在于中西部，特别是集中连片的深度贫困地区。建议总会加大对贫困地区特别是革命老区在资源项目、人才培养、政策支持方面的力度，在具体问题的解决上给予具体的指导和帮助，从顶层为基层红十字会工作开展打通路径。同时，构建发达省份与欠发达省份的对口帮扶机制，推动红十字事业发展与国家区域发展战略同频共振。

孔伟珉：关于各地分会参与"一带一路"工作，建议总会将相关国家及项目需求形成可选式"菜单"提供给各地分会，这样各地分会在编制年度工作计划和中长期工作规划时能更精确地进行资源筹集和工作准备，能更精准高效地参与这项重要工作。外援工作直接关系到外事工作，目前地方外事管理更加规范和严格，对出访任务申报及人员、经费额度都有明确规定，众多基层工作人员没有机会通过因公方式出访，参与国家重大建设项目更是无从谈起。各地分会在外事工作中如能获得相关政策支持，将为各级红十字会工作人员参与"一带一路"工作提供一定保障。

曾炬：边疆民族区域人道事业是中国特色社会主义红十字事业的重要组成部分，是践行"一带一路"倡议的重要场域。边疆民族区域既处多国边境，又是"一带一路"所涉主要省份。这些地方的红十字会尤应在当地党委和政府的领导下以及中国红十字会总会的指导下，勇担人道外交的神圣使命，将其作为重要工作维度，紧密结合"三救三献"核心业务和相关国家人道需求，选准载体和切入点，在"一带一路"建设中当好"先遣连"和"排头兵"，切实发挥好自身应有作用和比较优势，为其他地区乃至全国红十字会提供有价值的人道外交经验和可借鉴的人道外交样本。

孙永春：如何在"一带一路"建设中更多彰显红十字力量，建议从三个方面着手和用力。一是建立与"一带一路"沿线国家的对话交流机制，夯实人道外交的基础。二是落实好"红十字与'一带一路'同行"构想，这是全国红十字系统的共同责任，必须发挥中国红十字会、省级红十字会两方面的作用。三是加强专业化团队建设，夯实人道外交开展的人才基础。一方面，要注重具有多种语言能力的人才的引进；另一方面，要注重全国红十字系统青年骨干的培养。发挥好红十字国际学院的作用，加大培训力度、加强实践。鼓励青年骨干参加总会组织的一系列对外援助活动，选派他们到红十字国际委员会、红十字会与红新月会国际联合会总部及各个区域性办事处跟班学习，加强人道外交工作人才储备，努力打造一支专业化的、具有国际视野的红十字人道外交人才队伍。

谷彬：为配合国家"一带一路"建设，中国红十字会总会提出"红十字与'一带一路'同行"构想，并于2017年2月成立中国红十字基金会丝路博爱基金，致力于提升"一带一路"沿线人道服务供给水平。自成立以来，丝路博爱基金的人道足迹已遍布26个国家，为促进民心相通、推动构建人类命运共同体做出了重要贡献。但在管理体制、国际援助人才队伍、项目驱动力与执行诸方面都面临困境与挑战，要加强对这些困境的分析和破题，不断完善自身体制和队伍建设，提升相关领域工作人员的能力，并提升整体治理水平。只有这样，丝路博爱基金才能走得更远。

关于新时代中国特色红十字事业

殷涛：新时代背景下，中国特色红十字事业得到党中央高度认可和评价。中国红十字事业也将由慢车道驶入快速通道，尤其是在救灾领域，中国红十字会与国家应急部签订战略合作协议，这意味着红十字民间救援队将发挥越来越重要的作用。但红十字民间救援队因其特殊性，目前尚存发展困境：法律地位和身份承认方面面临困难；救援责任难以得到划定；投保机制存在缺陷；资金困难；人员综合素质不足；救援人员的出勤问题；组织化程度不足；民间社会组织的公信力下降；众多社会组织缺乏统一协调；民间救援队组织缺乏可持续发展性；民间救援组织对政府的依赖性过强；对民间救援组织的监管和评价体系有待完善；对民间组织的宣传力度不足；政府资金补贴无法下发；等等。如何发挥各级红十字作用，规范和管理民间救援队将会成为新形势下救援队发展的新课题。

　　胡静升：新时代中国特色红十字事业发展，应从四个方面发力。一是找准工作落脚点，关键是要牢固树立以人民为中心的导向。二是把握履职着力点，关键是要充分发挥人道领域助手作用。三是寻求创新突破点，关键是要坚持不懈增强人道资源动员能力。四是把握改革着力点，关键是要坚定不移走中国特色红十字事业发展道路。

　　肖彩霞：站在新的历史起点上，中国红十字组织作为党和政府人道领域的桥梁和纽带，如何发挥作用，提高影响力？一是找准历史定位，抓住机遇促进红十字事业健康发展。二是把全面深化改革落到实处，扩大红十字会的影响力。三是扩大中国红十字会在国际社会的话语权。

　　黄刚议：新时代中国特色红十字事业是党的事业的重要组成部分，必须保持政治性、先进性和群众性。新时代红十字事业发展面临的机遇与挑战并存，任重而道远，需关注以下几个方面的问题：一是强化舆论的正向引导作用，不断提升组织公信力。二是强化基层组织建设，实现组织的有效运作。三是强化红十字青少年的工作，培养后备力量。四是强化人才队伍培养，增强人道工作能力。

　　陶慧慧：党的十八大以来，习近平总书记多次就红十字事业作出重要指示批示，这些重要指示批示是习近平新时代中国特色社会主义思想的重要组成部分，是发展中国特色红十字事业的根本遵循和行动指南。红十字人应深刻领会、准确把握其精神实质和实践要求，紧紧围绕各级党委和政府的重点工作，增强责任意识，扎实推进改革，加强自身建设，牢固树立以人民为中心的发展思想，广泛凝聚社会力量，拓展服务领域，多为群众办好事、解难事，不断增强影响力、感召力，以永不懈怠的精神状态和一往无前的奋斗姿态，更加积极主动地投身中国特色红十字事业。

陈晨：红十字事业新的时代已经到来。新时代有新蓝图、新目标、新任务、新要求、新使命，实现这一切，需要坚决维护以习近平同志为核心的党中央的权威，毫不动摇地以习近平新时代中国特色社会主义思想为指导。中国红十字事业是中国特色社会主义事业的重要组成部分，站在了新的发展起点上，须按照"新时代要有新气象，更要有新作为"的要求，认清新形势，明确新任务，聚焦新目标，奋发有为，更好地实现红十字事业新时代目标任务。

官颖：红十字组织作为党联系群众的桥梁纽带和政府在人道领域的助手，要积极适应新时代的发展要求，持续提升人道资源动员能力，增强"三救三献"工作实力，在新时代的伟大事业中，创造新的业绩。为此建议从以下几个方面努力：一是健全基层组织，真正服务困难群众。二是坚持以人为本，立足民生需求。三是参与社会治理，发挥组织优势。四是践行人道理念，传播精神文化。

常莹：新时代红十字事业的发展，需要关注四个方面。一是按照《中华人民共和国红十字会法》和有关法规政策，理顺管理体制，健全组织机构。这是新时代发展红十字事业的组织保障，是开展工作的基本条件。二是需要有足够的经费支持，特别是要对红十字会在开展救灾和救助工作中所发生的费用提供支持。三是对红十字会兴办的与其宗旨相符的社会福利事业要给予扶持。四是要动员社会力量，大力倡导人人关心人道主义事业、全社会共同支持红十字事业发展的好风尚，不断开创红十字事业的新局面。

史琳：新时代红十字事业的发展，需要关注四个方面。一是认清定位，找准方向，切实做一些群众需要、政府支持的工作。二是加强人才培养，不断提高专业化水平。三是加强国际交流，基层红十字会也应努力参与。四是加强创新性研究，走出一条不同于政府部门而又符合法规的工作路子。其中，创办实体、增强自身实力，是值得探索的道路。

陈大玲：21世纪中国特色社会主义红十字事业，应大力发展实业。

红十字会经营的实体本身就是最好的口碑宣传和形象代言。放眼世界，强大国家的红十字会都有自主产权的实业，比如德国、日本等国家的红十字会经营医院、养老院、幼儿园、护理学校、救济站或者血站等实体产业。这些实业既提供公共服务，同时也产生收益，为红十字会开展人道服务提供有力的经济支持。更重要的是，这样具有公益性质的实体，是红十字会面向社会宣传、进行人道资源动员的重要载体。红十字会经营的实体，还是红十字志愿服务的最好平台和基地。像福利院、慈幼院、护理院、医院这样的实体，是红十字会动员志愿者参与服务、实现志愿者价值的重要平台。这些地方集中了大量需要帮助的人，志愿者在这里可以直接体验帮助他人、服务社会的满足感和成就感。

杨广宁：作为红十字会在21世纪承担的新的重大历史任务，党和政府对红十字会依法开展遗体和器官捐献工作给予了高度的认可和大力的支持。目前遗体（组织）、角膜管理中存在的问题有：部分遗体（组织）接收单位缺乏开展工作的基本条件；遗体（组织）、角膜流向监管有难度；部分遗体（组织）接收单位未严格遵循家属意愿；遗体（组织）、角膜捐献涉及费用如何收取尚无统一规定；接收单位普遍忽视红十字精神宣传；组织捐献工作开展尚无足够依据。捐献器官获取组织和移植医院管理中存在的问题有：红十字会在器官获取工作中的权责不明确；现有捐献体系尚有个别问题较突出；获取组织和移植医院对红十字精神宣传不够。全面完善制度和标准化建设，推动遗体器官捐献高质量发展，是今后工作的重点。

赵虎林：中国特色红十字事业的发展，需要关注四个方面。一是始终坚持党的领导，深化改革、增强组织活力，为中国特色红十字事业提供必备的力量支撑。二是注重红十字理论研究，把人道理念与中华民族优良传统文化有机融合，为中国特色红十字事业提供有力的智力支撑。三是加强红十字队伍建设，进一步汇集和造就一批红十字事业发展的青年骨干，为中国特色红十字事业提供坚实的人才支撑。四是聚焦主责主业，广泛团结动员人道资源力量，为中国特色红十字事业发展提供持久的人道资源支撑。

符静：在新时代，红十字救援队建设亟待加强。目前中国红十字救援队设置为七大类，但是实际工作中除了国家级救援队，省级和市县级救援队基本都是赈济救援队，存在种类单一、人数较少、设备陈旧落后、救援过程中人身安全保障缺乏、大部分搜救类队伍"一队人马两块牌子"、专业技能培训缺乏、灾害救援时除赈济救援队以外缺乏红十字救援队的位置等突出问题。对此，一是要在继续保持赈济救援队优势的同时，采用专业的国际后勤保障知识体系，建立保障救援队（如营地建设、餐车、供水、医疗等），取消部分已经不适应现代救援体系的救援队种类，如通信救援队。二是把救援和普通志愿服务区分开来。因救援工作本身有较高的安全风险，需要大量时间和金钱进行救援学习培训和技能考核，建议全国统一设立救援服务津贴，政府购买服务，以利于救援队可持续性的健康发展。三是由总会牵头，尽快与保险系统签订合作协议，统一途径和方式，为救援队员购买保障力度大的保险，解除队员和地方红十字会的后顾之忧。四是尽快统一技能和装备标准，统一发证，进行标准化培训，确保救援队员持证上岗。五是加强红十字专职人员在专业机构进行系统的救援技能专业培训，让专业的人管理专业的队伍。六是加强红十字医疗救援队建设，在各地建设有实力的医院实体，使红十字战地救护的技能真正有用武之地，做到"有为有位"。

关于资源动员、文化传播及其他

华文漪：红十字青少年是推动红十字事业发展的一支重要力量，有效引导青少年投身红十字运动，弘扬"人道、博爱、奉献"的红十字精神是新时代红十字工作不可忽视的部分。红十字文化传播应当从小抓起，从小启迪。目前，红十字青少年工作主要在中学和高校开展。在幼儿园、小学阶段，红十字具体工作开展较少。那么，如何抓好这两个阶段，做好红十字文化启蒙？香港红十字会针对3～6岁儿童开展的"小红星奖励计划"具有启发意义。我们可以尝试与教育部门沟通，联合策划适合儿童的人道项目，引导他们参加相关活动与体验，从小培养他们的人道精神，为红十字文化传播奠定坚实的基础。如何建设一支政治素质高，服务能力强的红十字青年骨干队伍，推进新时代红十字青少年工作持续健康发展，也是红十字工作应该深入研究的课题。一方面，要壮大探索人道法师资队伍，提升师资专业化能力，扩大"探索人道法"课程普及范围。另一方面，扶持大学生社会实践项目品牌，让他们在力所能及的志愿服务中感受人道的力量。借助大学生骨干训练营、"青春善言行"等培训平台，传播红十字文化和理念，引导、带动更多青年加入红十字运动。

赵国强：根据《中国红十字事业发展规划纲要（2020—2024年）》的要求，联系与"三献"工作密不可分的两项内容，在今后一段时期的救助工作中，应围绕精心培育"红十字爱心相髓"品牌，以实现造血干细胞捐献者资料库有效库容350万人份为目标，建设世界一流的骨髓库。同时，精心培育"红十字生命接力"品牌，健全人体器官捐献工作机制，推动完善遗体（角膜）和人体器官捐献政策法规。在遗体（角膜）和器官捐献工作方面，进一步确立遗体（角膜）捐献工作的管理体制和工作机制，大力推进各地组织库的建立，优化遗体（角膜）捐献的接受流程和遗体（角膜）使用的规范要求，建立多渠道的遗体（角膜）处理途径，加强遗体（角膜）和人体器官捐献的社会宣传度，建立完善的志愿服务经费保障体系。在造血干细胞捐献工作方面，加强顶层设计，提效见措，提升"两献"核心业务工作；改进合作模式，形成"一库多用"良性机制；以人为本，建立人才队伍保障机制。

邹馥铭：筹资工作是抓好红十字人道救护助的主要保障。一是建立长效性的筹资机制。在遵循法律和红十字会宗旨的前提下，探索与企业合作的市场化运作方式，不断丰富筹资方式；因地制宜设计和实施符合当地实际的公益项目，与爱心企业建立稳定的合作关系，发展固定捐款人，建立筹资人网络；积极挖掘新的筹资资源、拓宽筹资渠道、创新筹资方式，寻求全方位、立体化、科学性的筹资模式。二是加强队伍建设。重视建立专门的筹资机构，负责筹资工作的研究、策划和组织实施，实现筹资工作的专业化、规范化；通过举办培训班或内外交流等形式，逐步增强红十字会干部的筹资意识，提高红十字会干部的社会活动能力；发掘一批具有现代公益意识、具有较强策划能力和一定专业知识的红十字人员，组建相对稳定的红十字劝募团队；充分调动红十字志愿者的积极性，聘请一批有人脉、乐于奉献、热心公益的人，通过劝募业务培训，成为红十字志愿者劝募员。三是注重品牌建设。充分利用红十字会的品牌公信力和美誉度，精心策划一批能吸引社会爱心力量参与的并且可以持续发展的品牌项目，依托品牌项目开展社会募捐，发挥社会知名人士在筹资宣传中的名人效应，以品牌和项目推进红十字会筹资工作向纵深方向发展。

姬虎： 人道资源动员是红十字事业发展的根本驱动力。政府资源、社会资源、人力资源、财物资源、技术资源、数据资源，如此等等，都是作为NGO或群团组织需要竭力动员、挖掘的。为此，红十字会要着力提高人道资源动员能力，其中，以筹资为中心，打造一支过硬的人道服务队伍至关重要。

（收录于《红十字运动研究》2020年卷，合肥工业大学出版社
2020年版）

首期人道事务高级研修班结业论文综述

2020年10月17日，首期人道事务高级研修班在苏州大学红十字国际学院开班，省级、地市级红十字会负责人以及公益慈善机构负责人、企业高管、媒体负责人等共计70余人参加。研修班由红十字国际学院与红十字国际组织联合开发，致力于培养人道工作专门人才，由红十字国际学院联合发起人荣丰控股集团提供资助。2021年10月，经过为期一年的研修学习，首期学员有50余人如期结业并提交结业论文。这些论文，既有理论探讨，又有实践总结；既有案例分析，又有宏观透视；既有经验分享，又有问题剖析。现就这些论文探讨的主要问题做一综述，从中或可以获取一些有益的启示（收录专栏中的论文仅简要介绍）。

一、理论探索

随着中国特色社会主义进入新时代，中国人道主义事业也开启了历史新阶段，逐步呈现出鲜明的中国特色。为了更好地推动中国特色人道主义事业健康发展，必须加强相关理论研究。张敏《论中国特色人道主义事业的内涵与特征》一文将中国特色人道主义事业的内涵界定为"以马克思主义人道主义为指导，在中国共产党领导下，同中国新时代具体实际紧密结合的人道主义事业"。中国特色人道主义事业，汲取了中西方人道主义思想和实践中的合理成分，与中国历史上的人道主义一脉相承而又有所开拓创新，因此具有五个显著特征：旗帜鲜明讲政治，坚持中国共产党的领导；坚持弘扬社会主义核心价值观和人道主义精神；坚持民族性和国际性相统一；坚持依法发展人道主义事业；坚持政府主导，服务中心和大局。

红十字会自觉培育和践行社会主义核心价值观，是新形势下红十字事业发展的客观要求。黄清华《浅谈红十字工作如何融入社会主义核心价值观建设》一文论述红十字工作融入社会主义核心价值观建设的重要性和必要性，明确了红十字精神与社会主义核心价值观高度契合、红十字文化具有培育践行社会主义核心价值观优势的特性。文章认为，"富强、民主、文明、和谐"涵盖了红十字人道主义的宗旨和理念，彰显了人道的力量；"自由、平等、公正、法治"与红十字运动基本原则相通相融，是博爱的体现；"爱国、敬业、诚信、友善"塑造高素质的公民群体，突出奉献的境界。显然，红十字精神与社会主义核心价值观高度契合。而红十字文化具有培育践行社会主义核心价值观的优势。一方面，红十字会的宗旨、基本原则能与社会主义核心价值观建设互通互容、相互促进；另一方面，红十字会"三救三献"核心业务工作是对社会主义核心价值观的遵循和践行。广西贵港市红十字会系列人道救助公益项目就充分体现了红十字"人道、博爱、奉献"的精神，践行了社会主义核心价值观，发挥出了红十字会应有的"社会稳定器、政府好助手、弱者保护伞"的作用。红十字工作继续融入社会主义核心价值观建设的未来方向：通过服务中心大局找准红十字工作重心，通过组织体系建设稳定壮大红十字队伍，通过推进制度公开透明提升社会公信力，通过加大社会宣传力度提升红十字形象。

加强和改进新形势下党的群团工作，最关键的是要保持和增强群团组织的政治性、先进性、群众性，群众性是群团组织的根本特点。红十字会作为党领导下的群团组织，始终保持和增强群众性是永恒不变的主题。张立红《论红十字工作的群众性》一文通过红十字"救"在身边、红十字爱在身边、红十字学在身边三个方面，集中展现红十字工作的群众性。王广兴《发挥党建引领作用，开创依法治会、依法兴会新局面》一文强调把政治建设摆在首位，把依法治会的工作要求转化为政治强会的精神共识；把人民立场贯穿始终，把红十字基本原则践行在以人民为中心的生动实践中；毫不动摇坚持走具有中国特色的红十字事业发展道路，要把实事求是、因地制宜作为提升依法治会治理效能的基本出发点。文章还以天津市滨海新区红十字会工作为例，提出拓宽工作思路、开创红十字工作新局面的"治理"方略：以培训教育为抓手，把法治思维贯穿于红十字事业的每个环节，把知识之学与经验之训结合起来，打造"沉浸式"的依法治会、依法兴会培训范式，做到知行合一；以红十字会改革为路径，突出美丽滨城建设中"红十字之为"，开创区域经济社会高质量发展与红十字事业齐头并进的"双螺旋上升"局面；以提升红十字"品牌效应"为目标，发动民间参与的力量；以滨海新区重要工作为契机，推出一批红十字品牌服务项目。文章认为，坚持党的领导，走中国特色社会主义群团发展道路是红十字会必须坚定的政治方向；依法依规开展工作，是《中华人民共和国红十字会法》赋予红十字工作者的使命和责任。红十字人要牢记初心使命，站稳政治立场，保持政治定力，全心全意为人民服务。红十字会要坚持依法治会、依法兴会，自觉运用法治思维和法治方式开展工作，推动红十字事业沿着法治轨道高质量发展。吕小林《政府在人道公益慈善事业中的功能研究》一文通过文献综述、问题分析、实地调研等研究方法探讨了当前我国政府在人道公益慈善事业中的定位，以及如何实现政府在治理人道公益慈善事业领域的治理效率最大化。文章认为，政府对人道公益慈善事业的支持表现在财政支持、政策支持、制度支持、舆论支持、税务减免支持五个方面。关于政府的角色定位以及如何发挥政府在人道公益慈善事业中的作用，文章认为：政府的角色应基于高效行政的统一性标准的规范确立；政府应强化对人道公益慈善事业的监督力度，建立健全人道公益慈善法律规范及强化法治保障，大力宣传慈善文化，加强人道公益慈善理论研究。

红十字基层组织是红十字会在基层履行法定职责、开展红十字工作的具体组织者和实施者，承担着直接联系和服务群众的重要职能，是红十字工作的重要基础。施怡伟《红十字基层组织建设对策研究——以金华市为例》一文通过总结金华市在红十字基层组织建设的体制机制、队伍组织、阵地平台、活动项目、保障机制等方面的做法，分析红十字基层组织建设存在的主要问题和不足——基层红十字会工作力量还较薄弱、发展还不够平衡、作用发挥还明显不足、会员管理服务机制还不够健全。有鉴于此，文章提出从五个方面进一步强化红十字基层组织建设对策：坚持以党建带"红建"，扎实推进红十字会基层组织建设；加强阵地平台建设，进一步增强红十字基层组织活力；打造特色红十字品牌，切实提升红十字会人道服务能力；加强数字红十字会建设，创新工作服务载体；建立褒扬和关怀机制，更好发挥会员作用。基层组织建设只有提质扩面，织密工作网络，打造"群众身边的红十字会"，才能更有力、有效地发挥便民利民作用，促进红十字事业高质量发展。

改革开放以来，我国的公益慈善行业蓬勃发展，但行业公信力下降的问题始终存在。应文辉《探讨如何增强公益慈善行业的公信力》一文从中国红十字会的突发事件——"郭美美事件"对中国公益慈善行业公信力造成的负面影响，以及中国慈善业的历史文化根源、异化的管理体制、商业模式引入后造成公益性目标的偏离等方面分析了中国公益慈善行业公信力下降的原因，并给出了一些初步的如何增强公益慈善行业公信力的解决方法。文章指出，阳光是最好的消毒剂，社会组织的高质量发展离不开公众的参与和监督。透明度是慈善公信力的根本，慈善组织信息公开制度的建立与实行是法治现代化的必然趋势。因为，依法强制慈善组织将其相关信息向社会公众披露，不仅能够有效地提高慈善组织运作的透明度和增强慈善组织的社会公信力，还能达到降低对慈善组织进行税务监管的成本和确保社会监督得到真正落实的双重目的。

二、应急救援

深化群团改革，坚持依法治会是新时代红十字事业发展的重要保证。开展备灾救灾是《中华人民共和国红十字会法》赋予红十字会的法定职责，红十字应急救援队是红十字会的重要志愿力量，在各类大灾大难和参与基层社会治理中充分发挥着党委、政府人道领域的助手的作用。坚持党建引领，推进红十字应急救援力量建设，积极参与应急救灾活动，成为新时代展现红十字会改革成效，传承红十字精神，践行弘扬"人民至上、生命至上"理念的题中应有之义。华珺《强化党建引领，聚焦主责主业，推进红十字应急救援力量建设的实践与思考——以绍兴为例》一文对绍兴市坚持党建引领推动红十字应急救援力量建设的基本情况进行了梳理，既肯定取得的不俗成绩，也指出党建引领红十字应急救援力量建设中存在的问题，主要有：支部建设还不够规范，党员力量相对薄弱；支部核心意识较弱，党员凝聚力有待加强；专职党务工作者缺乏，常态化指导不够；党建氛围不够浓厚，党建宣传阵地有待提升。针对这些问题，文章提出如下对策：加强救援队党支部规范化建设，提升思想引领力；加强救援队党员骨干培养教育，提升组织保障力；加强救援队党建工作制度建设，提升队伍向心力；加强救援队党建和业务深度融合，提升事业担当力。

应急救援是红十字会的重要职能和优势领域。尽管我国红十字会在近些年的灾害救援中发挥了很大作用，积累了大量经验，增强了救援能力，但是，由于红十字系统内部的协作和与系统外部的联合不够充分，红十字会在重大灾害救援中难以迅速集结足够的救援力量和资源，没能引领巨大的社会救援力量及时精准地发挥作用。李庆东《红十字应急救援联合机制思考》一文在分析两个救援行动模式（2021年河南水灾救援中5支兵种协作转移医院人员、河南洪灾中协调中心发挥重要作用）的基础上，就如何完善红十字系统内部协作和外部联合机制问题进行探索，认为有必要在以下几个方面优化红十字会联合机制：建成功能完备的人道救援协作平台，这个平台应该由红十字会统一设立，并统一管理运行；构建开放式救援协作机制，其中红十字会发挥重要的枢纽作用；构建更加高效的救援指挥协调机制，确保社会救援力量在统一指挥下协调行动，发挥作用。

在应急救援队伍中，民间公益救援组织作为国家救援体系的有益补充，在应急管理中发挥着重要作用。然而在外部社会环境和内部组织要素的影响下，民间公益组织由于管理体系不当、人员流失、资金匮乏、法律保障不足等，发展受到限制。华倩《民间公益救援组织发展的困境与出路——以蓝天救援队为例》一文以蓝天救援队为个案，对此问题进行探究，认为民间公益救援组织的发展速度缓慢，外部受法治环境及政社合作机制的影响，内部受运作机制、人员和资金等组织要素的影响。外部环境和内部条件这两个层面的因素制约了民间公益救援组织的发展，阻碍了其在应急管理体系中功能的发挥，从而影响了社会组织参与社会治理的效果。文章提出了优化策略：一是营造良好的发展环境，完善相关法律法规、健全政社协同应急机制等；二是完善内部的运行机制，包括加强人才队伍建设、改善资源共享机制、优化组织管理结构等。杨传奇《社会应急队伍成长路径——以深圳公益救援队为例》一文以2008年深圳公益救援队为例，探讨社会应急队伍成长路径。截至2020年，深圳公益救援队共有行动队员637人，救援志愿者1470人，先后参与救援救灾210余次，直接救助救援人民群众1000多名。文章强调，社会应急队伍的成长，自身建设是根本。自身建设包括明确定位、完善选拔机制、制度建设、架构管理、自主运营、文化建设、专业强化等方面。文章指出，一个组织的发展不能只靠自身的内部建设，还应注重外部的交流与合作，更要推动整个行业的发展，为一个领域做出自己的贡献。

应急救援中，人道物流至关重要。邓燕《关于建立红十字人道应急物流社会协同机制的几点思考》一文对此进行系统探讨。文章认为，"人道应急物流"是指通过现代管理技术整合采购、运输、储存、装卸、搬运、包装、分拨、配送等各种活动，对突发性人道灾难所需的应急物资实施从起始地向目的地高效率流通的计划、组织、实施和控制的过程。红十字人道应急物流具有时效性强、专业性高、协同性强及社会性广的特点。在进行灾害救援的过程中，红十字人道应急物流主要面临采购、运输、防疫、报关等方面的各种问题。最核心的原因是：对内，红十字缺乏相关信息储备；对外，整个社会缺乏协同工作机制。建立红十字人道应急物流社会协同机制涉及全社会多个层面，需重点关注的是建立人道物资供应企业的信息储备和物流运输联合体。

三、应急救护

近年来，随着国家经济的发展和国民收入的提升，居民主要健康指标总体优于中高收入国家平均水平，群众的健康意识也在逐步增强。党的十九大作出了实施健康中国战略的重大决策部署，充分体现了维护人民健康的坚定决心。2019年出台的《健康中国行动（2019—2030年）》提出明确要求：鼓励、支持红十字会等社会组织和急救中心等医疗机构开展群众性应急救护培训，普及全民应急救护知识，使公众掌握基本必备的心肺复苏等应急自救互救知识与技能。到2022年和2030年，取得急救培训证书的人员分别达到 1% 和 3%，按照师生1∶50 的比例对中小学教职人员进行急救员公益培训。2020年，中国红十字会总会印发《关于进一步推进红十字应急救护工作的指导意见》，要求全国各级红十字会以习近平新时代中国特色社会主义思想为指导，深入贯彻落实习近平总书记关于红十字事业重要指示精神，坚持以人民为中心的发展思想，紧紧围绕实施健康中国战略，普及应急救护知识，培养应急救护师资和救护员队伍，以应急救护服务阵地建设为依托，全面实施"红十字救在身边"行动，充分发挥群众性应急救护培训主体作用，有效提升公众应急救护知识技能普及程度，不断发展壮大红十字救护员队伍，为保护群众生命健康做出应有贡献。这些重磅文件的出台，凸显了应急救护工作的重要性。郭维《论基层红十字会开展应急救护工作的现状及问题分析》一文以陕西省渭南市红十字会开展应急救护工作为例，对基层红十字会开展应急救护工作的现状及存在问题进行研究，认为尽管近年来应急救护培训工作成效逐年提升，取得了一定的成绩，但也存在着诸多问题，机构不完备、师资队伍不健全、管理不规范、培训质量有待提高、基层红十字会发展不平衡等等，都是制约基层应急救护工作长足发展的关键问题。为此，文章提出，从强化宣传增强群众参与意识、抓好培训打造优秀师资队伍、提升质量巩固培训长期效果等方面加以改进。王志刚《对公众开展应急救护培训的探索与思考》一文对公众现场急救的意义和趋势、公众现场急救的现状进行探究，提出普及公众现场急救的对策：一是加强宣传引导；二是加强师资队伍的建设；三是重视培训内容及规范性；四是保护施救者权益。

刘冬青《推进红十字核心业务开拓创新　积极促进红十字事业蓬勃发展——秦皇岛市应急救护培训工作全面分析》一文对秦皇岛市应急救护培训工作进行全面总结，认为救护培训工作基础薄弱，重启工作十分艰难；财政资金支持单一，多年来没有增加预算；救护知识面向群众宣传力度不够，工作开展面狭窄。破解这些难题，一是要完善红十字应急救护培训工作制度；二是要加强应急救护培训工作硬件、软件设施建设，丰富应急救护培训内容及形式；三是要将群众性救护培训工作列入财政预算，并增加高校政府购买服务财政投入；四是要增加红十字会宣传经费预算，利用传统媒体和新媒体加大应急救护知识宣传力度；五是要联合多部门协调联动，整合社会资源，积极筹备建立应急救护培训基地，确保应急救护培训工作可持续发展；六是要成立应急救护志愿服务队伍，建立表彰和激励制度，完善相关政策及制度；七是要加快景区救护站建设，增加应急救护一体机投入。

随着5G时代的到来，中国在线直播行业发展稳健。2020年，中国在线直播用户规模达到5.24亿人。受新冠疫情的影响，许多实体行业都受到不同程度的冲击。但新冠疫情给了线上培训发展的新契机，在线教育迎来快速发展。段铁军《关于"红十字应急救护培训线上课堂"项目研究报告》一文针对北京市门头沟区山区多、交通相对不便，在疫情防控常态化的大背景下组织大规模的线下培训相对困难的实际情况，提出建设"门头沟区红十字会线上急救培训系统"，开展线上线下相结合的培训。文章从项目研究总述、建设目标、市场调研与分析预测、项目现状与项目执行规划、成本分析和社会效益评价、研究的结论与提出建议等六个方面对"应急救护培训线上课堂"项目实施的紧迫性、可行性、具体路径进行了分析论证。文章认为，通过大数据分析，北京市常住人口有2300万人，约有10%的群众希望学习急救知识，实施"北京市门头沟区红十字会线上直播教学项目"不但可以让北京的230万群众受益，而且由于线上课程不受时间与地域的限制，其还可以面向全国的群众普及急救知识。

四、社会救助

党的十九届五中全会指出，当前和今后一个时期，我国发展不平衡不充分问题仍然较为突出，要发挥第三次分配作用，发展慈善事业，改善收入和财富分配格局。2021年8月17日，中央财经委员会第十次会议提出了构建初次分配、再分配、三次分配协调配套的基础性制度安排，第一次从国家战略体系层面将三次分配确定为"基础性制度安排"。所谓第三次分配，是企业、社会团体和个人出于自愿，实施民间捐赠、社会救助、慈善事业、志愿行动等行为或建立相关机制，成为再分配的有益补充。社会力量参与社会救助是第三次分配的重要途径。红十字会作为第三次分配的重要参与主体，着力提高人道资源动员能力，广泛凝聚社会人道力量、开展人道救助工作，推动群众共享改革发展成果、促进共同富裕，是题中应有之义。潘凌《南昌市红十字会人道救助工作存在的问题及对策研究》一文考察了2018—2020年南昌市红十字会开展的生存救助、关爱生命、健康养老等方面的人道救助活动情况，指出南昌市红十字会人道救助存在的问题：一是救助能力较低，以普惠型的生存救助为主；二是救助制度不健全、救助标准不统一；三是救助审批烦琐，存在重复救助。对此，文章提出如下对策：一是推动建立专业队伍，提升筹资能力和救助能力；二是加强救助需求和能力分析以精准施策；三是推动建立与政府社会救助部门的衔接机制；四是加强人道救助制度建设；五是加强与社会组织的联动融合。陈海高《盐都区红十字会社会救助工作实践研究报告》一文通过分析盐城市盐都区红十字会社会救助工作的实践，总结其具有救助对象相对众多、资金相对宽裕、范围相对宽广、实施项目化、方式多样化、管理精细化的特点，以及存在救助层次不高、救助效能不显、救助水平偏低、救助重复等方面的不足，分析其中的原因，相应提出了加强组织体系、找准项目定位、优化救助管理、强化募捐筹资等方面的对策建议。陈志标《以改革为突破，精准发力攻坚努力推动永州红十字事业高质量发展》一文强调突出抓好主责主业。胸怀"两个大局"，服务中心任务，动员人道资源，汇聚人道力量，扎实做好人道救助及无偿献血、造血干细胞捐献、人体器官捐献、应急救援、应急救护、红十字青少年、志愿服务等重点工作。着力建好市红十字生命安全体验馆项目，加强对无偿献血、造血干细胞和人体器官捐献志愿者及其家属的困难救助等人道服务，营造全社会共同关爱、共同推进红十字工作的浓厚氛围。敬海峰《浅谈红十字会如何在第三次分配中发挥作用》一文从五个方面聚焦第三次分配以及红十字会在其中的作为：发挥好中国共产党领导下的群团的优势；发挥在动员、发动社会力量上的优势；发挥宣传引导优势；发挥救助优势；发挥志愿服务优势。文章认为，第三次分配是红十字会未来发展的希望，孕育着红十字会社会救助领域的新局面。任献强《新时代红十字助力医疗救助项目体系建设探析——"助飞天使"贫困脑瘫患儿早期医疗康复项目案例》一文以河北省红十字会、河北省中医院、河北省妇女联合会联手实施的"助飞天使·点亮梦想——贫困脑瘫患儿早期医疗康复项目"为例，对新时代红十字助力医疗救助项目体系建设进行分析。截至2021年，该项目共救助困难家庭脑瘫患儿432人次，发放救助金额301.1万元。项目的实施不仅帮助脑瘫患儿实现了生活自理，回归社会，真正为"折翼的天使"插上了继续飞翔的翅膀，而且切切实实为脑瘫患儿家庭减轻了经济负担，还带动了医疗机构的快速发展，取得巨大的社会效益，为促进健康中国行动提供了理论依托和政策参考。

党的十九大以来，为积极应对人口老龄化，中共中央、国务院印发《国家积极应对人口老龄化中长期规划》，作出了积极应对人口老龄化的战略部署。根据2021年5月第七次全国人口普查数据，我国60岁及以上人口的比重达到18.70%，其中65岁及以上人口比重达到13.50%，60岁以上老年人口已达2.6亿人，人口老龄化问题已成为今后一段时期我国的基本国情。红十字积极参与养老服务，是全面建成小康社会的内在要求，是保障和改善民生的重点任务。张改英《发挥桥梁纽带作用，构建养老服务新模式——红十字积极参与养老服务试点实践的几点思考》一文就红十字参与养老服务的重要意义，如何积极推动、支持、参与养老服务工作，充分发挥党和政府联系群众的桥梁纽带作用进行探讨。郭姝婷《唐山市红十字会"基地+志愿服务队+养老服务对象"养老志愿服务研究报告》一文通过跟踪研究、数字对比等方法，对唐山红十字养老志愿服务组织结构、运行机制、服务效果进行了研究分析，呈现了唐山红十字养老志愿服务模式的构建和运行情况。文章分三个方面，即以基地带队伍让红十字养老志愿服务走下去、以机制建设为保障让红十字养老志愿服务规范可持续、以真情服务解难题让万名红十字志愿者动起来，探索出"基地+志愿服务队+养老服务对象"志愿服务模式，使养老志愿服务成为红十字会服务民生、凝聚志愿服务人道资源、提升红十字影响力新的增长点。

无论是在哪一个年龄段，心理一旦出现问题都会严重影响一个人的生活质量。近些年来，我们在从事红十字公益活动的实践中深深地感受到，许多人生活贫困、身处弱势的同时也伴随着心理的创伤和缺失，生活迷失、人生偏离的同时也伴随着心灵的迷茫和错位，生活疾苦、承受病痛的同时也伴随着心灵的重压和扭曲。为体现红十字"人道、博爱、奉献"精神，红十字系统启动"红十字心灵阳光工程"，开展灾害心理救援和日常心理救助志愿服务，在日常心理健康教育、灾害心理救援、心理危机干预等方面，探索一条新的路径，更好地促进社会和谐发展。娄红玲《红十字心理救援志愿服务的实践探索——以江西省抚州市红十字心理援助工作纪实为例》一文以江西省抚州市红十字心理援助工作纪实为案例，对这些方面进行了系统考察。

五、社区治理

社区治理和发展是全球各国政府面临的一个共同挑战和难题，社区治理和发展水平也深刻影响每个国家经济、社会和环境的可持续发展进程。同时，社区治理和发展作为一大焦点议题，经过多年探索，在理论研究和实践方面已取得丰硕成果。红十字会作为群团组织，是党和国家在人道领域的助手，按照《中华人民共和国红十字会法》赋予的法定职责，积极在城乡社区开展各项人道工作，有效助力社区治理和发展，博爱家园项目（integrated community resilience program）则在此过程中应运而生。赵国《助力社区治理和发展——红十字会博爱家园项目案例》一文以红十字会博爱家园项目为案例，对社区治理和发展问题进行研究，认为博爱家园是中国特色红十字事业的重要组成部分，是中国红十字会参与社区治理和发展的有效载体，其项目经验除了具有红十字会特有业务属性之外，也具有与社会组织和政府职能部门服务交叉部分，可共享经验，引发思考和共鸣，共同探讨、共同进步。宋永红《以"红十字村"建设为载体融入基层治理，提升红十字组织人道事业创新发展新质效》一文以北京市红十字会"红十字村"建设为例，对红十字会如何融入基层治理体系和治理能力现代化建设进行了有益的探索。几年的试点，证明"红十字村"项目是红十字会发挥组织优势、服务优势，运用党和政府的牵引力、社会各界的推动力、群众百姓的支撑力，履行人道职能的有效载体。作为服务百姓的重要平台，"红十字村"将红十字事业与健康乡村相连接，与服务和改善民生相衔接，与美丽乡村建设相对接，坚持面向基层、服务群众，提升红十字服务效能，打通了服务群众的"最后一公里"，赢得百姓赞誉。

伴随着社会治理重心的下移，社区在社会治理中扮演的角色日益凸显。作为社会治理创新方式，社区基金在整合社区资源、满足社区需求、推动社区自治、促进社区融合等方面独具优势，逐渐成为社区治理的重要力量。红十字基层组织是红十字事业发展的基础，"扎根基层、服务社区"是红十字组织工作的一项重要任务。社区红十字服务工作是政府社区建设工作的补充，是服务基层群众的重要载体，也是汇聚社会爱心力量的有效平台。红十字基金会肩负基金会与红十字组织的双重身份，在参与社区治理方面有着独特的优势。赵金玲《红十字基金会利用社区基金参与社区治理的探索》一文通过文献研究方法，对社区基金、社区基金会以及红十字组织参与社区治理的相关文献与案例进行研究分析，对社区基金在参与社区治理中的作用及优化路径进行探讨。针对当前我国社区基金运行的模式、资金、人才、组织架构等实践问题，提出应创新资金来源、公开资金管理、依法依规、因地制宜根据每个社区的实际情况制定相关方案，有序引导居民参与社区基金的建设和管理，以社区基金为平台激发社区内在活力，积极探索构建共建共治共享的社会治理新格局。

六、人道关爱

人体器官捐献是体现社会文明进步的高尚事业，也是文明城市创建的一项重要测评指标。我国从2010年启动人体器官捐献工作以来，已实现器官捐献3.5万余例，捐献器官10多万个，让10多万器官衰竭病人重获新生。但部分捐献者家庭却陷入了痛失亲人的巨大悲伤之中，特别是很多捐献者正值青壮年，他们的离世，让自己的家庭因失去主要劳动力陷入困境，年迈的父母和幼小的子女经受了物质和精神的双重打击。徐旭萍《"让失亲者不失亲"——人体器官捐献者家庭人道关爱项目案例》一文以浙江湖州市红十字会为例，对器官捐献者家庭实施人道关爱情况进行解读。文章指出，2018年以来，湖州市红十字会从人体器官捐献知识的宣传向关爱捐献者家庭延伸，建立了全国首个以全方位关爱人体器官捐献者家庭为主题的志愿服务项目，即"让失亲者不失亲——人体器官捐献者家庭人道关爱志愿服务项目"。截至2021年，该项目已促成84个捐献者家庭结对、筹募款物100多万元。该项目聚焦捐献者子女，建立"牵手小海豚·续写爱乐章"子项目，招募组建"爱心爸妈"团队，每年开展"六个一"服务——一个关爱电话、一次社会体验、一次感恩教育、一份儿童节礼物、一个新年微心愿、一封互动书信；聚焦捐献者父母，建立"你留下爱·我帮你行孝"子项目，招募组建一个"爱心子女"团队，每年开展"六个一"服务——一个关爱电话、一次健康体检、一次亲人般陪伴、一份重阳节礼物、一个新年微心愿、一次生日祝福；聚焦捐献者妻子，建立"终身美丽的你"子项目，招募组建一个"爱心姐妹"团队，每年开展"六个一"服务——一个关爱电话、一次健康体检、一次技能培训、一份妇女节礼物、一个新年微心愿、一次亲子活动。这一项目不仅帮助捐献者家庭逐渐恢复正常生活，而且有效提高了公众对器官捐献的认同度，提升了社会的文明度，取得了良好的社会效应。一是公众对器官捐献的知晓率、认同度明显提高；二是"菜单式"招募方式让志愿者队伍更壮大、更专业；三是提供了可推广、可复制的志愿服务新模式。

捐献造血干细胞，传递生命新希望。造血干细胞移植是目前根治白血病等恶性血液病最有效的方法，我国有近百万患者在等待配对的造血干细胞。如何按照《中华人民共和国红十字会法》明确的组织开展造血干细胞捐献工作的法定职责，宣传发动志愿者加入中华骨髓库扩充库容，如何成功再动员志愿者实现捐献，如何让捐献者实践"利他"主义的幸福……红十字会承载着更多在疾病中等待救援的患者的希望。刘玲《实施"三联动"，实现"大发展"——湖南省岳阳市造血干细胞工作创新与实践》一文以湖南省岳阳市红十字会与市中心血站精诚协作为例进行分析。文章认为，双方实施"上下齐动、部门联动、爱心涌动"的"三联动"，实现了献血献髓同步发展、在全国可推广可复制的工作经验。截至2021年6月，岳阳市共有86532名造血干细胞志愿捐献者，累计成功捐献391例，造血干细胞捐献工作稳居全国同类城市第一，开创了中华骨髓库全国联网以来首例捐献者、全国"史上最快捐献"纪录者、首例农民捐献者等16个"第一"，被誉为"湖南精神、岳阳现象"。2013年，岳阳市红十字会造血干细胞捐献工作站被评为"全国造血干细胞捐献先进工作站"，岳阳市连续9次荣获"全国无偿献血先进城市"，岳阳市红十字无偿献血献髓志愿服务队被授予"全国无偿献血促进奖"。

协助政府开展艾滋病预防宣传教育，关爱弱势群体是红十字会的职责之一。金珊《"人道理念+赋能实践"艾滋病预防与关怀项目案例研究报告》一文以辽宁省艾滋病预防与关怀项目为案例，对2003年该项目执行以来的情况进行梳理。该项目由荷兰红十字会出资，近20年来开展了以青年学生、艾滋病病毒感染者和病人、男性接触者为目标人群的形式多样的活动。累计举办各类人群同伴教育百余场，培训核心骨干千余人，直接受益人数达万人，取得一定成效。但项目的继续实施也存在挑战，文章为此建议：艾滋病预防工作要向青少年倾斜；进一步发挥社会组织的作用；利用网络宣传扩大红十字会影响力；加大反歧视工作的力度；鼓励社会力量参与艾滋病预防工作，坚持为困难艾滋病感染者及患者服务。

七、筹资工作

公益事业的发展程度是衡量一个社会文明进步的重要标志，互联网作为人类文明的全新成果，也是人类的一部创新史。互联网与公益相遇，碰撞出了无限可能。随着互联网的深入发展，"互联网+公益"突破了地域空间限制，超越了传统模式的局限，使公益市场更加开放透明，筹资方式更加灵活多样，推动了公益形态的转变。在"互联网+公益"的时代背景下，红十字会系统如何融入数字化潮流，在互联网公益发展中占据一席之地？如何更好地进行互联网时代的转型升级？徐祥《"互联网+公益"

时代红十字筹资模式探究——以红十字会参加99公益日活动为例》一文从红十字会参与"99公益日"活动情况出发，探讨红十字会的互联网筹资模式，梳理互联网和公益之间的创造性结合。杨海龙《论99公益日活动对红十字会人道资源动员能力的提升——云南省红十字会2018—2021年"99公益日"筹款情况分析》一文梳理了云南省红十字会系统在网络筹款活动中的困难与问题，总结了云南省红十字会连续四年参加"99公益日"活动情况，运用数据分析、案例分析等方法，对比四年全国红十字会系统和三年云南省参与"99公益日"活动的数据，总结红十字资源动员项目在互联网筹款中的优势与不足，探索云南省红十字会参与互联网筹资的方法，研究"99公益日"活动对红十字会人道资源动员能力提升的具体内容。文章指出，2018年以来，云南省红十字会按照中国红十字会总会的安排部署，积极参与"99公益日"活动，广泛运用新媒体开展宣传，努力探索实践人道资源动员新模式，提升了人道资源动员能力和社会影响力，并在2018—2020年"99公益日"网络筹款全国综合评比中排名前列，筹款金额逐年递增，得到了中国红十字会总会的通报表扬。通过四年参与腾讯"99公益日"的活动，云南省红十字会在网络筹款方面建立了专业化的团队，提升了基层红十字会的项目设计与执行能力，培育了适合网络筹款的公益项目，收获喜人。罗琪《人道领域构建互联网公益服务模式研究》一文以相关基础理论研究为出发点，探讨人道领域互联网公益互动模式。文章认为，互联网公益的不断发展从根本上打破了人道领域传统公益行政区域化特征，通过构建信息结构平台，使传统公益活动发挥了满足社会需求的作用。互联网公益有助于找准定位，用创新思维具体设计项目实施方案。其通过有效的协调沟通，解决社会需求与具体实施之间的供求矛盾，避免供求双方直接的对立冲突和误解，从而维持了社会各方面的平衡。互联网公益在网络时代可以大大促进民众的社会化参与以及人与人之间的沟通，从而对民众树立良好的公益理念起到推动作用。文章指出，互联网下的公益是在不摒弃传统活动形式的前提下，加入更多更具有参与性线上活动主题和活动场景的"全面参与"的新时代。线上线下相结合才能使公益事业取得更大的进步。殷兰青《无锡市红十字会人道资源动员模式的探索与实践》一文通过回顾无锡市红十字会人道动员发展历程，提出要建立健全社会化、开放式的人道资源动员机制，以人道资源动员的新模式实现人道资源动员能力的有效提升，切实增强人道救助能力，发挥红十字会的独特作用。文章认为，多年来，无锡市红十字会广泛深入开展"红十字人道万人捐"活动，创新开展项目筹资、社区筹资和互联网筹资，依托城市信用体系，推动人道动员模式从传统线下向线上融合转型发展，实现人道资源从单一、被动接收向多元、主动募集方式转变，人道动员工作逐步形成项目化、品牌化、网络化、市场化，但与现代经济社会发展的人道需求尚不够匹配。文章认为，当前人道动员工作亟须突破以下三个方面的瓶颈：一是人道资源动员理念存在偏差；二是人道资源动员服务效率偏低；三是人道资源动员专业队伍能力偏弱。

王怀兰《浅析红十字会捐赠款物管理中存在的问题与对策建议——以宜昌市红十字会新冠肺炎疫情防控接受社会捐赠款物管理为例》一文以宜昌市红十字会2020年初新冠疫情防控接受社会捐赠款物管理为例，全面总结了疫情防控中接受社会捐赠款物工作的主要做法和成效，针对工作中存在的红十字会机构体制不顺，工作力量薄弱，基层组织覆盖面不足，部分单位对捐赠款物分配管理不够精准精细，部分物资拨付不及时，部分单位对领用的捐赠款物分配使用情况反馈不及时，跟踪监督力度不够等问题，提出了如下建议：大力推进红十字会改革，进一步完善治理结构和工作体制机制；进一步强化基层组织建设；进一步完善捐赠款物管理工作机制，坚持专款（物）专用，严格做好闭环管理、公开公示、审计监督等工作；进一步加强自身基础能力建设；推动互联网与红十字工作的全面深度融合，构建"互联网+红十字会"的工作新格局。

八、志愿服务

曹芦松《红十字志愿服务发展路径探析》一文对中华人民共和国成立以来红十字志愿服务发展的背景与历程进行了全面梳理，首次提出了红十字志愿服务经历了探索发展阶段、体系化建设阶段、制度化法治化阶段的观点，概括分析了红十字志愿服务在各个发展阶段的主要特点，并对新时代红十字志愿服务发展路径进行了探索和分析。文章认为，志愿服务是各级红十字会开展人道工作的基本方式、重要途径，也是参与基层社会治理、完善社会治理体系的重要方式。做好志愿服务有利于更好地发挥红十字会作为党和政府在人道领域的助手的作用和联系群众的桥梁纽带作用。

打造志愿服务品牌是凝聚人道力量的重要载体。林凤勇《激活政策资源，服务中心工作——"红十字博爱送健康"项目案例》一文以江苏省红十字会2021年"红十字博爱送健康"为切入点进行考察，强调红十字会是党的群团组织，是党和政府在人道领域的助手。红十字会理事、红十字冠名医疗机构等都是党和政府赋予红十字工作的政策资源。江苏省红十字会结合"健康江苏"建设，组织动员全省169家冠名红十字医疗机构到基层开展义诊巡诊等服务活动，主动融入乡村振兴、城乡社区治理。文章认为，"红十字博爱送健康"本质上是一种志愿服务活动，总体目标是坚持以习近平新时代中国特色社会主义思想为指导，紧紧围绕省委、省政府决策部署，广泛动员社会力量，发动全省冠名红十字单位，深入基层为困难群众开展送医送药送健康服务。活动设计时确定的目标是力争全年开展服务500场次以上，服务群众达到10万人次以上。通过实践总结，文章提出要重点抓好以下四项工作：一是健全"红十字博爱送健康"服务工作机制；二是抓好冠名红十字机构志愿服务队伍建设工作；三是充实"红十字博爱送健康"志愿服务工作内容；四是做好"红十字博爱送健康"志愿服务工作的宣传及推广，把该项活动打造成新一代志愿服务明星品牌。

九、其他方面

"时间银行"是指志愿者将自己的公益服务时长存进专门的机构，待到将来由于各种情况需要公益援助时再支取"被服务时间"。作为一种鼓励社会互助、助人者自助的公益理念，打破了传统的公益只是单方面、单方向进行扶助的局面，开拓了公益事业建设的新思路。刘宏伟《时间银行对于推动公益事业建设的创新与应用研究》一文主要对时间银行的起源、概念进行介绍，分析其在国内外公益事业建设领域应用现状，思考其对现有公益模式的创新，以及未来时间银行在公益及区块链领域的交叉创新——公益链，为未来时间银行在我国的建设提供参考。

公共卫生突发事件的不确定性和复杂程度日益增大，非公募基金会在2020年新冠疫情救助中成为参与公共卫生突发事件的重要力量，有效补充了以政府为单一力量主导的公共卫生突发事件应急模式所无法满足的社会现实需求，形成应急治理的协同模式。常青《非公募基金会参与公共卫生突发事件的应急治理》一文以广东省天行健慈善基金会参与新冠疫情救助为视角，对非公募基金会参与公共卫生突发事件的应急治理做了考察。文章认为，天行健慈善基金会在新冠疫情中作为非公募基金会代表发挥了较好的作用，在一定程度上代表了非公募基金会这一类型慈善组织在参与公共卫生突发事件治理中所体现出的优势与不足，前者包括资源整合优势、专业技能优势、成本管控优势，后者包括社会公信力有待提高、能力不足、地域分布局限。文章同时指出了这一组织类型参与应急管理过程中的现实困境，包括非公募基金会参与突发事件的角色定位及地位模糊、非公募基金会在紧急事件中因无"公募"资格而受限、非公募基金会的强行政依附性和弱自治性。对此，文章提出该组织类型参与公共卫生突发事件治理路径的思索和建议：完善应急法律法规，明确基金会的角色定位；针对突发事件的不同阶段确定相关组织的职责；健全应急治理机制，实行多元协调防控；非公募基金会在自我规制中提升治理能力，强化专业技能。与此同时，政府需要转变应急治理的理念，加强与非公募基金会这一类型慈善组织的协同；非公募基金会需要在自我规制中提升自身能力，提升公信力，加强应对突发事件的能力。

公益机构之间各自为政，缺乏相互间的信息沟通、资源整合与合作，这种现象普遍存在。如何通过机构间的合作，有效利用好资源和资金，收到"1+1>2"的效果？中华少年儿童慈善救助基金会安童生专项基金与广西贵港市红十字会通过在贵港开展校园安全教育活动，在这个方面做了一些探索。宁蓬《公益机构资源整合与合作——与贵港市红会联合开展校园安全教育的案例》一文探讨了安童生专项基金与广西贵港市红十字会的合作，认为：一方面，它使自己的校园安全教育项目得以在广西贵港市落地执行，增加了自身的项目执行范围；另一方面，在防溺水教育演练方面获得了更专业的培训内容，为未来在全国其他地区开展相应活动提供了课件内容。而对于广西贵港市红十字会而言，借此机会拓宽了校园安全教育的内容，同时依托与全国性儿童安全项目的合作，达到了宣传推广的目的。安童生专项基金与广西贵港市红十字会两家机构的合作达到了资源整合的目的，实现了"1+1>2"的效果。

邹壬歌《国际人道组织的求同存异——比较红十字运动和联合国的异同》一文关注国际人道主义组织，对比全世界范围内影响力最广的两个人道主义救援"品牌"——红十字运动和联合国活动，从历史、组织架构、目标等方面入手，通过搜集红十字运动和联合国的官方数据、学者的研究成果、媒体报道等素材，探究两大组织的异同，寻求两者进一步合作的可能性。文章认为，红十字运动和联合国活动虽然发起时间相差将近100年，但是二者都诞生于战争之后；虽然二者的组织框架有巨大差异，但是在项目实施地都与当地政府有紧密的联系；虽然二者的使命和目标并不相同，但是对于人道的诉求是一致的。

其他的研究成果如关心怡《中国运动员金融教育研究报告》、李永生《人道与慈善》、马红枫《企业社会责任践行——乡村教师培训项目案例》、彭志坤《构建可持续的眼健康公益生态模式——以爱尔眼科为例》、宋宏云《中国大病社会救助平台——点亮大病患者的希望》、孙浩《"疫情是暂停键也是加速键"——论商业与公益形成正循环赋能中小企业学习联盟成立及发展案例探讨》、谢俊《商业视野看"聚光+"模式助力社会治理》、徐静霞《蓝天救援缅甸应急管理能力提升项目案例》、严忆辛《论人道慈善行为中的人格权尊重》、傅阳《浅析医疗公益项目中MDT（多学科协作）模式的探索及意义》、姚丽铭《朱子社仓对现代公益慈善事业的几点启示》、赵娟《纯净师者魂 无垢赤子心——"高山红烛"乡村教师赋能项目案例》、周亚飞《政府部门、市场部门、公益部门跨界合作的困境及启示——以杭州"悦读快车"流动图书馆公益项目为例》等文章，也都从各自的领域切入，对相关问题进行探讨，提出具有启发性的见解。

总体来说，上述研究因学员来自一线，有丰富的实践经验，在此基础上进行理论升华，很接地气，有很强的应用价值，有些文章闪耀着真知灼见，对推动红十字事业健康发展不无裨益。

（收录于《红十字运动研究》2022年卷，合肥工业大学出版社
2022年版）

学术评论

从历史中汲取智慧和力量

——写在"中国红十字运动知识丛书"第二辑出版之际

习近平总书记在多个场合论及学史的意义和价值，指出"历史是最好的教科书，也是最好的清醒剂""历史是一面镜子，鉴古知今，学史明智"，强调"领导干部要多读一点历史，从历史中汲取更多精神营养"。作为红十字会干部，多学点红会史，不仅是"明智"之举，而且是讲好红十字故事、传播红十字文化的内在要求。

聚焦"关键性"人物，书写红运华章

在中国红十字基金会、"六个核桃·读书慧"公益基金支持下，红十字运动研究中心近年来致力于学术成果的"社会化"普及，曾联手山东画报出版社推出了"中国红十字运动知识丛书"第一辑（5种），受到读者欢迎。为了扩大"战果"，红十字运动研究中心组织编写了丛书第二辑，日前由合肥工业大学出版社出版发行。

第二辑共5种，包括《永不割舍的博爱——孙中山、宋庆龄与中国红十字会的故事》《中国的亨利·杜南——陆树藩的故事》《中国红十字事业奠基人——沈敦和的故事》《"中国难民之友"——饶家驹的故事》《"中国伤兵之母"——史沫特莱的故事》。很显然，聚焦"关键性"人物，书写红运华章，是该辑的鲜明特点。他们为红十字事业发展做出了非凡贡献，也激励着一代又一代红十字人献身人道事业。比如孙中山夫妇：

孙中山与红十字结缘很深，是他第一次将红十字救护知识系统引进

中国，是他颁布"大总统令"确立了中国红十字会牢不可破的地位，是他为红十字会的国际交流开辟道路，是他题词"博爱"使红十字文化薪火相传。而宋庆龄不仅是其人生伴侣，更是其博爱思想的践行者。北伐战争中，宋庆龄发起成立国民党党立红十字会和北伐红十字会，亲自参与随军救护，呼吁各界捐款捐物助力北伐人道救援。抗战期间，她在香港创建保卫中国同盟，争取国际援助，以支持红十字抗战救护事业。孙中山、宋庆龄夫妇"珠联璧合"，倾情红十字事业，矢志不渝，令人难忘。

创造性"设想"成就伟大事业

对陆树藩其人，我们很陌生，可是当了解了他的创造性义举时就不能不由衷感叹他实在不应该被遗忘。1900年八国联军发动侵华战争。义和团虽浴血鏖战，但无力阻止联军北进，8月14日首都北京沦陷。战火蔓延，生灵涂炭。为救死扶伤，浙江湖州绅商陆树藩联络江浙人士在上海发起成立"中国救济善会"，遵照国际红十字运动的基本精神，一路北上，救护伤兵难民。这是国人自办红十字会的开端。不仅如此，他提出创建中国红十字会的种种"设想"和愿景，亲自起草了中国红十字会章程，成就了"中国的亨利·杜南"之美誉。

陆树藩的"设想"在1904年3月变成现实，接棒陆树藩的正是浙江宁波人沈敦和。1904年为救护日俄战争中的东北难民，沈敦和发起成立了东三省红十字普济善会，参与组建上海万国红十字会，实际主持救护行动。1907年中国红十字会自立后，建医院，办学堂，为红十字事业奠定基础。辛亥革命中发起成立中国红十字会万国董事会，组织强有力的救援。民国肇建，在他的努力下，中国红十字会得到红十字国际委员会的正式承认。沈敦和作为中国红十字会副会长，主持中国红十字会总办事处的全面工作，全力推动红十字事业的发展。他在中国红运初期发展史上的地位，无人可以替代。

国际人道主义精神的生动体现

在中国红运发展史上，国际友好人士是一支重要力量，白求恩、柯棣华家喻户晓，饶家驹、史沫特莱也是范例。他们的人道之举，生动诠释了国际人道主义精神的真谛。

饶家驹是法国传教士，在淞沪抗战中出入战区救护伤兵难民。1937年淞沪会战期间，在中国红十字会上海国际委员会的主导下，饶家驹在上海设立安全区，救助中国难民数十万人。他因此被誉为"中国难民之友"。而难民救助的"上海模式"，也被国际红十字组织选作战时保护平民的成功范例，写入1949年《日内瓦第四公约》，从而对国际人道法的订立产生了重要影响。

史沫特莱是美国著名作家、记者，社会活动家。1928年她以《法兰克福报》记者的身份来到中国后，写出了讴歌中国革命的《中国红军在前进》《中国的战歌》等重要著作。在全民族抗战开始后不久，她参加了中国红十字会救护总队并成为一名宣传员。这一时期，她心系伤兵，情牵病员，为抗战救护事业鼓与呼。史沫特莱把在中国的岁月视为她"生命中最重要的一章"，而与中国红十字会的不尽情缘又使得这一段岁月格外动人和光芒万丈。正是基于对中国伤兵命运的热切关注和不辞劳苦的救护行动，她赢得了"中国伤兵之母"的美誉。

传承历史，把握当下，开创未来

正如习近平总书记所说，历史"是一位智者，同历史对话，我们能够更好认识过去、把握当下、面向未来"①。孙中山夫妇、陆树藩、沈敦和、饶家驹、史沫特莱，都是红运史上的"智者"，他们的非凡业绩，彰显了"人道、博爱、奉献"精神，为红十字事业的当代实践和未来发展，

---

① 《习近平在中国文联十大、中国作协九大开幕式上的讲话》，《人民日报》2016年12月1日。

提供了强大动力。

　　值得注意的是，第二辑保持了与第一辑同样的风格，通俗易懂，图文并茂，通过清新活泼的文笔，"告诉你一个真实的红十字"。唯其真实，我们才能从中汲取智慧和力量，这是历史的魅力和价值所在。习近平总书记意味深长地说，"重视历史、研究历史、借鉴历史，可以给人类带来很多了解昨天、把握今天、开创明天的智慧"[①]。"中国红十字运动知识丛书"着眼于此，希望通过红运史的深入研究，使这些可贵的精神财富得到继承和弘扬，开创红十字事业美好的未来。

（原载《中国红十字报》2021年4月23日）

---

① 《习近平致信祝贺第二十二届国际历史科学大会开幕》，《人民日报》2015年8月24日。

社会化传播的有益尝试

——写在"中国红十字运动知识丛书"第三辑出版之际

历史是最好的教科书。作为人道救助组织的"老字号",中国红十字运动史中蕴藏着许多感人故事,为用之不竭的"富矿",值得我们去深挖,去传承推广,让红十字精神走近大众。这是红十字文化社会化传播的重要载体。

为有源头活水来

在中国红十字基金会、"六个核桃·读书慧"公益基金支持下,红十字运动研究中心(以下简称红研中心)联手山东画报出版社、合肥工业大学出版社分别推出了"中国红十字运动知识丛书"第一辑和第二辑各5种,受到读者欢迎,收到良好的社会效益。为此,红研中心继续组织编写了丛书第三辑,由合肥工业大学出版社出版发行。

第三辑共5种,包括《中国红十字会先师——吕海寰的故事》《战火中的人道——清末民初红十字会战地救护的故事》《为了中国的抗战——"西班牙医生"的故事》《最高贵的生命之恩人——中国红十字会国际医防服务队的故事》《为了非洲的旱灾灾民——援非募捐的故事》。显然,聚焦"关键性"人物和"关键性"事件,由内而外,内外结合,再现红十字运动的绰约风采,是本辑的突出特点。

"问渠那得清如许,为有源头活水来。"中国红十字会所以能够从无到有,从小到大,乃至走出国门,离不开先贤的筚路蓝缕之功。吕海寰就是杰出代表。

吕海寰是中国红十字会的创始人之一，清朝末年上海万国红十字会的创建、维持以及日俄战争救助行动的顺利实施，都倾注了他的大量心血。他是一面旗帜，虽然他不是"历史误会"的中国红十字会首任会长，但他是公认的"中国红十字会先师"。1912年他出任民国建立后的首任会长，直到1920年。他在中国红会史上的地位和作用有目共睹。从《中国红十字会先师——吕海寰的故事》中，可以感知时代跳动的脉搏和中国红十字会创始、发展之不易。历史不会忘却。

战事救护彰显"天然本色"

红十字运动起源于战争救护，救护是红十字会的天职。

在中国红十字会诞生后的历次战争中，红十字人置生死于不顾，在炮火硝烟中穿梭，救死扶伤，谱写出一首首人道赞歌。《战火中的人道——清末民初红十字会战地救护的故事》截取1904年中国红十字会诞生至1927年南京国民政府建立期间战事救护的若干侧影，再现中国红十字会光彩照人的风姿，涉及的战争有催生中国红十字会"出世"的日俄战争、"改朝换代"的辛亥革命以及"二次革命"、豫皖兵灾、青岛之战、护国战争、护法战争、江浙战争、北伐战争等等。透过战地救护，我们感悟到人道的力量，也对近代中国"多事之秋"的国情多了一分理解。

抗战时期，战地救护翻开新的一页。中国红十字会组建救护总队部，指挥全国各战区的战事救护，建立了卓越的历史功勋。在中国红十字会救护总队里，有一支"国际援华医疗队"加盟，非常"抢眼"。他们共21人，来自波兰、罗马尼亚、德国、匈牙利、保加利亚、奥地利、苏联、捷克斯洛伐克等8个国家，分3批陆续抵达中国红十字会救护总队部所在地贵阳图云关。他们都不是西班牙人，却被称为"西班牙医生"或"西班牙大夫"，因来华之前他们都参加过1936—1939年西班牙反法西斯战争救护。

《为了中国的抗战——"西班牙医生"的故事》讲述了他们从西班牙战场如何转场中国，用一腔热血奉献中国人民反法西斯战争的救护事业，讴歌了这一群体在红十字旗帜下秉持国际主义精神，忠实践行人道使命，在中国人心目中树立起不朽的丰碑。

跨越国界展示人道力量

红十字会是国际性组织，开展国际人道主义救援是其应尽之义务。《最高贵的生命之恩人——中国红十字会国际医防服务队的故事》讲述在抗美援朝运动中，中国红十字会高举爱国主义、国际主义和人道主义旗帜，组织7支由666人参加的中国红十字会国际医防服务队，"跨过鸭绿江"，义无反顾投身到人道救护工作中，在血与火的生死线上，救伤恤难，书写了可歌可泣的战地传奇。中国红十字会国际医防服务队被朝鲜人民誉为"高贵的生命之恩人"，当之无愧。他们和志愿军战士一样，是那个时代"最可爱的人"。

作为国际红十字大家庭中的重要成员，中国红十字会在改革开放的新形势下更加积极主动参与国际救援行动。援非募捐就是典型案例。《为了非洲的旱灾灾民——援非募捐的故事》讲述了20世纪80年代绵延非洲的罕见旱灾。这次"非洲近代史上最大的人类灾难"，影响36个国家，危及1.5亿人的生命，引起国际社会的关切。中国红十字会秉持人道天职，于1985年开始了全国范围的人道募捐活动。这是中国红十字会自1950年改组以来开展的首次大规模的全国性社会募捐活动。在红十字会的精心组织下，全国各地民众踊跃捐助，迭起高潮，共募集人民币13870146.33元，彰显出巨大的人道力量。

走出"围城"天地宽

中国红十字运动历史积淀丰厚，学界也取得了不少研究成果，廓清了许多迷雾，填补了不少空白，尤其是红研中心，硕果累累。但学术成果如何转化，使之走出学界"围城"，走向社会，实现红十字文化社会化"传播"，引发公众兴趣，进而使公众亲近红十字会，支持红十字事业，应该说还有很大的开拓空间。红十字运动研究中心组织编写"中国红十字运动知识丛书"，就是一种探索。已出版的两辑10本书均以通俗易懂、图文并茂受到读者青睐。毫无疑问，这是一种有益的尝试。正因为如此，第三辑5本书的出版，令人期待。

"讲好红十字故事"，弘扬红十字精神，通过重要历史人物、重大历史事件的挖掘，呈现一幅幅丰富饱满、多姿多彩、跌宕起伏的红十字历史画卷，是"中国红十字运动知识丛书"的立足点，也是红十字文化社会化传播的新路径。希冀这种传播方式能够受到包括红十字人在内的读者的喜爱，尤其是对红十字青少年，此丛书或可成为他们备选的"课外"读物。

（原载《中国红十字报》2022年5月17日）

倾听历史的回声

——写在《红十字运动：历史与文化》出版之际

《红十字运动：历史与文化》一书，作为"红十字文化丛书"（池子华总主编）之一种，2021年由合肥工业大学出版社出版发行。这是一本论文集，26万字。按照论文的性质，文集分为特刊、专题研究、公信力建设、人道教育与实践、会长研究、附录，共6个板块，收录文章8篇。除了本人的《红十字会，不只战地救护——纪念抗战胜利75周年》《"三十年代青年的光辉榜样"——中共组织煤业救护队参与淞沪会战救护述论》《闪光的"红十字"——中国红十字会国际医防服务队参与抗美援朝出国作战往事》《新的转变 新的征程——纪念红十字运动研究中心成立15周年》4篇文章外，《中国红十字会公信力建设的历史考察（1904—1949）》（沈璐）、《民国小学教材中的慈善教育研究》（宗娇娇）、《伍哲英护理教育实践研究》（沈妙妙）、《蒋梦麟与中国红十字会研究》（牟若玮）4篇文章为硕士学位论文，均由本人担任指导老师。虽然写作方面不够完美，但从不同角度呈现了中国红十字运动发展历程中的几个侧影，有助于拓展红十字运动研究的领域，对当代红十字事业发展亦不无借鉴价值。

选题新颖，视角独到

4篇文章有一个共同的特点，就是选题新颖，视角独到。

2011年"郭美美事件"后，中国红十字会公信力遭受重创，也将红十字会推向了舆论的风口浪尖，来自各方质疑的声音层出不穷，引发社会普遍关注。学术界迅速做出反应，就有关慈善组织公信力建设议题展开讨论，取得不少成果。虽然时过境迁，但公信力建设无疑成为红十字会生存与发展的关键。这是其安身立命之本。然而从历史角度考察中国红十字会公信力建设的学术成果极为缺乏，尚无系统性研究。以史为鉴才能更好地面向未来，《中国红十字会公信力建设的历史考察（1904—1949）》聚焦于此，选题的学术价值不言而喻，且有着深沉的时代价值。

民国时期不仅政治、经济、思想文化等领域发生了巨大变化，教育领域也革故鼎新。慈善教育作为革新的重要内容成为教育界关注的热点。为了适应时代的需要，民国小学教材增添了慈善教育的相关知识，其中包括对博爱、人道、奉献等公益慈善理念，红十字会、孤儿院等慈善教育机构以及慈善家事迹的相关介绍。这些包括红十字会在内的公益慈善课文的增添有利于公民完整人格的养成。民国小学教材中有关慈善教育的课文，内容丰富饱满，但学界对此研究较少，《民国小学教材中的慈善教育研究》弥补了相关研究之不足，选题的学术价值及现实意义值得肯定。

近代以来，随着西方医疗卫生事业的传入，中国的护理事业也逐渐发展起来。在传播西方医学、建设中国人自己的医疗卫生事业中，早期的护理传播者发挥着重要的作用，伍哲英就是中国早期护理传播者之一，被誉为"中国护士之母"。她是中国红十字会总医院护士学校校长，中华护士会的会长，对中国护理事业的发展做出卓越贡献，而相关研究却很不充分。《伍哲英护理教育实践研究》对丰富中国护理史和中国红十字运动史的研究，应该说有所裨益。

蒋梦麟是我国现代著名的教育家，1943年民族危难之际出任中国红十字会会长后加强战时组织建设，指导中国红十字会开展战事救护及医疗服务，为抗战救护事业做出卓越贡献，并首次当选国际红十字协会（现为红十字会与红新月会国际联合会）副主席。1946年中国红十字会进入"复员"时期，蒋梦麟蝉联会长，为此他制定了"打定会的基础"和"促进社会安全"的工作目标，积极推进红十字会各项规章制度的建立，并手订"服务信条"，指导红十字工作人员开展更为广泛的社会服务。蒋梦麟所倡导的红十字社会服务理念以及具体实践对于近代中国红十字运动具有重要的推动作用，同时对当今红十字事业的健康发展亦具有借鉴意义。《蒋梦麟与中国红十字会研究》命意在此，新人耳目。

资料翔实，内容丰富

选题虽好，但如果没有较为丰富的史料支撑，就无法完成学位论文的写作。好在红十字运动研究中心一直注重资料建设，搜集整理并出版了《〈申报〉上的红十字（1897—1949）》《〈大公报〉上的红十字》《〈新闻报〉上的红十字》以及《中国红十字运动史料选编》等大型图书，为论文的写作奠定初步基础。加之4位研究生勤奋好学，在资料的搜集上颇为用功，爬梳剔抉，占有较为详尽的资料。正因为如此，论文的内容总体而言较为丰富饱满。

《中国红十字会公信力建设的历史考察（1904—1949）》分为四部分：第一部分探讨中国红十字会公信力建设的背景、公信力的基本内涵，既从红十字会战地救护的特殊性和征募工作开展的需要这一现实角度出发，探究公信力建设对红十字会生存发展的重要性，又从历史角度出发，与同时期的善会善堂进行比较，揭示红十字会公信力建设的独特性。第二部分缕述中国红十字会公信力建设的发展历程，按照公信力建设的主要特征，以时间为节点，将之分为摸索、独立探索、巅峰、转型四个阶段。第三部分缕析中国红十字会公信力建设的主要途径，从提升业务能力、完善监督机制、加强信息公开透明和树立良好形象四个维度进行阐述。第四部分主要对中国红十字会公信力建设的成效与缺失进行综合评析。

《民国小学教材中的慈善教育研究》分为三部分：第一部分围绕民国小学教材中慈善教育的背景展开，从中西方的慈善思想渊源和民国慈善教育出现的原因两方面来论述民国时期独特的社会环境对慈善教育的呼唤。第二部分以民国小学教材中的慈善课文为载体探讨民国慈善教育的主要内容，分别从慈善理念、慈善机构和慈善行为等三方面进行分析，着重强调了其对公众慈善意识的培养、慈善情感的塑造以及民国慈善事业和教育事业发展的积极作用。在此基础上，第三部分总结并归纳了民国小学教材中的慈善教育功能，论述其对当今基础教育改革和慈善事业发展方面的借鉴意义。

《伍哲英护理教育实践研究》分为三部分：第一部分分析伍哲英投身护理教育实践的背景及思想基础，阐述伍哲英的护病理念，分析伍哲英护理教育管理思想。第二部分考察伍哲英的护理事业实践，着眼于伍哲英参与护理教育与护理管理实践，包括其出席国际护士会和其扮演的角色。第三部分对伍哲英护理实践进行评价，主要探讨伍哲英护理教育实践对中国护理事业的积极影响。

《蒋梦麟与中国红十字会研究》分为四部分：第一部分介绍蒋梦麟临危受命出任中国红十字会会长，从蒋梦麟卓越的社会成就、蒋梦麟与红十字会的渊源等方面入手，说明其出任会长的内在逻辑。第二部分介绍抗战时期蒋梦麟对红十字事业的推动，分别从组织建设、战事救护、人道救助三个维度进行具体分析。第三部分从"服务社会，博爱人群"宗旨的确立、建章立制、手订服务信条、社会服务广泛开展等方面分析"复员"时期蒋梦麟的红十字理念及其相关行动。第四部分介绍蒋梦麟对中国红十字事业的贡献，分别就其对近代红十字事业及社会的影响、对当今红十字事业的重要启示进行归纳总结。

守正创新，有所超越

守正创新是论文写作的立足点和出发点。在历史唯物主义指导下，在前人研究成果的基础上，通过深挖资料，转换视角，精耕细作，取得新的超越，学位论文才有价值。四位研究生秉持这一理念，做了力所能及的努力，也取得一定的进展。

《中国红十字会公信力建设的历史考察（1904—1949）》一文，从内容上看，首次对近代中国红十字会公信力建设的主要途径、取得的成效和存在的缺失进行全面系统考察，丰富了红十字运动研究。从方法上看，以历史学为基础，同时借鉴社会学、传播学等学科的理论和方法，对公信力建设的基本途径进行分析，揭示不同时期红十字会公信力建设的特点。文章提出：红十字会公信力建设是一项艰巨而复杂的任务，不可能一蹴而就。建设的过程是漫长的，只有"进行时"，没有"完成时"。公信力攸关红十字会的生存与发展，是红十字会的"生命线"，这就决定了公信力建设永远"在路上"。这是耐人寻味的。

《民国小学教材中的慈善教育研究》一文，从内容上讲，在前人研究成果的基础上转换视角，以民国小学教材为切入点透析民国慈善教育事业的发展。通过对民国时期慈善教育出现的时代背景、主要内容、价值与作用等方面的研究，认识其对当今基础教育改革、慈善事业发展以及慈善文化传播方面的重要借鉴意义。从方法上讲，文章不仅采用历史学的方法进行史料的考证和引用，同时吸收经济学、社会学乃至文化学等学科的理论和方法，对民国小学教材中的慈善课文进行跨学科研究，揭示民国教材中的慈善教育与社会政治、经济、文化之间的密切联系。该论文的研究内容、研究方法令人耳目一新。

伍哲英是中国近代史上杰出的护理教育家，对于她的研究，大部分研究者关注的是她的身份——中华护士会的第一任中国人会长，以及她的重要事迹——作为代表参加国际护士大会走上国际舞台，或者注重她的生平、求学经历，而对于她的护理教育实践研究显得比较零散。《伍哲英护理教育实践研究》在现有研究成果的基础上，力图较为全面地再现伍哲英本人及其所奉献的护理事业的发展状况，分析她为我国近代护理事业发展所做出的贡献，在一定程度上弥补了前人研究的不足。这是该论文的重要创新点。同时，把历史学与护理学结合起来进行综合研究，方法可取，有一定的创新性。

学术界对蒋梦麟的研究侧重于教育方面，而对于蒋梦麟的红十字理念及实践重视不够，仅有几篇文章涉及，且在研究的系统性上还有欠缺。《蒋梦麟与中国红十字会研究》对蒋梦麟的红十字理念以及相关活动进行专门性、深层次探析，有助于认识蒋梦麟在中国红十字运动史上的重要地位，弥补这一领域的研究缺憾。

存在缺陷，瑕不掩瑜

4篇文章虽然有所开拓、有所创新、有所超越，但也存在这样或那样的问题。

《中国红十字会公信力建设的历史考察（1904—1949）》一文，由于历史时期中国红十字会公信力建设研究可资借鉴的成果较少，也缺乏理论性的著作作为参考，所以理论性稍显不足。同时，由于档案史料没有开放，有些关键资料无法利用，该文的分析力度受到影响。

《民国小学教材中的慈善教育研究》一文，在研究理论和方法上，虽然尝试进行历史学、教育学、教材教法等的综合研究，但作者的多学科综合能力有待提高。虽然前期搜集了较多资料，但仍有不少史料尚未被整理和使用。同时，受限于文献阅读面，该文在史料的解读和取舍上难免有疏漏，对史料的利用尚未做到驾轻就熟。

《伍哲英护理教育实践研究》涉及历史学、护理学、教育学和红十字学等方面的理论和方法。就知识结构而言，该论文还有比较大的提升空间，分析问题的视角和深度都有待拓展。该文原来的题目为"伍哲英护理教育思想与实践研究"，但在具体的撰写中"思想"提炼不够，只好淡化，仅就其护理教育实践进行展开，这就难免留有遗憾。同时，受新冠疫情影响，作者无法外出查阅相关资料，有些资料搜罗不够全面，使该文在史料的取舍方面也不能尽如人意。

《蒋梦麟与中国红十字会研究》一文分析问题的角度与深度都有待拓展，问题意识不够强，论文的写作显得学理性较弱，对于文献内容的解读与使用也存在疏漏，史料阅读与分析能力还有待提升。

上述问题的存在，说明4篇论文的写作都存在缺陷，有的是理论方面的，有的是技术方面的，有的是写作方面的。尽管4篇文章都有遗憾，或者说都不够成熟，但瑕不掩瑜，其对中国红十字运动研究的深化不无益处。

（未刊稿）

《红十字与红五星："双红"理念的实践（1927—1937）》序

近年来，在众多学者的努力之下，红十字运动研究逐渐成为学界新宠，发展迅猛。目前来看，红十字运动研究的成果主要集中于中国红十字会总会历史以及区域研究方面，红十字专题史的研究也方兴未艾。但对于中国共产党领导下的早期红十字运动的研究成果，目前来说还极为少见。《红十字与红五星："双红"理念的实践（1927—1937）》对中国共产党的革命理念与红十字会的人道理念的结合与实践做出可贵探索，填补了中国共产党领导下的早期红十字运动这一空白，有非常大的贡献。

所谓"双红理念"，即中国共产党的红色革命理念与红十字会的人道理念的高度契合。中国共产党人的革命理念，包括人道理念（救死扶伤，实行革命的人道主义）、平等理念（官兵平等、民族平等、男女平等、教育平等）、公正理念（纪律严明、司法公正、买卖公平等）、志愿理念、奉献理念等，与红十字会所强调的人道、博爱、奉献、平等、公正、志愿等理念，在精神层面有着极高的契合度。《红十字与红五星："双红"理念的实践（1927—1937）》开篇提出，中国共产党领导下的早期红十字运动的源头有三个方面：一是红十字理念在中国的广泛传播；二是傅连暲主持的长汀福音医院，后来演变为中央红色医院；三是中央红军总医院。中央红色医院与中央红军总医院合并之后，以傅连暲为院长的中央红色医院成为共产党领导下的红十字运动的红色源头。正是在中国共产党的革命理念影响下，傅连暲从一个虔诚的基督教徒逐渐转变为一个坚定的马克思主义者，傅连暲的心路历程表明了中国共产党人的革命理念和傅连暲的红十字理念的完美结合。"问渠那得清如许，为有源头活水来"，三源头的创见，新人耳目，也为"双红"理念奠定了坚实的理论基础。

全书在开篇之后分为"人道""公正""平等""奉献""志愿"五篇，详细叙述了1927—1937年中国共产党的革命理念与红十字会人道理念的结合与实践。该书亮点纷呈，优点突出，以下几个方面尤其值得称道：首先，全书洋洋洒洒40余万言，内容厚重。作者搜集了大量的资料，使得整本书内容丰富、翔实、饱满。读者若要了解"双红"理念的十年实践，无论如何绕不开该书。其次，全书附有大量的图片，图文并茂，生动有趣，方便读者了解"双红"理念十年实践的多姿多彩，而不会感到枯燥。再次，该书文笔生动活泼，形式新颖别致，正文叙述后面加上知识链接，对于读者了解"双红"理念的实践有很大帮助。复次，该书结构合理，"人道""公正""平等""奉献""志愿"这五篇的内容，虽然各自独立，但又有一定的内在逻辑联系，从而构建起完整的体系。最后，该书信息量大，知识面广，有助于读者了解和吸收，是传播"双红"理念的好读本。

"双红"理念的提出及十年的实践探索，无论是对中共党史研究来说，还是对中国红十字运动史研究来说，无疑都是一种新的超越，是具有开创性的理论研究成果，难能可贵，值得肯定。希望学界、业界重视对这一主题的研究，同时希望作者再接再厉，不断取得新的研究成果。是为序。

（收录于《红十字与红五星："双红"理念的实践（1927—1937）》，江西高校出版社2021年版）

中国红十字运动的理论探索与实务总结

在中国红十字运动研究中，理论探索及实务总结构成整体研究不可分割的组成部分，尽管这方面的研究还不够充分，所涉内容或难以实现"整体"覆盖，但所取得的成果还是值得肯定的。

红十字学的学科建构

随着红十字运动研究的推进，构建红十字学的学科体系成为学界业界共同的诉求，相应的探索也同步展开。

早在1993年，福建省红十字会秘书长何钟生就提出"红十字学"这一概念。[①]1997年，曾任吉林省四平市红十字会副会长的于清亚在远方出版社出版了名为《红十字学研究》的著作。在这本近12万字的论著中，作者对什么是"红十字学"给出了自己的解释："红十字学是研究红十字人道主义、红十字与红新月运动发生、发展及其变化规律的科学。通过对这门学科的认识和研究，揭示并遵循其客观规律，对事业发展是十分有益的。"[②]同时，于清亚从红十字人道主义的发生、红十字人道主义的发展、红十字与红新月运动中的社会现象、对红十字人道主义的展望4个方面，对"红十字学"相关问题进行了分析。毫无疑问，人道主义是红十字运动的核心理念，而将红十字人道主义等同于"红十字学"则失之偏颇。

---

① 池子华：《"红十字学"为事业发展注入"动员剂"——红十字运动研究之我见》，《中国红十字报》2018年10月23日。

② 于清亚：《红十字学研究》，远方出版社1997年版，第1页。

尽管作者的研究有可议之处，但其贡献不容抹杀。

2009年4月17日，池子华在《中国红十字报》发表《创建"红十字学"刍议》一文①，提出"红十字学"是以红十字运动为专门研究对象的一门综合性学科，由一系列分支学科组成，包括红十字灾害学、红十字法学、红十字管理学、红十字历史学、红十字伦理学、红十字外交学、红十字文化学、红十字传播学等，由这些分支学科组成"红十字学"学科群。2018年10月23日，池子华又在《中国红十字报》发表《"红十字学"为事业发展注入"动员剂"——红十字运动研究之我见》一文②，对此做了更加深入的探讨。此外，马强提出"国际红十字与红新月运动学"概念③，亦有助于学科体系的构建。

理论与实践的相互激荡

理论来源于实践，理论指导实践。理论与实践双向互动，有助于红十字运动研究的深入。这方面的研究成果主要有：

袁惠章、田永波主编的《红十字理论与实践》，上海医科大学出版社2000年出版发行。该书近22万字，分上中下三篇，上篇"关于国际红十字运动"，中篇"关于有中国特色的红十字建设"，下篇"关于有上海地方特点的红十字工作"。时任上海市红十字会会长谢丽娟在序中指出，本书有三个主要特点："特点之一是具有较强的理论性，由著名的社会科学理论工作者参加撰写；特点之二是集红十字会干部多年的实践探索经验之总结，可作为红十字工作者、志愿工作者培训教材的参考；特点之三是既体现红十字工作的个性，又反映社会工作之共性，具有较广泛参阅

① 池子华：《创建"红十字学"刍议》，《中国红十字报》2009年4月17日。另见池子华：《红十字运动：历史与发展研究》，合肥工业大学出版社2013年版，第3—5页。

② 池子华：《"红十字学"为事业发展注入"动员剂"——红十字运动研究之我见》，《中国红十字报》2018年10月23日。另见池子华：《红十字运动：穿越历史与回归现实》，合肥工业大学出版社2020年版，第3—7页。

③ 马强：《"国际红十字与红新月运动学"概念初探》，《中国红十字报》2021年2月5日。

价值。"①

　　文化传播、危机管理、能力建设，都是红十字会面临的重大现实问题。文化传播是做好"两论"（舆论和理论）工作的重要途径，也是繁荣红十字事业的必要条件。而危机管理，同样是红十字会的核心工作，应急救援、应急救护、人道救助，即"三救"的核心业务，都属于危机管理的范畴。在新媒体时代，尤其在经历了"郭美美事件"之后，危机管理在应对"网络事件"中的价值更为凸显。文化传播、危机管理，说到底，都体现了红十字会的"能力"，因而能力建设是红十字会"安身立命"之本。能力建设是一个"综合体"，是提升红十字会"硬实力"和"软实力"的系统工程。池子华、郭进萍、邓通、李攀合著的《红十字：文化传播、危机管理与能力建设》②，即着眼于历史与现实的结合，从红十字文化传播、危机管理、能力建设三个维度，探讨攸关红十字运动发展的重大理论问题和现实问题，对中国红十字事业发展具有一定的历史借鉴和决策参考价值。

　　上海市嘉定区红十字会与红十字运动研究中心合编，王国忠、池子华主编的《红十字青少年理论与实践》③，同样着眼于历史与现实的结合，对红十字青少年工作进行系统研究。该书近30万字，从历史演变、发展现状、理论思考、实践探索、专题研究、政策法规六个维度进行分析考察，有一定的深度。

　　需要特别指出的是，胡晓强、郝如一、张立明、张孚传、涂文涛都是业界著名的"笔杆子"，他们不仅有丰富的实践经验，而且勤于思考，笔耕不辍，发表了不少有识见的理论文章。这些文章结集出版，为红十字理

① 袁惠章、田永波主编：《红十字理论与实践》，上海医科大学出版社 2000 年版，第 2 页。
② 池子华、郭进萍、邓通、李攀：《红十字：文化传播、危机管理与能力建设》，合肥工业大学出版社 2014 年版。
③ 王国忠、池子华主编：《红十字青少年理论与实践》，合肥工业大学出版社 2016 年版。

论研究增色不少①，令人钦敬。

管理学的视野

如上所述，"红十字学"是一门综合性学科。切入管理学视角，对红十字会进行交叉学科的研究，也是题中应有之义。袁惠章、叶家宪主编的《红十字会现代管理简明教程》②，就是最早引入管理学理论方法进行红十字理论研究的著作。全书19万字，共13章，分两部分：上篇"理论篇"简明扼要阐述现代管理学基础理论，下篇"应用篇"探讨管理学理论在红十字会管理中的应用。时任上海市红十字会会长谢丽娟为该书作序。序中说："中国红十字会有近百年的历史，有着较为丰富的实践经验和较规范的管理制度。在经济体制转换之际，尤其是站在新世纪门槛的今天，需要红十字工作者通过总结、研讨来增强管理的理念，并运用新技术提升管理水平，从而使红十字事业得以进一步发展。国际红十字运动经历100多年历史，也正是有了一整套的法律法规和管理制度，才使得拥有178个成员国的庞大组织，开展着符合红十字宗旨的各项活动，享誉着世界人道主义组织之称。"对于该书的特点，谢丽娟会长做了这样的概括："特点之一是书中阐明的管理学理论简明扼要、通俗易懂，适合广大红十字会工作人员自学或培训之用。特点之二是以国际人道法、七项基本原则和《中华人民共和国红十字会法》为主线贯穿全书，既揭示了红十字会组织的特性又体现了依法办会的精神。特点之三是反映了近几年来我们在红十字运动的实践、理论等方面的成果。"③该书的价值正在于此。

---

① 胡晓强：《博爱的天空——红十字知行录》，海风出版社 2009 年版；郝如一：《红十字文化传播：实务与理论》，合肥工业大学出版社 2013 年版；张立明：《红十字人道事业：改革与发展管见》，合肥工业大学出版社 2013 年版；张孚传：《微言浅语：红十字会工作笔谈》，合肥工业大学出版社 2016 年版；涂文涛：《但闻人道絮语声——红十字人道工作笔记》，合肥工业大学出版社 2017 年版。

② 袁惠章、叶家宪主编：《红十字会现代管理简明教程》，上海医科大学出版社 2000 年版。

③ 袁惠章、叶家宪主编：《红十字会现代管理简明教程》，上海医科大学出版社 2000 年版，第 1—2 页。

陈晓星、张卫东主编的《红十字事业管理》①，由唐山市红十字会与河北联合大学共同编写。该书全面、系统地介绍了红十字会的组织管理、人力资源管理、财务管理、信息管理、社会营销、项目管理、质量管理、绩效评价、突发事件应急管理、监督管理、对外交流与合作等内容，既包含现代管理科学的一般理论，又紧密联系红十字会的具体工作，在如何运用管理学的科学理论指导红十字会的工作方面进行了颇为有益的探讨。该书的出版发行对规范红十字会的工作、促进中国红十字事业发展具有指导意义。

此外，《中国红十字会组织管理及规范化运作实务全书》《红十字会规范化管理实用手册》《新时期红十字会档案建设与标准化管理实务全书》《红十字人道主义精神与首都治理体系现代化》等著作②，也都有较好的参考价值。

跨学科研究的魅力

跨学科综合研究是史学研究的大势所趋，红十字运动研究更是如此，"红十字学"的学科性质就决定了其综合性特质。与历史学、管理学、文化学嫁接是如此，引入灾害学、社会救助学理论方法"为我所用"也是重要途径。孙语圣所著《中国红十字会灾害救助机制研究》堪称典范。该书41万字，合肥工业大学出版社2013年出版发行。全书共七章，分别为：中国红十字参与灾害救助的历史与现实基础、中国红十字社会的救灾理念和制度设置、中国红十字灾害信息传播机制、中国红十字救灾资源动员与配置、中国红十字灾害应急与灾后重建、中国红十字救灾监督与管理机制、中国红十字灾害救助绩效评估。如此详细系统的研究，实属首次，具有重

---

① 陈晓星、张卫东主编：《红十字事业管理》，新华出版社 2010 年版。

② 李庄：《中国红十字会组织管理及规范化运作实务全书》，吉林电子出版社 2005 年版；卢志明主编：《红十字会规范化管理实用手册》，国际文化出版社 2006 年版；洪汉军：《新时期红十字会档案建设与标准化管理实务全书》，档案管理出版社 2007 年版；北京师范大学中国公益研究院：《红十字人道主义精神与首都治理体系现代化》，社会科学文献出版社 2016 年版。

要的理论价值和实践意义。

与传播学"联姻"同样彰显出跨学科研究的魅力。吕进福所著《新媒体环境下红十字舆论传播研究》就是这样一部著作。该书32万字，合肥工业大学出版社2020年出版发行。全书共六章，分别为：我们面临怎样的媒体环境、红十字传播是一种怎样的传播、红十字传播面临严峻挑战、红十字"大宣传格局"、打造红十字传播"多媒体"、创新红十字传播方法与手段。应该说，该书是对近年红十字传播工作实践所做的第一次系统研究，填补了这方面的空白，有着鲜明的时代性，对广大红十字传播工作者具有指导意义。"全书以战略眼光、宽广视野，紧扣传播新业态、新方式、受众信息接触与反馈方式变化等现实，紧扣红十字核心业务、传播工作实践及组织定位，分析了红十字舆论传播的特点现状，提出了做好红十字舆论传播的有效对策，具有很好的指导性、实用性。"①

于丽娜所著《人道主义物流》是跨学科研究的新成果，值得关注。该书由首都经济贸易大学出版社2021年出版发行。自1995年9月12日第50届联合国大会的文件首次提出人道主义物流后，学界对这一问题的研究渐趋活跃。毕竟人道主义物流是人道主义救援中最重要的工作之一，其运作模式及效率直接影响救援工作的成败。其中，灾后救灾物资的分配作为人道主义物流运作的核心，对灾民的安全和健康至关重要。在时间紧迫和物资匮乏的情况下，救灾物资分配是一个困难而且复杂的决策过程，往往需要考虑三个绩效指标——救灾效率、救灾有效性和公平性，分别对应物资分配的经济成本、服务质量和公平性。该书将灾民痛苦视为物资分配有效性的度量，并直接采用剥夺成本显性地刻画灾民痛苦。针对由于引入剥夺成本而导致的非线性以及救灾物资分配问题具有的多周期性和不确定性，该书在动态规划算法的基础上，引入了多种方法进行求解，如分段线性化方法、贪婪算法、近似动态规划算法、强化学习等。红十字会是从事人道主

---

① 庚日升：《红十字舆论传播的新路径——读〈新媒体环境下红十字舆论传播研究〉有感》，《中国红十字报》2021年3月30日。

义工作的社会救助团体，该书的参考和借鉴价值显而易见。

中国红十字运动的整体研究，虽然取得的成果不少，但仍不够充分，比较研究、专题研究、"交叉学科"视野的探讨，都有待加强。不过，在现有成果的基础上，相信整体性研究一定会不断取得新的成果。

（原载红十字国际学院《红十字研究动态》2022年第3期）

杂文随笔

上海在中国红十字运动初期发展史上的地位与作用

——2021年上海红十字运动研究会会员大会暨学术年会上的发言

在中国红十字运动初期发展史上，上海的地位与作用格外引人注目。这从以下四个方面得以淋漓尽致地展现。

上海是中国红十字运动的发祥地

众所周知，1904年3月10日，为援救遭受日俄战争蹂躏的东北难胞，在沈敦和、李提摩太等慈善家的奔走呼吁下，中、英、法、德、美五国爱心人士发起成立了上海万国红十字支会（"万国"即国际之意，"支会"即分会，以与瑞士总会相区别。7天后，也就是3月17日，正式定名为"上海万国红十字会"）。上海万国红十字会为五国合办，但因"在中国地方创始承办，中国遂永有红十字会主权"。中国红十字会由此诞生。上海作为中国红十字运动发祥地、诞生地的地位亦由此确立。

上海是红十字本土化的试验场

上海是典型的移民城市，也是"冒险家的乐园"。上海的对外开放，产生巨大吸附力，吸引八方来客尤其是江南绅商的集聚，使上海充满活力。他们以上海为依托，引进西方红十字理念并付诸"试验"。

早在1899年春，汪炳等人创设"中国施医局"，"酌照红十字会章程办理，有事施于军事，无事施于贫民"。换句话说，"中国施医局"其实就是具有红十字性质的新型慈善组织。尽管施医局局限于上海一隅，不具有普遍性和全国意义，但这种尝试值得肯定。1900年组建的中国救济善会则打破了地域界限，将红十字本土化的实践向前推进。

1900年八国联军发动了旨在瓜分中国的侵略战争。京津冀地区硝烟弥漫，难民如潮。为救助北方落难同胞，陆树藩等于1900年9月在上海发起成立了"中国救济善会"，依照"外国红十字会之例，为救各国难民及受伤兵士起见"。也就是说，中国救济善会已经超越了传统善会善堂的局限而具有了全国性，救护对象也不仅是本国伤兵难民，而是"各国难民及受伤兵士"。更重要的是，救护行动遵照国际红十字会的基本精神和行为规范，不分敌我，以体现红十字的"中立性"。同时，按照国际惯例，照会驻沪各国领事，得到认可，领有护照，受交战各方的保护。凡此种种，说明中国救济善会与旧式善会善堂已经不能同日而语，它是一种"红十字化"的慈善组织，是中国红十字会的先声。

日俄战争爆发前夕的拒俄运动中，1904年1月21日，妇女界在上海成立"对俄同志女会"，推举"女界义侠"郑素伊为总议长，并提出成立"中国赤十字会"，中国"一旦有事，愿赴战地"，救护伤兵。会后还通告瑞士等国红十字会，并派专员东渡与日本赤十字会联络。

日俄战争爆发后，1904年3月3日，沈敦和、施则敬等在上海发起成立"东三省红十字普济善会"，决议效仿中国救济善会的做法救济东北难民。虽然"红十字"三字赫然在目，但"善会"二字使其蒙上传统善会善堂的浓重色彩，不是真正意义的红十字会，无法得到交战双方的认可。一周之后，沈敦和等慈善家不得不另起炉灶，组建上海万国红十字会。

经过多年"移花接木"的"试验"，中国红十字会在上海"瓜熟蒂落"。而中国红十字会成立后，体制机制以及各种创新举措，如医院学堂创设、会员征集、战事救护、灾难救助、社会救济、国际救援、疫病防治、宣传阵地建设等等，无不以上海为中心和试验场。

上海是传播红十字文化的基地

上海在1843年开埠后，得益于"江海要津"的区位优势而迅速崛起，一跃成为近代中国第一大都会。具有国际性的"大上海"也把中国与世界紧密联系在一起，进而成为传播西方文化的中心。作为19世纪人类文明结晶的红十字会，"登陆"中国，首先在上海找到生长点。

1863年国际红十字运动在欧洲兴起，短短11年后，也就是1874年，红十字理念即传入上海。这是红十字文化在中国传播的滥觞。当时日本出兵侵略台湾，中日两国发生冲突。上海的《字林西报》《申报》开始讨论战争救护问题，对红十字"中立性"原则推崇备至。之后，尤其是甲午战争后，上海各大报刊如《申报》《中外日报》《时报》《新闻报》《时务报》等，广泛传播红十字文化，掀起了中国红十字启蒙运动的高潮，《中国宜入红十字会说》《创兴红十字会说》之类的文章振聋发聩，启人心智。毫无疑问，得风气之先的上海人对红十字的了解远过他处，这是中国红十字会首先在上海发端的民众基础和社会心理基础。中国红十字会诞生后，上海自然而然成为传播红十字文化的基地。无论是物质文化、制度文化，还是精神文化，上海都是引领者。通过中国红十字会总医院、中国红十字会高等医学堂、中国红十字会护士学校、《中国红十字会杂志》、《中国红十字会月刊》等载体和平台，红十字文化得以由上海向全国扩散。

上海是全国红十字运动的中心

上海"奇迹"般崛起，城市化水平遥遥领先，工商业发达，是全国首屈一指的经贸工商金融中心。雄厚的经济实力，是兴办公益慈善事业的物质保障。"红十字运动之父"亨利·杜南的父亲雅克·杜南有一句名言，"财富可转化为仁慈的德行"。经济发达程度与慈善事业发展水平总体上来说是成正比的。明清时期，江南是全国经济最为发达的地区，慈善事业也最兴旺，由此形成浓郁的慈善文化传统。这种历史文化土壤，较他处深厚。作为近代江南龙头的上海，自然沐浴在这样的公益慈善氛围中。这为红十字会的产生和发展提供了丰厚的土壤。如时论所评："沪上交通之地，耳目易周，苟办理之得法，即足以模范全国，办理而稍有成效，即可以推广内地，故不办红十字会则已，苟欲办之，必自上海始。"首先在上海发起成立中国红十字会正得益于雄厚经济实力和浓厚慈善文化传统的"双轮驱动"。而中国红十字会一经诞生，的确"模范全国"。虽然民国建立后总会移设北京，但北京总会只是象征，具体工作均由上海总办事处主导，中国红十字会统一大会以及首届、第二届、第三届会员大会均在上海召开，各项会务、业务也都从上海推展。直到1937年上海沦为"孤岛"，上海都是全国红十字运动的中心舞台，地位无可替代。

以上四个方面的"合力"，使上海在中国红十字运动初期发展史上独领风骚，成为全国红十字运动的枢纽，引领红十字事业发展。其中，诞生于1911年辛亥革命腥风血雨中的沪城分会（上海市红十字会前身）给予中国红十字会有力协助，也为自身发展注入新动力。尤其在1924—1925年江浙战争期间，在中国红十字会总会总办事处的扶持之下，上海地区除原有的沪城分会、吴淞分会外，嘉定分会、青浦分会、宝山分会、闵行分会、南汇分会、黄渡分会、金山分会等县级分会和娄塘分会、南翔分会、大场分会、泗泾分会、鲁家汇镇分会、莘庄分会、胡家镇分会、胡家桥分会、三林塘分会等乡镇级分会，"遍地开花"，如雨后春笋般涌现。这种前所未有的新局面，为上海红十字事业的可持续发展夯实了基础。全国枢纽和上海地区红十字运动相互激荡、相互促进，为上海在中国红十字运动初期发展史上地位的确立臂助良多，功不可没。

（2021年11月16日发言。2022年3月8日《中国红十字报》以
《上海与中国红十字运动初期发展——纪念中国红十字会
建会118周年》为题发表）

"苏州模式"的魅力

——纪念苏州市红十字会建会110周年

苏州市红十字会自1911年建会以来，秉持人道、博爱、奉献精神，开拓创新，锐意进取，创造了一个又一个辉煌业绩。其中红十字理论研究的"苏州模式"，也是一大亮点。

"苏州模式"开创理论研究的新境界

2005年12月7日，苏州市红十字会与苏州大学社会学院联手发起成立了红十字运动研究中心，这是全国第一家专门以红十字运动为研究对象的学术机构。红十字运动研究中心开通了网站，创办并公开出版第一份红十字运动研究的学术理论刊物《红十字运动研究》，由此开辟了红十字运动研究新领域，受到学界和红十字系统的瞩目，第九届全国人大常委会副委员长、中国红十字会原会长彭珮云为研究中心题字加以鼓励。这种与高校合作共建研究中心的做法，被誉为红十字运动研究的"苏州模式"。苏州市红十字会与高校等科研部门合作开展理论研究，这一创造性之举，必将载入史册。

"苏州模式"推动理论研究不断取得新成果

红十字运动研究中心在苏州市红十字会和苏州大学社会学院的共同支持下，不仅于2009年4月成功举办首届红十字运动与慈善文化国际学术研讨会，而且在学术研究方面硕果累累，合作出版了《中国红十字历史编年（1904—2004）》、《苏州红十字会志》、《苏州红十字会志资料长编》（上下册）、《〈申报〉上的红十字（1897—1949）》（4卷）、《苏州红十字会百年纪事（1911—2011）》等近20部著作，填补了许多空白，对推进红十字运动研究产生重要影响，也赢得学界、业界的认可。如《中国红十字历史编年（1904—2004）》荣获苏州市第九次哲学社会科学优秀成果奖一等奖，《苏州红十字会志》《〈申报〉上的红十字（1897—1949）》分别荣获苏州市第十次、第十一次哲学社会科学优秀成果奖三等奖，受到表彰。苏州市红十字会的理论研究也因此成为全国红十字系统响当当的"品牌"，值得珍惜，更值得进一步发扬光大。

"苏州模式"示范效应突出、影响深远

高校、学界和业界联手开展理论研究的"苏州模式"，应该说取得了显著的示范效应。在苏州市红十字会之后，徐州市红十字会与江苏师范大学合作成立了"红十字文化研究中心"，青岛市红十字会与中国海洋大学合作成立了"红十字文化与公益事业研究中心"，南通市红十字会与南通大学合作成立了"红十字事业发展研究中心"，内蒙古赤峰市红十字会与赤峰学院合作成立了"红十字文化研究院"，内蒙古红十字会与内蒙古师范大学合作成立了"红十字人道文化传播与研究中心"，南京市红十字会与金陵科技学院合作建立了研究基地，内蒙古呼伦贝尔市红十字会与呼伦贝尔学院合作成立了"人道文化传播与研究基地"，等等。

不仅如此，"苏州模式"对顶层设计也具有借鉴意义。2015年5月5日，中国红十字会第十次会员代表大会报告提出，重视红十字运动理论研究，加强理论研究队伍建设，依托高等院校、研究机构，巩固和建立若干研究基地，不断丰富和发展红十字运动理论；同时，围绕红十字事业改革发展的突出问题，推进理论创新，更好地凝聚共识、推动事业发展。

2018年9月24日，国务院办公厅印发《中国红十字会总会改革方案》，要求加强理论研究，大力开展宣传工作。依托高等院校和研究机构建立全国性的红十字运动研究基地，围绕红十字运动重大理论和现实问题开展研究……显然，"苏州模式"已取得广泛共识，成为理论研究行之有效的路径。

尤其值得骄傲的是，红十字国际学院的创设正是"苏州模式"的升级版，也显示出"苏州模式"的无穷魅力。从这个方面来说，苏州市红十字会、苏州大学做出了历史性贡献。

（2021年11月26日在纪念苏州市红十字会建会110周年座谈会上的发言）

站在历史与现实的交汇点上

——纪念常州市红十字会建会100周年

很荣幸能够出席常州市红十字会建会100周年座谈会。

常州红十字运动是中国红十字运动的有机组成部分，有着深厚的历史积淀。百年来，常州市红十字会秉持"人道、博爱、奉献"的红十字精神，在战地救护、灾害救助、社会服务诸多方面发挥了积极的作用。尤其是改革开放以来，常州市红十字会与时俱进，开拓进取，在"三救三献"工作中有着不俗的表现，在理论研究方面更是走在全国前列。今天成立的常州市红十字运动研究会，是全国红十字系统在地级市层面的第一个研究会，开风气之先，可喜可贺。

2017年4月11日，红十字运动研究中心常州研究基地揭牌仪式在常州市委党校举行。这是红十字运动研究中心设立的第六个研究基地。在常州市红十字会的全力支持下，常州研究基地理论研究取得累累硕果，出版了《中国红十字运动史料选编·常州专辑（第十三辑）》等多部著作，受到学界、业界的好评。

面向未来，可以预期，常州市红十字会在理论研究及红十字文化传播方面将大有作为。

一是加强与红十字运动研究中心及苏州大学红十字国际学院的合作，依托盛宣怀故居，合力共建教学研究基地。11月23日上午，全国人大常委会副委员长、中国红十字会会长、红十字国际学院名誉院长陈竺专程来到常州，调研盛宣怀故居的修复布展情况，并现场为红十字国际学院教学研究基地授牌。他要求中国红十字会总会、江苏省红十字会和常州市红十字会做好盛宣怀故居的展陈设计和红十字运动历史的研究工作，在各级党委政府的领导和支持下，将盛宣怀故居打造成为中国红十字文化传播教育基地、红十字国际学院教学研究基地，更好地传播中国红十字运动历史文化。作为承建方之一的常州市红十字会，责无旁贷，为教学研究基地建设贡献智慧，提供支持。

二是常州人杰地灵，慈善传统源远流长。丰厚的慈善土壤，不仅为常州红十字事业发展营造了良好的氛围，而且孕育了中国红十字会第一任会长盛宣怀以及在中国红十字运动史上做出重要贡献的庄蕴宽、闻兰亭、苏克己等杰出人物。他们是常州的骄傲。希望常州市红十字运动研究会以此为抓手，强化对盛宣怀等杰出人物的研究，推动常州红十字运动研究向纵深和宽广拓展，为繁荣红十字文化做出新贡献。

三是依托盛宣怀故居，打造红十字文化品牌。一方面，做精"盛宣怀与中国红十字运动专题展"，扩大社会影响；另一方面，争取常州市委、市政府及社会各界更多支持，推动红十字博物馆落户常州。自1905年张謇设立南通博物苑以来，中国博物馆事业快速发展，成就辉煌，截至2020年底，全国有各类博物馆5788座，唯独没有红十字博物馆，这与中国红十字会悠久的历史极不相称。创建红十字博物馆可以说已成为迫切的现实需要。盛宣怀故居作为常州"城市名片"对外开放；盛宣怀作为中国红十字事业的推动者和奠基人，地位不可动摇。红十字博物馆让中国红十字会110多年的发展历史完整、翔实、集中展示在世人面前，这是常州拥有的独一无二的资源和优势。常州市红十字会义不容辞，为红十字文化"软实力"建设添砖加瓦，打造具有广泛影响力的红十字文化品牌。

承前启后，鉴往知来。衷心祝愿常州市红十字会以百年华诞之庆为契机，在事业发展和理论研究诸方面再接再厉，再创辉煌。

（2021年12月17日在"纪念常州市红十字会建会100周年"座谈会上的发言）

后　记

本书是笔者继《中国红十字运动史散论》《红十字运动：历史与发展研究》《红十字运动：历史回顾与现实关怀》《红十字运动：历史审视与现实思考》《红十字运动：历史传承与当代发展》《红十字运动：穿越历史与回归现实》之后推出的第七部有关红十字运动研究的专题文集。这本文集，收录了最近几年来笔者研究红十字运动的部分成果。

与前几部文集类似，根据论文的性质，文集大致归为理论探索、文化研究、历史纵横、人物春秋、观察思考、学术评论、杂文随笔等几大类。其中有些论文是与弟子合作完成的，书中也一一注明了。

历史与现实是紧密相连、不能割裂的。七部文集的旨趣，大抵如此，都着眼于历史与现实的结合，尽可能实现历史与现实的对接。

在研究红十字运动过程中，笔者得到了原卫生部部长、中国红十字会原会长钱信忠，全国人大常委会副委员长、中国红十字会原会长彭珮云，全国人大常委会副委员长、中国红十字会原会长华建敏，全国人大常委会副委员长、中国红十字会现任会长陈竺的关心与厚爱，得到了红十字国际委员会东亚地区代表处、红十字会与红新月会国际联合会东亚地区代表处、中国红十字会总会、中国红十字基金会、江苏省红十字会、苏州市红十字会、苏州大学、苏州大学红十字国际学院、浙大城市学院、浙江大学出版社及学界师友的鼎力支持，得到了浙江红十字运动研究中心全体同仁的协助，谨此鸣谢！

池子华

2022年11月于浙大城市学院